HERZLICHEN GLÜCKWUNSCH

Und Dankeschön für den Kauf
dieses Buches. Als besonderes
Schmankerl* finden Sie unten
Ihren persönlichen Code, mit dem
Sie das Buch exklusiv und
kostenlos als eBook erhalten.

Beachten Sie bitte die Systemvoraussetzungen
auf der letzten Umschlagseite!

46zv6-p56r0-
18000-wmb58

Registrieren Sie sich einfach
in nur zwei Schritten unter
www.hanser.de/ciando und
laden Sie Ihr eBook direkt auf
Ihren Rechner.

KOMPETENZ · HANSER · GEWINNT

*Bayrisch für eine leckere Kleinigkeit; ein Leckerbissen

Metzger/Reitz/Villar

Cloud Computing

Christian Metzger
Thorsten Reitz
Juan Villar

Cloud Computing

Chancen und Risiken aus technischer
und unternehmerischer Sicht

HANSER

Bibliografische Information der Deutschen Nationalbibliothek:

Die Deutsche Nationalbibliothek verzeichnet diese Publikation in der Deutschen Nationalbibliografie; detaillierte bibliografische Daten sind im Internet über http://dnb.d-nb.de abrufbar.

© 2011 Carl Hanser Verlag München, www.hanser.de
Lektorat: Margarete Metzger
Herstellung: Irene Weilhart
Copy editing: Jürgen Dubau, Freiburg/Elbe
Umschlagdesign: Marc Müller-Bremer, www.rebranding.de, München
Umschlagrealisation: Stephan Rönigk
Datenbelichtung, Druck und Bindung: Kösel, Krugzell
Ausstattung patentrechtlich geschützt. Kösel FD 351, Patent-Nr. 0748702
Printed in Germany

ISBN 978-3-446-42454-8

Inhalt

Vorwort

Cloud Computing ist in aller Munde, insbesondere in den letzten ein bis zwei Jahren gibt es geradezu einen Hype um diese Technologie. Neben der Untersuchung, was sich genau dahinter verbirgt, wofür man die Technologie einsetzen und wie sich das auf den Betrieb der IT auswirken kann, hat uns besonders interessiert, wie sich das auch wirtschaftlich für Unternehmen unterschiedlicher Größe auswirken kann.

Dieses Buch richtet sich an alle Entscheider – und explizit auch an Entscheider, die NICHTS mit IT zu tun haben –, die sich mit der Frage beschäftigen, ob der Einsatz von Cloud Computing für sie von Vorteil sein kann,. Nicht zuletzt deshalb haben wir uns entschieden, auch der wirtschaftlichen Bewertung und der Gegenüberstellung mit herkömmlicher Technologie einen Teil des Buches zu widmen.

Solch ein Buch entsteht nicht auf die Schnelle, noch wird es im eigentlichen Sinne von nur drei Autoren geschrieben. Viele Ideen, Hinweise und auch Kapitel bzw. Anregungen zu Kapiteln sind innerhalb der arlanis Software AG entstanden und wurden von uns mitbenutzt. Wir möchten uns an dieser Stelle für die immense Mitarbeit an den Kapiteln bei Georg Spengler und Andreas Holubek bedanken.

Nicht zuletzt haben wir auch immer wieder verschiedene Teile, Lösungen und Ideen diskutiert und von verschiedenen Seiten beleuchtet. So geht auch ein freundliches Danke an Christian Fürtjes.

Von Seiten unserer Kunden gilt unserer besonderer Dank der Firma Fresenius Kabi Deutschland GmbH und der Immobilien Scout GmbH, die uns nicht nur gestattet haben, ihre Cloud-Projekte in diesem Buch beispielhaft zu verwenden, sondern uns auch in vielen Meetings und Besprechungen bei unserer Arbeit unterstützt haben.

Ganz besonderer Dank gilt unserem Kunden Brainlab AG und hier insbesondere den Herren Birkenbach und Saborowski, die uns die Erlaubnis erteilt haben, ein besonders innovatives Cloud-Projekt, das wir mit ihnen zusammen entwickeln durften, in diesem Buch vorzustellen (http://www.quentry.com).

Trotz großer Sorgfalt können wir sicherlich nicht verhindern, dass der ein oder andere Fehler sich eingeschlichen hat. Wenn Sie also Kritik, Anmerkungen oder auch Wünsche haben, senden Sie uns einfach eine Mail an *autoren@cloud-praxis.de*. Wir werden versuchen, dies alles in kommenden Auflagen zu berücksichtigen. Die jeweils aktuellsten Ergänzungen und weitere Informationen können Sie unter *http://www.cloud-praxis.de* finden.

Christian Metzger, Thorsten Reitz, Juan Villar   Im April 2010

1

Ist die Zukunft schon da?

Ist die Zukunft schon da? *Cloud Computing* ist ein Begriff oder vielmehr ein Trend, den man nicht mehr ignorieren kann. Im Grunde hat dieser Trend bereits das Jahr 2010 und auch die ersten Monate im Jahr 2011 maßgebend beeinflusst. Artikel oder Kommentare darüber sind beinahe in jeder Fachzeitschrift zu finden, oft sogar in Tageszeitungen, viele IT-Anbieter haben Cloud Computing in ihre Wachstumsstrategie integriert, und Unternehmen befassen sich mehr und mehr mit dem Thema.

Eins ist sicher: Cloud Computing ist eine Revolution und wahrscheinlich der wichtigste Trend in der IT-Branche seit der Ablösung der Mainframe-Technologie durch das Client-Server-Modell in den 80er Jahren. Cloud Computing definiert die technologischen Grenzen neu und nutzt das Internet als Verbreitungsplattform von Produkten und Dienstleistungen.

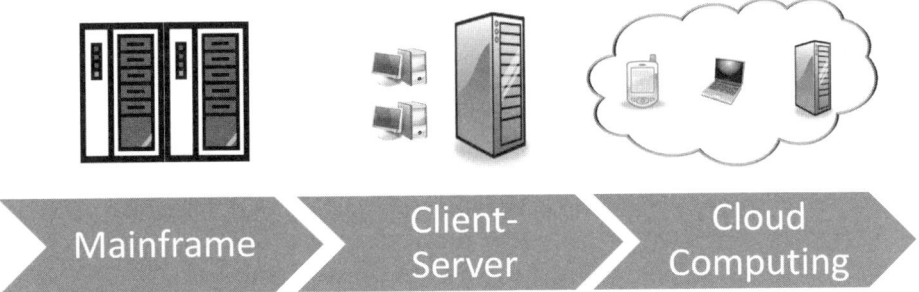

BILD 1.1 Vom Mainframe-Ansatz in den 50er Jahren über die Client-Server-Revolution in den 80er Jahren bis hin zum heutigen Cloud Computing

Aber was bedeutet Cloud Computing genau? Ist es nur ein Modebegriff? Was steht dahinter? Mit diesem Buch wollen wir dem Entscheider und Nutzer eine Übersicht über die Vor- und Nachteile des Cloud Computing geben, die unterschiedlichen Arten von Cloud Computing analysieren und ihm eine Entscheidungsgrundlage bieten, welche Form von Cloud Computing die richtige ist.

■ 1.1 Allgemeine Definition

Englische Fachbegriffe im IT-Bereich werden bei uns meist akzeptiert und nicht ins Deutsche übertragen. Würde man aber versuchen, Cloud Computing zu übersetzen, käme etwa *EDV aus der Wolke* heraus. Dabei ist die *Wolke* eine Metapher für das Internet, denn im Cloud Computing werden EDV-Produkte und -Dienstleistungen über das World Wide Web zur Verfügung gestellt.

Die Metapher *Cloud* wurde zum ersten Mal Anfang der 90er Jahren von der Telefonindustrie in den USA benutzt. Damals fingen die Telekommunikationsunternehmen an, eine Gesamtdienstleistung für Netzwerke statt einzelne Services wie Router, Hubs oder Switches anzubieten. Der Endanwender bekam ein Service als „Paket" und musste sich nicht mit den einzelnen Details oder den einzelnen Anbietern beschäftigen.

Im Zusammenhang mit EDV wurde der Begriff Cloud Computing zum ersten Mal im August 2006 vom damaligen Google CEO Eric Schmidt auf der Search Engine Strategies Conference in San Jose, Kalifornien, verwendet. Schmidt beschrieb Cloud Computing als die Nachfolgestrategie des Client-Server-Modells, bei der sich Dienstleistungen und Architektur in einer Wolke (also im Internet) befinden.

Es gibt gegenwärtig keine allgemeingültige Definition, sondern diverse Interpretationen – wahrscheinlich weil das Angebot im Bereich Cloud Computing relativ neu ist und permanent wächst und sich weiterentwickelt. Zudem stellen die Anbieter häufig nur einen einzelnen Aspekt (z.B. Software-as-a-Service) in den Vordergrund. Wir haben uns einmal drei zufällig ausgewählte Anbieterdefinitionen zum Cloud Computing angeschaut.

■ Definition nach Accenture [ACCENTURE]

  „Das dynamische Zurverfügungstellen von IT-Ressourcen (Hardware, Software oder Dienstleistungen) durch Externe über ein Netzwerk"

■ Definition nach IDC [IDC1]

  „IDC versteht unter dem Oberbegriff Cloud Computing die Techniken und Bereitstellungsmodelle, mit denen Cloud Services für Unternehmen oder Konsumenten über das Internet angeboten werden. Der Betrieb – beispielsweise die Speicherung von Daten – erfolgt extern bei einem Provider."

■ Definition nach dem National Institute of Standards and Technology [NIST]

  „Cloud computing is a model for enabling convenient, on-demand network access to a shared pool of configurable computing resources (e.g., networks, servers, storage, applications, and services) that can be rapidly provisioned and released with minimal management effort or service provider interaction. This cloud model promotes availability and is composed of five essential characteristics, three service models, and four deployment models."

Die Definition nach NIST ist dynamisch, sie wird regelmäßig an die neuen Entwicklungen angepasst. Diese Definition entspricht unserem Verständnis von „Cloud Computing". Es werden die unterschiedlichen Services (Infrastructure-as-a-Service, Platform-as-a-Service, Software-as-a-Service, Everything-as-a-Service) und Liefermodelle (private, public, hybrid und community clouds) berücksichtigt.

HINWEIS: In Kapitel 2, „Was ist eigentlich Cloud Computing", beschreiben wir die unterschiedlichen Services und Liefermodelle detaillierter und gehen auf die einzelnen Bestandteile ein. Wir stellen die Vor- und Nachteile heraus, entwickeln daraus eine Entscheidungsmatrix und zeigen anhand von Beispielen, wie Cloud Computing eingesetzt werden kann.

■ 1.2 Die Grundlagen für Cloud Computing

Wie man aus den vorgestellten Definitionen ersehen kann, basiert Cloud Computing auf vorhandenen Technologien und fasst diese zusammen, um verschiedene Arten von Produkten und Dienstleistungen über das Internet anbieten zu können.

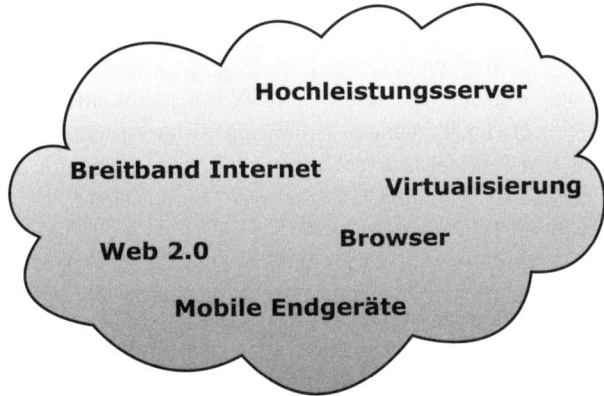

BILD 1.2 Die Basistechnologien für Cloud Computing

Zu den Technologien, auf denen Cloud Computing basiert, zählen (siehe auch Bild 1.2):

- **Breitband-Internet:** Ohne Internet würde kein Cloud Computing existieren und ohne die verbreiteten schnellen Anschlüsse wäre dieser Trend lediglich Prototyp geblieben. Denn die diversen Produkte und Dienstleistungen werden auf einem oder mehreren zentralen Servern ausgeführt und über das Internet zur Verfügung gestellt.

- **Hochleistungsserver** sind das Herz von Cloud Computing. Auf diesen Großrechnern laufen zentral Applikationen, die Benutzer aus der ganzen Welt über Internet in Echtzeit aufrufen. Parallel dazu werden nicht benutzte Rechnerkapazitäten vermietet.

- **Virtualisierung:** Die Virtualisierung macht es möglich, dass mehrere Gruppen oder Benutzer gleichzeitig und unabhängig voneinander auf dieselbe Hardware (Speicherplatz und Rechenleistung) zugreifen und unterschiedliche Applikationen ausführen können, ohne die Sicherheit oder die Individualität der einzelnen Nutzer in Frage zu stellen. Jeder bekommt ein *Stück* Hardware, Betriebssystem und Software für sich selbst. Dabei handelt es sich um eine logische und nicht um eine physische Trennung.

- **Browser:** Internet Explorer, Firefox, Safari oder ein anderer Browser ist alles, was ein Benutzer benötigt, um die unzähligen Angebote von Cloud Computing nutzen zu können. Anstatt Software lokal zu installieren und zu konfigurieren, werden Produkte und Dienstleistungen über das Internet in Echtzeit benutzt.

- **Interaktives Web 2.0** ist die Basis für eine attraktive Darstellung der Cloud Computing-Anwendungen über eine Oberfläche im Browser. Diese Technologie sorgt dafür, dass die diversen Angebote sich im Browser wie herkömmliche Software-Applikationen bedienen lassen. Dadurch wird nicht nur ein passives „Holen" von Informationen (wie zum Beispiel das Lesen einer Zeitung im Internet) möglich, sondern ein interaktives Arbeiten.

- **Mobile Endgeräte** bieten unendliche Möglichkeiten und bringen Cloud Computing-Anwendungen an alle möglichen Orte.

Ein einfaches und weit verbreitetes Beispiel von Cloud Computing sind E-Mail-Angebote wie GMX, Yahoo!Mail oder GoogleMail (siehe Bild 1.3). Ein Endanwender kann seine E-Mails von überall aufrufen – egal ob er sich in der Arbeit, zuhause, unterwegs oder im Urlaub befindet. Dafür benötigt er nur noch ein Gerät mit Internetzugang und einen Browser. Es spielt keine Rolle, ob er einen PC, ein Laptop oder ein Smartphone nutzt, ob sein Betriebssystem Windows, Mac OS oder Linux ist oder ob er als Browser mit Internet Explorer, Firefox oder Opera arbeitet. Obendrein braucht man keine Software zu installieren und später zu aktualisieren. Die E-Mail-Anwendung wird beim Provider auf einem virtuellen Server ausgeführt und über das Internet zum Endanwender in Echtzeit übertragen. Ein neues Konto kann in Minuten eingerichtet und im Anschluss sofort benutzt werden – ohne lange Konfiguration oder Installationsprozesse. Die technologischen Veränderungen aus dem Web 2.0 helfen, die Formatierung einer neuen E-Mail einfach und interaktiv zu gestalten: Verschiedene Schriftarten, -größen oder -farben können im Browser ausgewählt und einfach und komfortabel verändert werden, wie man es aus der GUI einer lokal installierten Anwendung gewohnt ist.

Viele dieser E-Mail Dienstleistungen sind kostenlos und werden durch in der Applikation integrierte Werbung finanziert. Und weil es nichts kostet, wird diese Dienstleistung aus der Wolke auch sehr gerne angenommen.

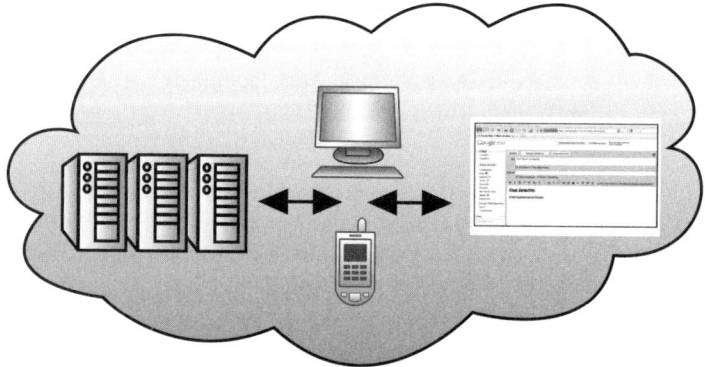

BILD 1.3 Beispiel E-Mail-Dienste. Der Zugriff auf den eigenen E-Mail-Account erfolgt über einen Browser. Die E-Mails werden auf einem oder mehreren zentralen Servern gespeichert.

Cloud Computing ist aber viel mehr als nur ein kostenloser E-Mail-Dienst. Unternehmen bieten unter diesem Schlagwort eine Reihe von Produkten und Lösungen für Privatkunden und Unternehmen jeder Größe an, die nach Verbrauch abgerechnet werden.

 HINWEIS: Weitere Informationen zu den diversen Cloud Computing-Angeboten finden Sie in Kapitel 7, „Hersteller und Anbieter", und Kapitel 8, „SaaS-Beispiele". Wir haben uns bei den unterschiedlichen Anbietern und Herstellern umgesehen und konzentrieren uns im Großen und Ganzen auf den B2B-Bereich. ∎

■ 1.3 Der Markt für Cloud Computing

Der Markt für Cloud Computing entwickelt sich rasant und verzeichnet höhere Wachstumsraten als andere Segmente der IT-Branche. Wir haben uns dazu entschieden, hier letztlich die Daten von zwei Marktforschungsunternehmen aufzunehmen. Sowohl Gartner als auch IDC haben sich intensiv mit dem Thema Cloud Computing beschäftigt und Zahlen dazu veröffentlicht. Wie Sie in der Folge sehen können, sind die beiden Studien in einem Punkt sehr unterschiedlich: Gartner betrachtet den Cloud Computing-Markt mit dem sehr großen Block Online-Werbung, IDC ohne. Dennoch sind alleine die Wachstumsraten aussagekräftig und informativ.

Das Marktforschungsinstitut Gartner prognostizierte, dass der Markt für Dienstleistungen aus der Cloud 68,3 Mrd. USD in 2010 betragen würde – ein Plus von 17 % gegenüber dem Vorjahr. Das schnelle Wachstum werde sich in den nächsten Jahren fortsetzen, der Markt werde in 2014 148,8 Mrd. USD erreichen[GARTNER1].

Traditionelle Softwaregiganten wie Microsoft (z.B. Azure, Office, Web Apps), IBM (z.B. Lotus Live) oder Oracle (z.B. Siebel on Demand) erfinden sich neu und sehen Produkte aus der Cloud als wichtigen Wachstumsträger für die kommenden Jahre an. Unternehmen, die erst im Zeitalter des Internets entstanden sind, sind die Vorreiter in dieser Technologie. Salesforce.com zum Beispiel bietet eine komplette CRM-Lösung aus der Wolke an, Google ermöglicht u.a. E-Mail, Kalenderverwaltung oder Textverarbeitung über das Internet.

Es findet nicht nur eine Verlagerung der Angebote aus dem traditionellen IT-Bereich statt, sondern es entstehen auch neue Geschäftsmodelle mit neuartigen Produkten und Dienstleistungen wie z.B. die cloud-basierte Werbung. Angebote wie Google AdWords oder Doubleclick haben den Markt erobert. Auf sie entfielen laut Gartner 60 % des Cloud Computing-Marktes (siehe Bild 1.4).

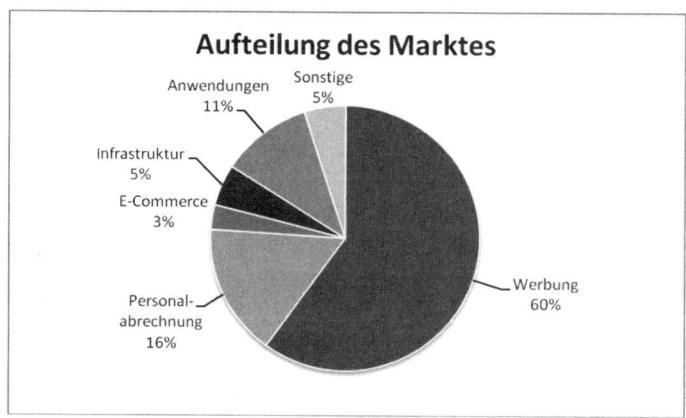

BILD 1.4 Aufteilung des Marktes für Cloud Computing

TABELLE 1.1 Aufteilung des Marktes für Cloud Computing nach Bereichen [GARTNER2]

Bereich	Mrd. USD (2008)	Mrd. USD (2011)
Werbung	28	47,4
Personalabrechnung	7,5	14,1
E-Commerce	1,3	4.0
Infrastruktur	2,5	6
Anwendungen	5	11,4
Sonstige Prozesse	2	5,9
Gesamt	**46,4**	**88,8**

Wie bei vielen anderen Innovationen, sind die USA Treiber und Führer des Cloud Computing. Bedingt durch die Frühimplementierung und das Interesse an neuen Technologien, liegen die USA, geographisch gesehen, mit einem Marktanteil von 60 % weit vorne. Vor allem Westeuropa und Japan haben Nachholbedarf und werden in den nächsten Jahren überproportional wachsen.

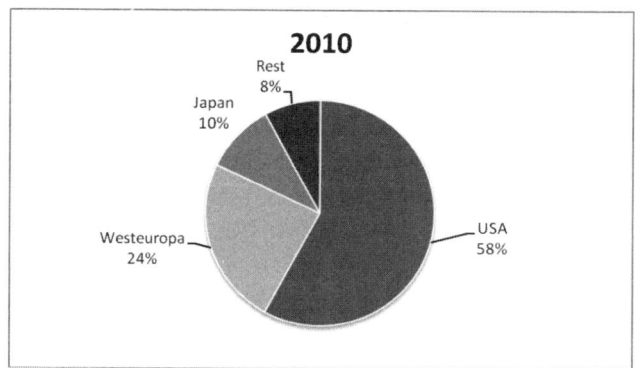

BILD 1.5 Geographische Aufteilung des Marktes für Cloud Computing [GARTNER2]

So wie es sehr unterschiedliche Definitionen von Cloud Computing gibt, existieren auch unterschiedliche Darstellungen des Marktes. Anders als Gartner betrachtet IDC [IDC1] den Markt ohne Online-Werbung und schätzt ihn somit auf „nur" 16,6 Mrd. USD ein. Bis 2014 soll er 55,5 Mrd. USD erreichen – das würde ein durchschnittliches jährliches Wachstum von über 30 % bedeuten.

TABELLE 1.2 Aufteilung des Marktes für Cloud Computing nach Bereich laut [IDC1]

Bereich	Mrd. USD (2010)
Anwendungen	8,1
Software für Infrastruktur	3,3
Server	2,0
App Entwicklung/Deploy	1,7
Storage	1,5
Gesamt	**16,5**

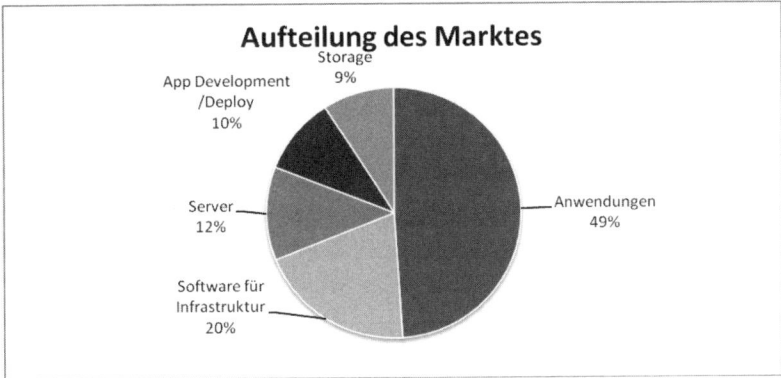

BILD 1.6 Aufteilung des Marktes für Cloud Computing nach IDC [IDC1]

Diese imposanten Zahlen beweisen, dass Cloud Computing ernst zu nehmen ist und dass es bereits die IT-Branche revolutioniert. Bis 2014 soll der Markt mit einem durchschnittlichen Jahreswert von 20-35 % wachsen (je nach Definition des Marktes) und sich im Vergleich zu heute verdreifachen.

Auch in Deutschland spielt das Cloud Computing zunehmend eine wichtige Rolle – obwohl es von vielen immer noch vorsichtig beobachtet wird. Wie es bei neuen Technologien üblich ist, wird vor allem abgewartet und analysiert, wie sich Cloud Computing durchsetzen kann, welche Herausforderungen Frühimplementierer zu meistern hatten und welche Risiken damit verbunden sind.

HINWEIS: Über rechtliche Risiken informiert das Kapitel 4, „Cloud Computing und Datensicherheit". Wir gehen in diesem Kapitel auf die größte Sorge, die Datensicherheit, ausführlich ein und zeigen, welche Vereinbarungen getroffen sind bzw. getroffen werden müssen, wenn Sie Ihre Daten zum Beispiel außerhalb der EU speichern wollen.

In Kapitel 9, „Integration von Cloud Computing-Anwendungen", zeigen wir Ihnen anhand eines Praxisbeispiels, wie die unterschiedlichen Services kombiniert werden können.

Die Wichtigkeit des Cloud Computing wird nicht zuletzt durch eine neue Studie der LMU München [LIFE2] bestätigt, in der über 1.500 IT-Entscheider aus Unternehmen mit mehr als 1.000 Mitarbeitern befragt wurden[1]. Die Ergebnisse dieser Studie zeigen, dass Flexibilität, Kooperation und Mobilität die wichtigsten Trends der Informations- und Kommunikationstechnologien (ITC) in den nächsten Jahren sein werden. Unternehmen erwarten, dass die ITC in Zukunft eine wesentliche Rolle für den wirtschaftlichen Erfolg spielen wird. Kostensenkungen von bis zu 17 % und eine neue Wachstumsquelle durch die Entstehung neuer Geschäftsmodelle werden in Aussicht gestellt. Alle drei Trends, aber vor allem die Flexibilität werden stark durch das Cloud Computing gefördert und sollen den Wachstumstrend dieses Marktes verstärken.

 HINWEIS: Wann und wie kann sich Cloud Computing für Sie rechnen? Eine wirtschaftliche Betrachtung wird in Kapitel 5, „Wirtschaftliche Aspekte des Cloud Computing", durchgeführt.

■ 1.4 Fazit

Cloud Computing ist da, und es ist definitiv kein Hype. Das bestätigen einerseits die Größe des Marktes und anderseits die unterschiedlichsten Angebote – von den neuartigen oder angepassten Produkten der traditionellen Software-Unternehmen bis zu innovativen Lösung von einer Reihe von Start-up-Unternehmen. Und die Aussichten für eine Weiterentwicklung sind ausgezeichnet. Deswegen ist es notwendig, sich mit dem Thema intensiver zu beschäftigen, die Begriffe zu kennen, die Vor- und Nachteile zu verstehen, sich einen Überblick über die unterschiedlichen Angebote zu verschaffen und zu identifizieren, welche Form des Cloud Computing für das eigene Unternehmen einen Mehrwert bietet.

---

[1] Die Befragung umfasst Unternehmen aus Deutschland, USA, Frankreich Spanien und Großbritannien.

HINWEIS: In Kapitel 6, „Entscheidungskriterien für Cloud Computing", zeigen wir, bei welchen Szenarien Cloud Computing sich für Sie lohnen könnte. Tipps und praktische Ratschläge für die Umsetzung von erfolgreichen Cloud-Projekten haben wir in Kapitel 10, „Erfolgreiche Cloud-Projekte", zusammengestellt.

2 Was ist eigentlich „Cloud Computing"?

■ 2.1 Überblick

Dieses Kapitel soll einen Überblick über die Bezeichnungen und Begrifflichkeiten geben, die im Zusammenhang mit dem Begriff „Cloud Computing" verwendet werden. Ziel ist es zu klären, was genau mit „Cloud Computing" gemeint ist und welche erweiterte Terminologie sich um den Begriff angesammelt hat.

Was also genau verstehen wir unter **„Cloud Computing"**?

Cloud Computing (deutsch etwa „Rechenleistung aus der Wolke") verfolgt den Ansatz, abstrahierte IT-Infrastrukturen – z.B. Rechenkapazität, Datenspeicher (IaaS = Infrastructure-as-a-Service), fertige Software (SaaS = Software-as-a-Service) und Programmierumgebungen (PaaS = Platform-as-a-Service) – dynamisch an den Bedarf angepasst über ein Netzwerk zur Verfügung zu stellen. Die dynamische Anpassung erfolgt in erster Linie über die Bündelung von Infrastrukturdienstleistungen.

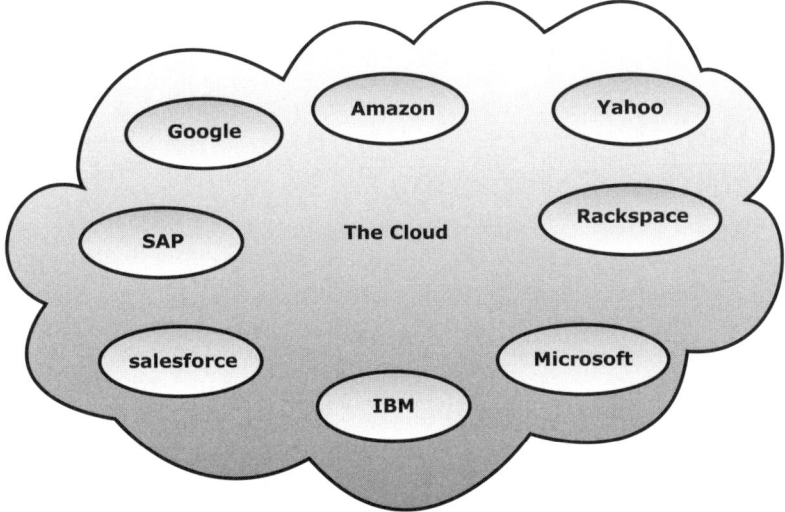

BILD 2.1 Anbieter von Cloud Computing-Dienstleistungen

Eine Abrechnung der Dienstleistung erfolgt dabei nutzungsabhängig, da – in der Theorie – nur tatsächlich genutzte Services (Dienste, Rechenleistung, Infrastruktur) auch berechnet werden. Bei allen unterschiedlichen Cloud-Liefermodellen (siehe weiter unten) können letztlich die gleichen Services ausgeliefert und abgerechnet werden. Ein zentraler Punkt des gesamten Cloud-Konzeptes ist die Bereitstellung der Dienste als Kombination aus

- stark virtualisierten Rechenzentren, die heute durchweg gängig sind, und

- dem Einsatz moderner Web-Technologien wie Web Services und Browser-Frontends sowie

- einer – zumindest in den Industriestaaten – flächendeckenden Netzwerkinfrastruktur.

Dadurch ist für die Bereitstellung im laufenden Betrieb keinerlei Mensch-Maschine-Interaktion mehr erforderlich. Das ist einer der großen Vorteile dieser Infrastrukturdienstleistung gegenüber der individuellen Installation einzelner Systeme – wie dies im Rahmen von Application Service Providing (ASP) üblich ist.

 HINWEIS: Das Kapitel 7 befasst sich ausführlich mit den beim Cloud Computing zum Einsatz kommenden Technologien.

Auch geht es beim "Cloud Computing" darum, dass alle Services als dynamisch nutzbare Dienste verfügbar gemacht werden. Dies kann sowohl Infrastruktur und Rechenleistung als auch Softwaresystem, wie Customer Relation Management (CRM), Buchhaltung und weitere Enterprise Ressource Plannung (ERP)-Funktionen beinhalten. Denkbare Erweiterungen gehen auch in den Bereich "XaaS = Everything-as-a-Service", wie zum Beispiel fertige Telefonanlagen als Cloud-Services. Als Anwender entsteht hierdurch die durchaus nachvollziehbare Illusion der unendlichen Ressourcen, die dem Anwender zur Verfügung stehen und von ihm ohne erkennbare Verzögerungen genutzt werden können (siehe dazu auch Abschnitt 2.3.4 zum Thema Schnelle Elastizität).

■ 2.2 Definition des Begriffs „Cloud Computing"

Bereits im ersten Kapitel haben wir darauf hingewiesen, dass die Definition der NIST universell und – unserer Erfahrung zufolge – in der Branche allgemein akzeptiert ist. Außerdem gibt sie nach wie vor das gesamte Umfeld, das Cloud Computing ausmacht, wieder.

2009 veröffentlichte das National Institute for Standards and Technology (NIST) erstmalig eine Definition, die bis heute auf weitgehende Akzeptanz stieß und verschiedene Definitionsansätze bündelt. Die letzte Version (Juni 2010) enthält die drei verschiedenen Servicemodelle (IaaS, PaaS und SaaS), vier Liefermodelle (private clouds, public clouds, hybrid clouds und community clouds) und listet fünf essenzielle Charakteristika für Cloud Computing [WIKI11] auf.

Die einzelnen Elemente dieser Service- und Liefermodelle werden im Detail in den folgenden Abschnitten erläutert. Zuvor sollen aber zunächst die essenziellen Bestandteile des Cloud Computing beleuchtet werden.

■ 2.3 Essenzielle Bestandteile des Cloud Computing

2.3.1 On-Demand self-service

Nutzer können einen Cloud-Service (beispielsweise Serverzeit und Netzwerkspeicherplatz) automatisch in Anspruch nehmen, ohne dass es zu einer menschlichen Interaktion mit dem Service-Provider kommen muss. Dazu ein Beispiel: Der Betreiber einer Website hat bei Amazon Services den skalierbaren Service gebucht. Falls sich unvorhergesehen die Hitrate seiner Website von normalerweise durchschnittlich 100 Hits pro Tag auf 100.000 Hits pro Tag erhöht, kann trotzdem eine identische Reaktionszeit der Website erwartet werden. Eine Interaktion zwischen Mensch und Maschine muss dafür nicht erfolgen. Aber auch kurzfristig kann ein Betreiber auf die Erfordernisse reagieren: Er bucht die zusätzliche Leistung bei Amazon Services, und schon nach wenigen Sekunden bis Minuten wird diese ihm zur Verfügung gestellt.

2.3.2 Breitbandiger Netzwerkzugang

Grundsätzlich gilt, dass die Dienste immer über das Standardnetz (Internet) verfügbar sein sollten. Das heißt konkret, dass z.B. für eine CRM-Lösung ein Browser auf dem entsprechenden Endgerät zur Verfügung stehen muss, sei es nun ein Laptop, ein Smart-Phone, ein iPad oder eine andere Art von PDA.

2.3.3 Ressourcen-Pooling

Die IT-Ressourcen des Anbieters einer Software-as-a-Service-Dienstleistung sind im Idealfall gepoolt, um im Rahmen eines „Multi Tenancy"-Modells (die Definition und Erklärung erfolgt weiter unten) die physikalischen und virtuellen Ressourcen dann dynamisch zur Verfügung stellen zu können, wenn Nutzer sie anfordern. Typische Ressourcen beinhalten Speicherplatz, Rechenleistung, Memory, Netzwerkbandbreite und virtuelle Maschinen.

Letztlich kann Ressourcen-Pooling auch mit Softwarekomponenten erreicht werden, in dem z.B. generelle Services, die jede web-basierte Software benötigt, allen Mandanten eines Softwaresystems zur Verfügung gestellt werden. Typische Beispiele sind:

- Zugangsberechtigung und deren Verwaltung
- Reporting & Dashboarding
- Datenbank Services

Für ein Pooling von Ressourcen in einem gemeinsamen Softwaresystem ist eine gut ausgeklügelte Mandantenfähigkeit der Software dringend vonnöten.

Ein Nachteil des Ressourcen-Poolings ist für manche Nutzer die Unabhängigkeit bezüglich des Standortes, von dem aus diese Services zur Verfügung gestellt werden, da hier der Nutzer kaum Kontrolle über den Speicherort des erbrachten Service erlangen kann (dies ist aber aus rechtlichen Gründen gelegentlich notwendig). Auf einer abstrakteren Basis bieten manche Hersteller hier eine gewisse Möglichkeit für den Nutzer (so kann beispielsweise das Land oder das Data-Center bei manchen Herstellern spezifiziert werden).

 HINWEIS: Welche Vorteile das Ressourcen-Pooling bietet – und dies ist sicherlich eines der Hauptargumente für Cloud Computing –, wird in Kapitel 3 beleuchtet.

2.3.4 Schnelle Elastizität

Ein weiterer klarer Vorteil auf Seiten des Cloud Computing verbirgt sich hinter dem vielleicht etwas befremdlich wirkenden Begriff „Schnelle Elastizität": Alle Dienste können schnell und bedarfsgerecht (elastisch) – auch um Faktoren (beispielsweise heute 400 Hits pro Seite oder Stunde, morgen 40.000 pro Seite oder Stunde) – vergrößert werden. Für den Nutzer wirkt dies wie eine quasi unlimitierte Bereitschaft des Anbieters und seiner Services. Er muss also nur den Service bestellen oder eine sogenannte Bandwidth (Bandbreite) vereinbaren, ohne sich groß Gedanken um Wachstum und die dafür benötigte Infrastruktur machen zu müssen.

 HINWEIS: Siehe hierzu auch Kapitel 7, in dem die Möglichkeiten einer „Elastic Cloud" erläutert werden.

2.3.5 Measured Service

Cloud Computing-Systeme sollten die Verwendung der Ressourcen sowie ggf. deren Verteilung und Nutzung automatisch messen, kontrollieren und optimieren. Dies fällt je nach Typ des Services (z.B. Speichervolumen, Prozessor-Power, Bandbreite und Zahl der aktiven User Accounts) anders aus. Die Ressourcennutzung wird im Normalfall beobachtet, kontrolliert und auch öffentlich zur Verfügung gestellt bzw. transparent gehalten (ein Beispiel hierfür ist trust.salesforce.com, hier wird die Systemverfügbarkeit öffentlich einsehbar gemacht). Die Transparenz ist für Provider wie auch für Nutzer der Services von Vorteil, denn Transparenz schafft Sicherheit und Vertrauen.

 PRAXISTIPP: Wenn Sie sich für eine Cloud-Lösung entscheiden, sollten Sie überprüfen, ob die Verfügbarkeit auch öffentlich ersichtlich bzw. idealerweise auch historisch belegbar ist!

■ 2.4 Der Bestandteil Virtualisierung

Aufgrund der Tatsache, dass bei Cloud Computing-Angeboten häufig auch darunterliegende Technologien als Key Features genannt werden, obwohl sie eigentlich selbstverständlich sein sollten, soll im Folgenden kurz auf den Begriff der „Virtualisierung" eingegangen werden. Auch wenn in der Informatik die eindeutige Definition des Begriffes nicht möglich ist, da er in vielen unterschiedlichen Bereichen anders verstanden wird, gibt es dennoch viele Konzepte und Technologien im Bereich der Hardware und Software, die diesen Begriff verwenden.

Ein Definitionsversuch, der relativ einfach strukturiert ist, könnte wie folgt lauten:

> **Mit Virtualisierung werden die Mittel bezeichnet, die es erlauben – vor allem in der Serverwelt – Ressourcen von Computern zusammen zu fassen bzw. aufzuteilen und Nutzern als Service zur Verfügung zu stellen.**

Im Bereich Cloud Computing spielt das sicherlich als darunterliegende Technologie eine erhebliche Rolle. Primäres Ziel ist, dem Benutzer eine Abstraktionsschicht zur Verfügung zu stellen, die ihn von der eigentlichen Hardware – Rechenleistung und Speicherplatz – und vom einzelnen Betriebssystem auf dieser Hardware isoliert. Die tatsächliche Struktur wird dem Anwender gegenüber versteckt und anstelle der physischen Hardware erhält er eine logische Gruppierung bzw. Schicht zwischen sich und der eigentlichen Ressource. Jeder Anwender hat dann den Eindruck, dass er der alleinige Nutzer einer Ressource sei. Weiterhin entsteht der Eindruck, dass der Anwender eine homogene Struktur zur Verfügung hat, die letztlich aus einzelnen Ressourcen zusammengesetzt ist, ohne dass er das erkennt. Die für den Anwender unsichtbare, transparente Verwaltung der Ressource ist dabei in der Regel die Aufgabe des Betriebssystems bzw. der unterliegenden Strukturen wie VMWare oder ähnlichen Herstellern.

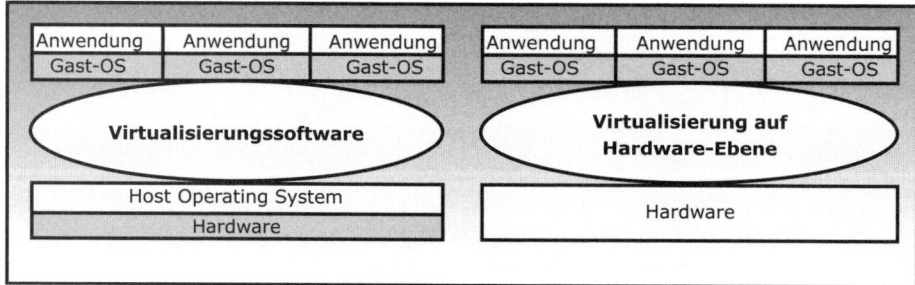

BILD 2.2 Beispiel für unterschiedliche Virtualisierungsarten

■ 2.5 Der Bestandteil Mandantenfähigkeit/ Multi Tenancy-Architektur

Im Grunde ist Multi Tenancy vom Ursprungsgedanken her nichts anderes als eine Mandantenfähigkeit, wie sie beispielsweise bei einem Buchhalter, der für mehrere Firmen tätig ist, auch sehr sinnvoll und bereits seit Jahren üblich ist. Eine Software versorgt mehr als einen Mandanten, die Daten sind streng getrennt. Wenn es ein Update gibt – beispielsweise für neue Gesetze -, ist es nach der Einspielung für alle Mandanten verfügbar. Das setzt voraus, dass alle auch eine ähnliche Funktionalität benötigen – was zumindest beispielsweise bei Buchhaltungssoftware sicherlich auch der Fall sein mag. Auch für den Buchhalter stellt sich deswegen jedoch die Frage, auf welcher Hardware seine Software betrieben wird. Ohne eine hardware- und betriebssystemnahe Virtualisierung wird auch die Multi Tenancy im Cloud Computing nur bedingt viele Vorteile geben können.

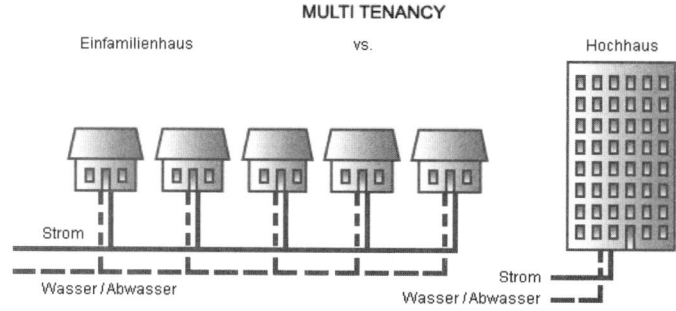

BILD 2.3 Vergleich zur Erklärung einer Multi Tenancy-Architektur

Das Bild zeigt, was es bedeutet, wenn für jedes einzelne Einfamilienhaus eine eigene Wasser- und Stromzufuhr vorhanden ist. Jedes Haus hat einen eigenen Anschluss. Wenn sich nun etwas in der Anlage ändert oder die Anschlüsse erweitert werden müssen, so muss dies in allen Häusern zusammen erfolgen oder die gesamte Anlage ist nicht mehr auf demselben Stand (unterschiedliche Version). Im Gegensatz dazu die rechte Seite des Bildes: Hier gibt es nur eine Wasser- und Stromzufuhr, die von den einzelnen Wohnungen im Haus gleichberechtigt genutzt werden kann. Ändert sich hier etwas, so muss nur für den einen Anschluss etwas getan werden, die daraus resultierenden Änderungen sind sofort für alle Wohnungen und Appartements sichergestellt. Das Beispiel lässt sich mit individuellem ASP für jeden Kunden bei den Einfamilienhäusern vergleichen, während das Hochhaus eher dem Modell Multi Tenancy ähnelt.

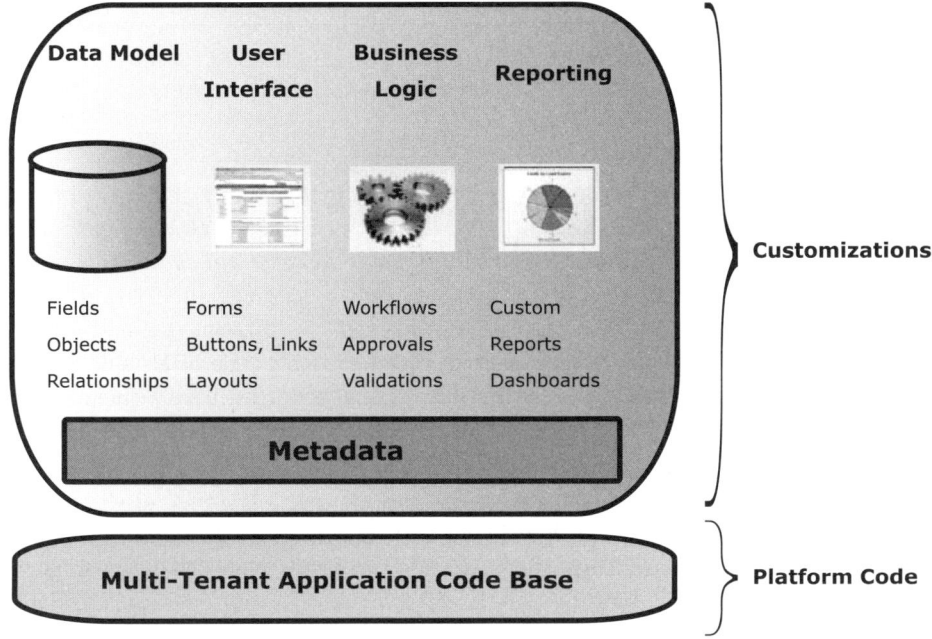

BILD 2.4 Multi Tenancy-Architektur bei salesforce.com

Verfügt die Multi Tenancy-Lösung auch noch über einen hohen Anteil an „generischen" Komponenten wie zum Beispiel einfache Konfigurierbarkeit und Customizing, kann sie in ähnlichen Prozessen (beispielsweise CRM oder Customer Service) von vielen Firmen durchaus in unterschiedlichen Prozessen gestaltet werden und immer noch auf einem Software & Hardware-Stack laufen. Multi Tenancy kann für viele Kunden ein erhebliches Einsparungspotenzial bedeuten, sofern alle Funktionen auch entsprechend genutzt werden und das Potenzial ausgeschöpft wird.

 HINWEIS: Über die Vor- bzw. Nachteile der unterschiedlichen Modelle wird ausführlich in Kapitel 3 berichtet.

■ 2.6 Die einzelnen Cloud-Liefermodelle im Überblick

Man unterscheidet heute zwischen vier verschiedenen Arten von „Clouds", die je nach Anwendungsfall oder Ausprägung ihre eigene Existenzberechtigung haben. Grundsätzlich handelt es sich hierbei um vier sogenannte verschiedene Liefermodelle von Clouds. Auch wenn bei Cloud Computing normalerweise davon ausgegangen wird, dass es immer mit dem Internet zu tun hat, so ist dies beispielsweise bei einer Private Cloud gar nicht der Fall, da diese ohne Internetzugang auskommen kann, sofern sie nur beim Kunden *inhouse* betrieben wird.

Man nennt die einzelnen Clouds auch die Cloud-Liefermodelle, denn alle können die Nutzungsvarianten IaaS, PaaS, SaaS und XaaS dem Endanwender „ausliefern".

2.6.1 Private Cloud

Bei „Private Clouds" steht im Vordergrund, dass sich sowohl Anbieter als auch Nutzer im selben Netz bzw. Unternehmen befinden, wodurch die typischen, häufig vermuteten Probleme aus dem Bereich Datensicherheit und Datenspeicherort mehr oder minder hinfällig werden. Häufig ist Anbieter gleich Betreiber gleich den Anwendern im Falle von „Private Clouds". Letztlich ist die Abgrenzung zum „normalen" Betrieb eines EDV-Systems relativ fließend, da auch moderne Softwaresysteme über Browser zu bedienen sind und von IT-Abteilungen gehostet und betrieben werden. Man unterscheidet dabei folgende Evolutionsstufen [WIKI2]:

- Exploratory Cloud
  Hier steht das Ausprobieren und Testen von Cloud-Funktionalitäten innerhalb eines Unternehmens oder einer wohldefinierten Gruppe im Vordergrund. Dabei geht es insbesondere darum, Potenzial und Nachteile für konkrete Anwendungen herauszufinden bzw. im Rahmen von Eigenentwicklungen Tests und Vergleiche zu ermöglichen – eine Art Spielwiese für Versuche mit Cloud Computing.

- Departmental Cloud
  Hierbei handelt es sich um eine Cloud, die sich innerhalb eines Unternehmens auch lediglich innerhalb einer Abteilung befindet. Diese Cloud-Art dient nicht mehr nur Testzwecken, sondern kann beispielsweise auch eine Abteilungslösung sein, die weltweit für diese Abteilung betrieben wird.

- Enterprise Cloud
  Im Gegensatz zur „Departmental Cloud" stammen hier Anbieter und Nutzer aus unterschiedlichen Unternehmensabteilungen. Eine solche Enterprise Private Cloud wird fast ausschließlich innerhalb von Großunternehmen angewendet. Häufiges Argument für eine Enterprise Private Cloud ist die Datensicherheit.

HINWEIS: Über das Für und Wider zum Thema Datensicherheit informiert im Detail das Kapitel 4.

2.6.2 Public Cloud

Eine „Public Cloud" ist eine Cloud, die öffentlich zur Verfügung steht. Sie kann von beliebigen Personen, Nutzern und Unternehmen genutzt werden und ist nicht mehr auf interne Anwendungen einer einzelnen Institution, eines Departments oder eines Unternehmens beschränkt. Bei „Public Clouds" ist grundsätzlich die Betrachtung der Datensicherheit eine wichtige Frage. Auch hier gibt es Unterformen:

- Exclusive Cloud
  „Exclusive Clouds" bieten mehr Sicherheit in einem sonst offenen Umfeld. Es gibt keine Unbekannten in diesem Umfeld, denn die „Exclusive Clouds" setzen voraus, dass sich sowohl Anbieter als auch Nutzer kennen. Im Normalfall wird hierzu ein Vertrag zwischen Anbietern und Nutzern geschlossen, und es gibt keine „zufälligen" Nutzer – wie das bei „Open Clouds" der Fall wäre.

- Open Cloud
  Im Gegensatz zu den „Exclusive Clouds" kennen sich Anbieter und Nutzer bei „Open Clouds" vorher nicht. Grundsätzlich entwickeln hier die Anbieter ihr Angebot ohne direkten Input des Nutzers, und die Leistung wird in Form von Service Level Agreements (SLAs) festgeschrieben. Auf Grund der Vielzahl an potenziellen Nutzern müssen auch der gesamte Geschäftsabschluss sowie die Nutzung von Instanzen anbieterseitig vollautomatisch ablaufen. Als Beispiel hierfür wären die Amazon Web Services zu nennen, Amazon Speicher Services oder auch das Marktplatzmodell von Zimory.

2.6.3 Community Cloud

Bei der „Community Cloud" handelt es sich fast ausschließlich um Services, die von einigen oder mehreren Unternehmen gemeinsam genutzt werden, die ihre „Private Clouds" sozusagen zu einer Community zusammenschließen. Auch wenn sich die Kosten auf weniger Nutzer als beim „Public Cloud"-Computing verteilen, lassen sich durch die gemeinsame Nutzung der Infrastruktur ggf. doch erhebliche Vorteile erwirtschaften. Ein Beispiel für eine „Community Cloud" ist Googles „Gov Cloud".

2.6.4 Hybrid Cloud

Bei dieser Art der Cloud werden Services von Private und Public bzw. Community Clouds gemischt, entweder als Mashup innerhalb einer Anwendung (beispielsweise zur sicheren Da-

tenhaltung von privaten Inhalten innerhalb der Private Cloud und den weniger sicher einge-
stuften Daten in einer Public Cloud) oder dem Mischen von Cloud und On-Premise-Applikation. Beispiel für eine „Hybrid Cloud": Ein Unternehmen betreibt eine eigene „Private Cloud"
und nutzt zusätzlich als Failover-Strategie oder für Belastungsspitzen eine „Public Cloud"
bzw. diese im Verbund mit einer „Community Cloud".

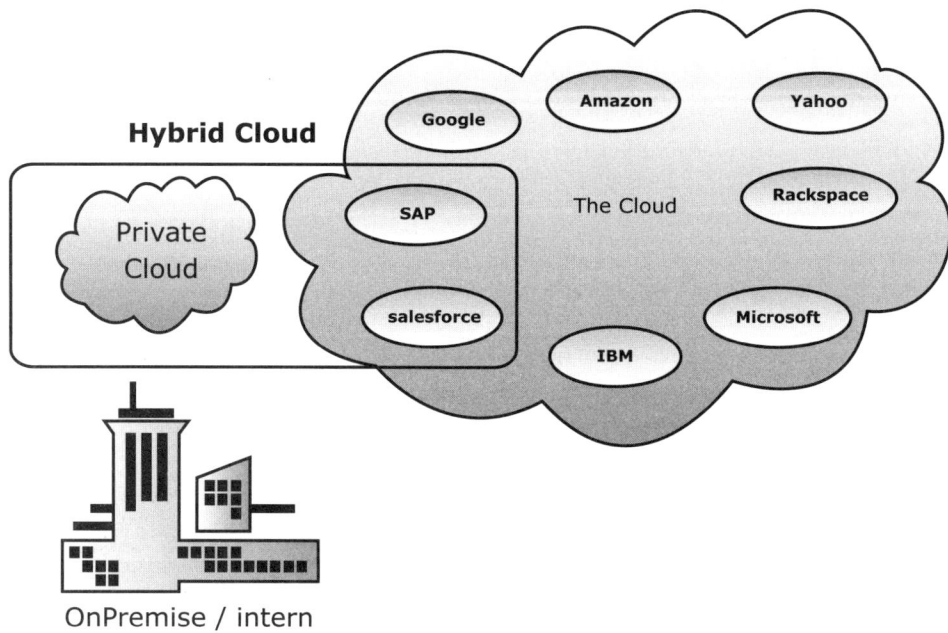

BILD 2.5 Beispiel für "Hybrid Cloud"-Computing

Ein weiteres typisches Beispiel für eine Hybrid Cloud sehen wir regelmäßig bei unseren Kunden, die sich – beispielsweise aus rechtlichen Gründen – nicht dazu entschließen können,
eine Cloud zu betreiben, bei der letztlich alle Daten außerhalb Europas liegen (typischerweise
im Pharmabereich). Also wird eine SaaS-Lösung wie z.B. salesforce.com betrieben, aber einige
Daten werden auf lokalen Inhouse-Servern abgelegt. Für den Endanwender ist nicht ersichtlich, dass die in seinem Browser dargestellten Inhalte aus zwei ganz verschiedenen Quellen
stammen und sogar letzten Endes auf unterschiedlichen Kontinenten gespeichert werden.
Auch eine Mischung von Cloud Computing mit SaaS und Inhouse Data Storage ist damit möglich und je nach Anwendungsfall auch durchaus sinnvoll.

■ 2.7 Die einzelnen Cloud-Servicemodelle

2.7.1 Infrastructure-as-a-Service (IaaS)

Infrastructure-as-a-Service ist der Teil einer Cloud-Dienstleistung, der dem Kunden IT-Infrastruktur über das Internet zur Verfügung stellt. Typische Beispiele sind

- Speicherplatz im Netz (Festplattenkapazität)
- Virtuelle Telefonanlagen
- Backup-Service über das Internet
- Ggf. lassen sich auch Datenbanken als Infrastruktur dazurechnen (Beispiel Microsoft Azure SQL-Server oder salesforce Database.com)

Typischerweise ist die Dienstleistung hier stark abgegrenzt (Beispiel 20 GB Festplattenspeicherplatz in der Cloud), der Service ist klar geregelt und übersichtlich.

2.7.2 Platform-as-a-Service (PaaS)

Mit Platform-as-a-Service ist die Dienstleistung gemeint, die einem Entwicklerteam die Deployment-Plattform für Softwareentwicklung zur Verfügung stellt. Im Unterschied zu einer typischen und bekannten Entwicklungsplattform wie Eclipse, die noch keinerlei Aussage darüber macht, wo beispielsweise der entwickelte Java-Code ausgeführt wird, ist beim PaaS die Zielplattform und deren Betrieb ganz klar das Serviceangebot. Typischerweise liegen viele der Komponenten eines Entwicklungsprojektes als fertige Services bereits vor. Die Entwickler nutzen die Plattform, die als Cloud-Service erreichbar ist, und „deployen" ihren Code dort für den Betrieb. Dabei nutzen sie fertige Komponenten wie:

- Security-Konzept, das genutzt werden kann
- Datenbankschnittstelle & Betrieb
- Reporting und Dashboards
- Single Sign On
- uvm.

PaaS wird im Detail unter anderem in Kapitel 7 beschrieben.

2.7.3 Software-as-a-Service (SaaS)

Grundsätzlich wird hier das Konzept verfolgt, dass Software nicht mehr auf jedem Rechner, der die Software nutzen will, installiert zu sein braucht. Anstelle dessen wird davon ausgegangen, dass bestimmte Software einfach über einen Browser aufruf- und nutzbar gemacht wird – unabhängig davon, wo die Software genau ausgeführt wird. Dem Nutzer ist es im Idealfall sogar egal, ob die Ausführung in mehreren Teilen an verschiedenen Orten im Hintergrund passiert, solange er ein einheitliches Graphical User Interface (GUI) nutzen kann. Dies ermöglicht auch für gewöhnlich die Nutzung derselben Software von vielen Standorten aus und von vielen verschiedenen Usern gleichzeitig. Historisch war hier auch der Begriff On-Demand („auf Nachfrage" sozusagen) stark vertreten, der auch heute noch regelmäßig gewählt wird. On-Demand meinte früher immer Software-as-a-Service, heute steht er aber auch für andere „as-a-Service-Modelle".

Im Rahmen der Globalisierung der letzten Jahre war dies das Cloud Computing-Modell, das sich zuerst und am stärksten verbreitet hatte. Typische Beispiele sind dafür heute:

- salesforce.com Sales Cloud 2 oder Service Cloud 2
- SAP Business By Design On-Demand
- Oracle CRM On-Demand
- Projectplace Projektmanagement
- Netsuite ERP

2.7.4 Everything-as-a-Service (XaaS)

Der Vollständigkeit halber sei auch der Begriff Everything-as-a-Service erwähnt, der davon ausgeht, dass alle as-a-Service-Modelle gekoppelt und genutzt werden. Gerne wird er auch von Unternehmen verwendet, die Komplettleistungen im Cloud Computing-Bereich offerieren.

Alle Servicemodelle bauen letztlich aufeinander auf, das heißt konkret: SaaS braucht natürlich IaaS und PaaS, um erweiterbar zu sein. Auch möchte der Kunde, der seine Software quasi aus dem Netz heraus nutzt, nicht auf seine Backups oder Speicherkapazität verzichten. Da die Hersteller historisch erst SaaS anboten und dann merkten, dass auch IaaS und PaaS wichtige und nachgefragte Komponenten sind, werden diese Servicemodelle heute sehr erfolgreich vertrieben.

Ein weiterer Gedanke ist die Einbindung von Communication-as-a-Service (CaaS), eine Technologie, die sich vor allem mit Kommunikationselementen und -technologien befasst. Der Gedanke hierbei ist, dass Unternehmen zukünftig nicht einmal eine Telefonanlage mehr selbst betreiben, sondern sich auch diese Dienstleistung „as-a-Service" einkaufen.

 HINWEIS: Keines der Servicemodelle sagt etwas darüber aus, wie es geliefert wird – ob es also eine private, public, hybrid oder wie auch immer gestaltete Cloud ist. Hier muss der Anwender im Detail nachprüfen und festlegen, welches Modell er am besten gebrauchen kann.

■ 2.8 Abgrenzung zu anderen Technologien

Wie bisher bereits dargelegt wurde, stellt Cloud Computing bestimmte Technologien zur Verfügung, die es den Nutzern ermöglichen, ggf. erhebliche Kosteneinsparungen und einen Geschwindigkeitsvorteil bei der Umsetzung von IT-Anforderungen zu realisieren (die genauen Vor- und Nachteile werden in Kapitel 3 im Detail analysiert). Allerdings muss man genau darauf achten, mit welchen Mitteln (Technologien) dies in der Praxis umgesetzt wird, denn einzelne Vorteile, die erwünscht sind, hängen kausal vom Einsatz bestimmter Technologien ab. Leider ist es heute so, dass aufgrund der Beliebtheit und des ständigen Umgangs mit dem Begriff Cloud Computing viele Hersteller auf ihre Angebote „Cloud" draufschreiben, auch wenn keine Cloud drin ist!

Dies beginnt bereits bei den Themen „Private Cloud" versus „Public Cloud", denn eine „Private Cloud" ist nur schwer unterscheidbar von ASP bzw. einem Inhouse-Service der eigenen IT-Abteilung. Das Kapitel 3 wird hier zeigen, dass nicht alles so vergleichbar ist, wie es klingt, und vor allem, dass sich nicht mit allen Technologien, die hinter den Begrifflichkeiten stecken, dieselben Vorteile erwirtschaften lassen.

2.8.1 Applikations-Hosting

Beim Applikations-Hosting wird im Grunde nur eine Anwendung zur Verfügung gestellt, die für die Nutzer meistens über ein öffentliches Netz – wie zum Beispiel das Internet – oder über eine private, direkte Netzleitung zwischen dem Provider und den Nutzern verfügbar gemacht wird. Die Nutzer sind selbst verantwortlich für die Verwaltung der Anwendung, ggf. Administration des Systems und den anfallenden Support. Der Gang zum ASP ist für viele Nutzer ein logischer nächster Schritt.

2.8.2 Application Service Providing (ASP)

Beim ASP wird eine bestimmte Applikation oder Software von einem Betreiber individuell einem Kunden oder einer Gruppe von Nutzern zur Verfügung gestellt. Der Application Service Provider (zu Deutsch: Anwendungsdienstleister) ist dann ein IT-Dienstleister, der eine Anwendung (z. B. ein ERP-System, eine CRM-Lösung usw.) meist über ein öffentliches Netz (z. B. Internet) oder ein privates Datennetz anbietet, sodass die hauseigene IT-Abteilung nicht für den Betrieb der Anwendung zuständig ist. Der ASP übernimmt Aufgaben wie

- die gesamte Administration
- die Datensicherung
- das Einspielen von Upgrades, Patches oder Sicherheitsversionen.

Anders als beim reinen Applikations-Hosting (siehe im Folgenden) gehört im Normalfall zur ASP-Dienstleistung auch der Service für die Benutzerbetreuung um die gehostete Anwendung herum.

Auch hier kommen im Normalfall Mietmodelle zur Nutzung der Anwendung zum Tragen – ähnlich wie bei den meisten Cloud Computing-Anbietern -, und die benötigte Software wird nicht gekauft. Mithilfe von ASP-Dienstleistungen können Unternehmen ganze Verwaltungsbereiche oder Prozessschritte auslagern und sich damit auf ihr Kerngeschäft konzentrieren. Auch ist die Berechnung einer Mietlösung buchhalterisch eine ganz andere als die Anschaffung von Lizenzen und der Betrieb der Serverlandschaft. Gerade im Rahmen von Outsourcing-Bemühungen der letzten 10 Jahre ist es sehr oft für Kernanwendungen bei größeren Unternehmen zum ASP gekommen.

2.8.3 Grid Computing

Für die Definition des Grid Computing verweisen wir auf folgendes Zitat von Ian Foster aus dem Buch „The Grid: Blueprint for a New Computing Infrastructure" [GRID1].

Die gemeinsame Nutzung von Ressourcen, mit der wir uns hier beschäftigen, ist nicht primär der Austausch von Dateien, sondern vielmehr der direkte Zugriff auf Computer, Software, Daten und andere Ressourcen, wie sie bei einer Reihe von kollaborativen, problemlösenden und Ressourcen vermittelnden Strategien benötigt werden, die zurzeit in Industrie, Wissenschaft und im Ingenieurwesen auftauchen. Diese gemeinsame Nutzung von Ressourcen ist, notwendigerweise, in einem Höchstmaß kontrolliert, wobei die Anbieter und Konsumenten der Ressourcen klar und eindeutig festlegen, welche Ressourcen geteilt werden, wem die gemeinsame Nutzung erlaubt ist, und unter welchen Bedingungen die gemeinsame Nutzung erfolgt. Eine Menge von Individuen und/oder Institutionen, die sich durch solche Richtlinien zur gemeinsamen Nutzung von Ressourcen ergeben, formen das, was wir eine Virtuelle Organisation nennen.

Was heißt das konkret? Um genau zu klären, wie „Grid Computing" sich vom o.g. „Cloud Computing" unterscheidet, möchten wir uns dem Thema einmal von einer anderen Seite nähern. Die Frage lautet also: Für welche Aufgaben sollte man sich mit „Grid Computing" beschäftigen? Oder anders: Welche Aufgaben kann man mit „Grid Computing" lösen?

Die typischen Aufgaben, bei denen sich Grid-Computing als Strategie anbietet, sind solche, die die Leistung einzelner Computer überfordern. Dazu gehören beispielsweise die Integration, Auswertung und Darstellung von sehr großen Datenmengen aus der naturwissenschaftlichen und medizinischen Forschung. In der Routine werden die Techniken auch in der Meteorologie und rechenintensiven Simulationen in der Industrie angewandt. Insbesondere die Teilchenphysik mit Großexperimenten (z.B. der Large Hadron Collider) als naturwissenschaftliche Anwendung ist ein Vorreiter in der Weiterentwicklung und Etablierung von Grid-Technologien [WIKI3].

Da es im Gegensatz zum „Cloud Computing" keinen klaren Anbieter und klare Nutzer gibt, sondern alle von allem profitieren, ist die Systemarchitektur logischerweise erheblich komplexer und aufwendiger.

Das Einsatzgebiet ist klar auf den wissenschaftlichen Bereich begrenzt, der in dieser Untersuchung aber nicht beleuchtet wird.

■ 2.9 Fazit

Aus heutiger Sicht im Jahre 2011 ist Cloud Computing ein ganz starker Hype in der IT-Industrie. Der Begriff wird für vieles verwendet, was in früheren Jahren vielleicht ASP genannt worden wäre. Bei Hype-Begriffen ist immer eine gewisse Vorsicht angebracht. Es gibt aber eine große Anzahl von Gründen, warum sich Cloud Computing für Unternehmen aus allen Branchen und jedweder Größe sehr lohnen kann.

Aus unserer Sicht gilt es den Paradigmenwechsel, der sich mit Cloud Computing nun endgültig manifestiert, zu erkennen, für sich nutzbar zu machen und andererseits in der Lage zu sein, die Grenze zu ziehen, wann es ggf. nicht mehr sinnvoll sein kann. Der Paradigmenwechsel manifestiert sich in dem Servicegedanken, der sich letztlich hinter „echtem" Cloud Computing versteckt:

- Als Unternehmen konzentriere ich mich auf mein Stammgeschäft.
- Die beste und flexibelste Software bzw. Anwendung nutze ich, ohne selbst den Betrieb von IT im Detail verstehen zu müssen.
- Meine Zeit und Energie verwende ich darauf, dass die Prozesse in meinen Anwendungen mit den Wandlungen in meinem Geschäft Schritt halten.

Das nächste Kapitel geht detailliert auf die Vor- und Nachteile der einzelnen Technologien ein.

3

Vor- und Nachteile des Cloud Computing

In diesem Kapitel stellen wir die Vor- bzw. Nachteile der in Kapitel 2 beschriebenen Technologien vor. Wir gehen von den Beispielen externes Rechenzentren und ASP aus, da diese sicherlich ein Stück weit ein Evolutionsschritt in Richtung Cloud Computing waren und bereits einige der Vorteile aufzeigen können. Auch stellt sich bei dieser Vorgehensweise noch klarer heraus, wie und in welcher Konstellation sich Vorteile des Cloud Computing nutzen lassen.

Die Vor- bzw. Nachteile des Cloud Computing für unterschiedliche Unternehmensgrößen und in Bezug auf die verschiedenen Technologien und Liefermodelle stellen wir mithilfe der sogenannten SWOT-Analyse dar. SWOT steht für **S**trengths (Stärken), **W**eaknesses (Schwächen), **O**pportunities (Chancen) und **T**hreats (Risiken). Aus den zusammenfassenden Grafiken können Sie ablesen, inwieweit sich der Einsatz von Cloud-Technologien für Unternehmen unterschiedlicher Größe lohnen kann.

 HINWEIS: Die inhaltlichen Entscheidungskriterien für eine Cloud-Lösung finden Sie in Kapitel 6. Dieses Kapitel befasst sich nur mit den Vor- und Nachteilen der unterschiedlichen Cloud Computing-Technologien. ■

■ 3.1 Das externe Rechenzentrum

Die einfachste Art, IT nicht nur als Produkt zu nutzen, sondern hin zu einem Service umzubauen, ist die Möglichkeit, dass ein Dritter die Hard- bzw. Software erwirbt, installiert, konfiguriert und in einem eigenen Rechenzentrum wartet, welches sonst durch die eigene IT und das eigene Personal betrieben würde. So ein Rechenzentrum kann für mehrere Kunden jeweils eine Anwendung betreiben, einzeln konfigurieren und unabhängig betreiben.

Diese Möglichkeit der Auslagerung der IT bietet auf den ersten Blick verschiedene Möglichkeiten, Kosten zu sparen. Das Rechenzentrum kann die günstigere Variante sein, weil so z.B.

kapitalintensive Hardware (wie z.B. Notstromgeneratoren) von mehreren Kunden genutzt werden kann oder weil hoch bezahlte Systemspezialisten mehrere Kunden betreuen können. Auch ist eine Einstellung von kostengünstigem Personal in Billiglohnländern eine denkbare Variante (hierbei gilt die Abhängigkeit vom Ort des Rechenzentrums).

Diesen Kostenvorteilen stehen folgende Einschränkungen gegenüber:

- Man verliert die Möglichkeit, Prozesse selbst zu priorisieren oder
- selbst Maintenance-Maßnahmen für kritische System-Updates zu veranlassen oder
- auch eigene Problemlösungsprozesse aufzusetzen.

Denn der Anbieter muss sich nicht nur um die Installation eines einzelnen Kunden kümmern, sondern wird mehrere Kunden zufrieden stellen müssen. Je nach Menge der Kunden, die sich für den Anbieter entschieden haben, kann es wieder ein Kostennachteil für den Anbieter werden, dass er viele Lösungen betreiben, supporten und warten muss. Der Anbieter wird also in jedem Falle eine Strategie verfolgen, allen seinen Kunden mit einheitlichen SLAs, die dem Anbieter ein Maximum an verwertbaren Vorteilen bieten, eine möglichst identische Systemlandschaft zu verkaufen.

◼ 3.2 Application Service Provider (ASP)

Ein Unternehmen kann sich auch dafür entscheiden, auf verschiedene Service-Provider für Dienstleistungen zurückzugreifen, von denen jeder eine oder mehrere Anwendungen zur Verfügung stellt. Die angebotene Alternative kann sein, dass ein Anbieter entweder die Anwendung als Service beim Unternehmen inhouse installiert oder als Service beim Anbieter selbst betreibt.

Ein ASP-Arrangement bietet wie in Abschnitt 3.1 beschrieben verschiedene Vor- und Nachteile im Vergleich zum Offsite-Rechenzentrum. Eine ASP-Lösung hat das Potenzial, Effizienz dadurch entstehen zu lassen, dass der Anbieter Kopien gleicher Anwendungs-Stacks betreibt, die sich höchstens durch verschiedene Kapazitäten unterscheiden. Der steigende Einsatz von Virtualisierungstechnologien ist eine logische Ergänzung dieses Modells. Man betreibt also eine einzelne virtualisierte Umgebung, auf der sich viele Kopien betreiben und aktivieren lassen, mit denen man die adäquaten Ressourcen mit unterschiedlicher Kapazität zur Verfügung stellt. Diese flexible Anpassung der Kapazitäten wird auch bereits zum Vorteil eines gemeinsamen und einheitlichen Upgrade-Prozesses führen.

Diese eventuell zu erreichenden Vorteile werden behindert oder begrenzt durch Schwierigkeiten wie die Integration von Applikationsfunktionen oder die gemeinsame Nutzung von zugrunde liegenden Daten über die physikalischen oder architektonischen Grenzen eines Single Tenant Stacks hinweg. Nutzt jeder Anwender eine eigene Instanz seiner Software und ist nicht Mitglied in einer Multi Tenancy-Architektur, kann beispielsweise bereits keine Nutzung gemeinsamer Datenhaltung mehr erfolgen. Die Vorteile, die sich zum einen aus der Virtualisierung erzielen ließen, werden sozusagen auf Anwendungsseite durch Single Tenancy bereits wieder beschnitten, da es sich um ein konträres Businessmodell handelt. In jedem Fall ist auch das Auseinanderlaufen des genutzten Umfangs über verschiedene Kunden hinweg bereits ein Problem in der Maintenance.

Vorteile von ASP

Die durch ASP zu erzielenden Vorteile werden hier in Stichworten genannt. Viele davon gelten auch für die weiter in diesem Kapitel beschriebenen Technologien:

- Normalerweise auf einem aktuelleren Stand der Technik als On-Premise-Lösungen
- Standardisierung und Ausrichtung an modernen IT-Lösungen
- Transparenz der Kosten
- Planbarkeit der Kosten (durch Mietmodelle)
- keine Kapitalbindung OPEX vs. CAPEX (Software- und Hardwarekauf)
- IT-Kompetenz des Dienstleisters – Spezialisierung vs. das Unternehmen versucht selbst, sich die Kompetenz für den Aufbau von SAP-Rechenzentren anzueignen.
- schnellere Einführung der Software, da die Infrastruktur nicht betreut werden muss
- besserer Service – auch für die Anwender
- Nutzung verschiedener Standorte
- flexible Anbieterwahl bei zunehmender Standardisierung

Mögliche Nachteile von ASP

Auch die möglichen Nachteile sind eine Vorausschau auf die nächsten Abschnitte, da viele von ihnen für alle anderen Modelle auch gelten werden.

- Risiko des Netzausfalls: Bei Problemen mit der Internetverbindung ist keine Nutzung der Anwendung möglich, wenn keine auf dem Desktop lauffähigen Rich Internet Applications (z.B. Adobe Flex) genutzt werden.
- Erhöhte Kosten durch die Anbindung an den ASP-Anbieter, wenn durch ASP beispielsweise die Bandbreite der Netzverbindung deutlich erhöht werden muss.
- Im Gegensatz zur lokalen Speicherung weniger Sicherheit bei vertraulichen Daten (siehe hierzu auch das Kapitel 4 mit Details zum Thema Datensicherheit)
- Abhängigkeit vom Dienstleister
- Outsourcing-Hoheit über und Speicherort von unternehmenskritischen Daten
- Verzicht auf hausinterne IT-Kompetenz
- Die Zukunftssicherheit des Anbieters kann sich ggf. als Nachteil erweisen (Konkurs, Zahlungsunfähigkeit u.v.m.)
- Längere Antwortzeiten durch anderen Standort
- Mangelnde Transparenz im Anbietermarkt, da nicht alle Lösungen auch im ASP-Modell zur Verfügung stehen

◼ 3.3 Multi Tenant, Software-as-a-Service und Platform-as-a-Service

Anstelle konventionell designter Anwendungen, die dafür gedacht sind, entweder On-Premise oder bei einem ASP zu laufen, können Anbieter eine Anwendung auch von Grund auf so designen, dass viele Mandanten (Tenants) und separate Kunden auf einer einzelnen Instanz einer Anwendung betrieben werden können. Die Partitionierung von Daten, die so kein Nebeneffekt der Tatsache mehr ist, dass man mehrere Instanzen deployen muss, wird dann ein Designkriterium der Anwendung. Das Customizing von Anwendungsverhalten – anstelle der Erstellung von Sourcecode zur Änderung der Anwendung – ist bei vielen Cloud-Lösungen bereits heute ein weiterer Vorteil. Dies lässt sich durch die Konfiguration von Meta-Daten erreichen, wie es zum Beispiel salesforce.com macht (siehe Bild 3.1).

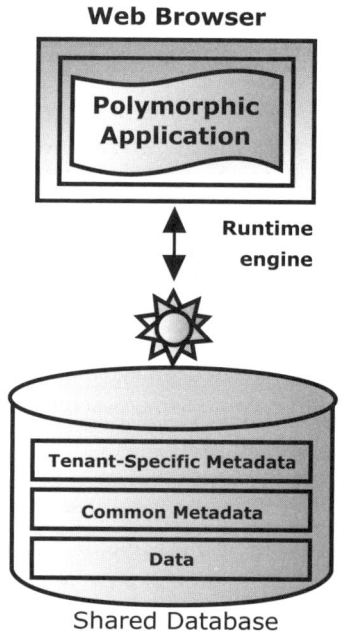

BILD 3.1 Meta Data Stack bei salesforce.com [SFDC1]

Die Firma salesforce.com ist über die Jahre hinweg einer der Hauptvertreter und Innovatoren für diese Art der Architektur.

Auf einer Plattform mit Multi Tenant-Architektur nutzen mehrere Kunden eine gemeinsame Infrastruktur und Code-Basis, die zentral gewartet werden (siehe Bild 3.2). Die Services und Anwendungen, die einzelnen Kunden aus dieser Architektur angeboten werden, sind individuell, abgetrennt von anderen Kunden und sicher, ohne den Nachteil der Mehrarbeit, des Mehraufwandes und der Kosten zu haben, die entstehen, wenn es sich um verschiedene Stacks handelt.

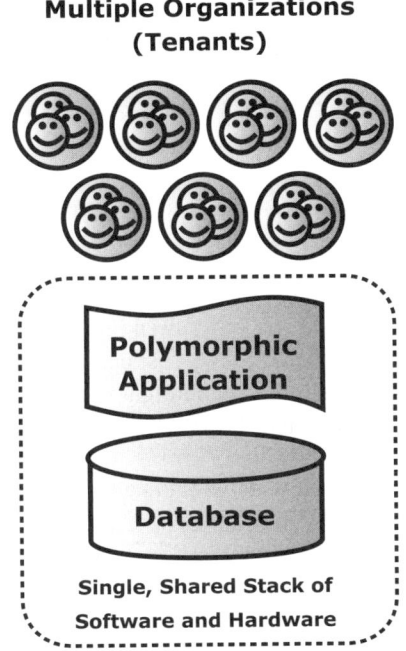

**Multiple Organizations
(Tenants)**

**Polymorphic
Application**

Database

**Single, Shared Stack of
Software and Hardware**

BILD 3.2 Multi Tenant-Architektur am Beispiel salesforce.com [SFDC2]

Solche servicebasierten Multi Tenant-Architekturen sind vergleichbar mit bekannten Web-plattformen für Consumer wie Yahoo, Amazon, eBay, Facebook und vielen mehr. Die genannten Plattformen stellen allen Nutzern eine einheitliche Infrastruktur zur Verfügung. Bei Erweiterungen der Plattform, bei Updates oder System-Maintenance kommt es im Normalfall zu keinen Unterbrechungen. Diese Plattformen sind erheblich kostengünstiger als individuelle Plattformen für jeden einzelnen Kunden.

Des Weiteren zwingt eine Multi Tenant-Architektur dazu, eine klare Trennung von Daten und Applikationslogik vorzunehmen, was sich im Allgemeinen auch als einfacher zu warten und schneller zu ändern erwiesen hat (dies war schon eine Prämisse beim Client-Server-Computing, die für Geschäftsanwendungen leider auch nicht immer durchgehalten wurde) – außer bei Applikationen, die dies im Design der Anwendung explizit ausschließen.

Eine Multi Tenant-Plattform kann von einem Entwickler erweitert werden. Solche Änderungen sind für die Plattform nichts anderes als die Konfiguration von Metadaten. Da diese im Normalfall interpretiert werden, ist es nahezu unmöglich, die Plattform durch eigenen Code in ihrer Ausführung zu stoppen, also einen Systemabsturz herbeizuführen.

Die Ökonomie des Multi Tenant-Architekturmodells geht weit über die in den Abschnitten 3.1 und 3.2 vorgestellten Vorteile hinaus. Die Teams, die eine solche Plattform betreiben, seien es nun Administratoren oder Entwickler, müssen ihre Aufmerksamkeit nicht auf so viele Stacks wie Kunden verteilen, sondern nur auf die Anzahl der physischen Rechenzentren, die für den reibungslosen Betrieb inklusive aller Fail-Over- und Kapazitätsreserven benötigt werden. Hierdurch entsteht ein erhebliches Einsparpotenzial.

Auch ist aus Sicht der CO_2-Bilanz hier erheblich weniger Rechenleistung nötig, die wiederum erhebliche Stromkostenersparnis ermöglicht, denn im Normalfall werden nicht alle Kunden zur gleichen Zeit dieselbe Spitzenleistung vom System fordern, die sonst für jeden einzelnen Kunden bereitgestellt werden müsste.

Vorteile einer Multi Tenant-Architektur

- Kosteneinsparungen durch Skaleneffekte, die mit der Zahl der Nutzer wächst
- Einsparung bei Betriebskosten durch Bündelung von IT-Ressourcen
- Hoher Grad an Anpassbarkeit und Konfigurierbarkeit – für alle Anwender
- Häufige Upgrades und neue Funktionalitäten, ein System, das lebt und sich entwickelt
- Die Servicequalität kann für alle Kunden hoch gehalten werden

Mögliche Nachteile von Multi Tenant-Architekturen

Eine Multi Tenant-Architektur setzt eine zugrunde liegende stringente Umsetzung einer Virtualisierung der Hardware, des Betriebssystems und des darauf agierenden Software-Stacks zwingend voraus. Reine Mandantenfähigkeit wird viele der oben genannten Vorteile nicht automatisch erreichen können. Daher ist eine detaillierte Betrachtung der Architektur vonnöten, um die vollen Vorteile für das eigene Unternehmen nutzen zu können. Viele Hersteller bezeichnen ihre Architektur als Multi Tenant, aber zum Teil mit eigenwilligen Definitionen, was sie darunter verstehen.

Ein weiterer Punkt ist, dass nicht alle Unternehmen genau die gleiche Software für die gleichen Prozesse einsetzen möchten. Wenn also nicht viel genug Tenants eine Lösung nutzen, ist auch der Vorteil dahin. Die Vorteile steigen mit der Zahl der Nutzer, Nachteile entstehen durch den zusätzlichen Overhead, wenn die Zahl der Nutzer des Systems sehr gering ist oder kaum unterschiedliche Mandanten das System nutzen wollen.

Die Nachteile einer Multi Tenant-Architektur in Stichwörtern:

- Kosteneinsparungen werden nur bei größeren Nutzerzahlen realisiert.
- Abhängigkeit vom Anbieter (wie auch bei ASP und anderen Modellen)
- Nicht alle verstehen das Gleiche unter Multi Tenancy. Es gibt viele Angebote von Herstellern, die tatsächlich gar keine Multi Tenant-Lösungen sind.

 PRAXISTIPP: In jedem Falle sollte man sich Zusagen für die Architektur der Lösung, die man einsetzen möchte, genau ansehen bzw. auch bestätigen und erklären lassen. Nur die richtige Architektur sichert Ihnen wirklich alle oben genannten Vorteile für Ihre Anwendung und Ihre Prozesse.

◼ 3.4 Cloud-Liefermodelle

3.4.1 Private Cloud

Private Clouds werden heute gerne anstelle einer klassischen On-Premise- bzw. hausinternen ASP-Lösung angeboten mit dem Hinweis darauf, sie böten erheblich höhere Datensicherheit als eine Public Cloud. Letztlich lassen sich eine Private Cloud und eine hauseigene ASP-Lösung kaum voneinander unterscheiden.

Die Private Cloud bietet vor allem den Unternehmen Vorteile, die sich große Sorgen um Datensicherheit, den Speicherort ihrer Daten oder die Regelungen zum Datenzugriff machen.

 HINWEIS: Die vermeintliche höhere Datensicherheit des hauseigenen IT-Betriebs muss jedoch in jedem Fall genau geprüft werden, denn sie hängt von sehr vielen Faktoren ab. Unter Umständen ist jemand, der sich exklusiv mit der Datensicherheit über das Internet befasst – wie die meisten Cloud-Anbieter – hier viel erfahrener als eine interne IT-Abteilung!

Diese Fragestellungen gilt es abzuwägen, und dies geschieht im Rahmen des vierten Kapitels hier im Buch.

Vorteile einer Private Cloud

- Eigene, private Anwendung
- Datensicherheit, Schutz vor Missbrauch (muss aber genau geprüft werden)
- Stärker individualisierbar
- Die Vorteile von ASP-Lösungen wie z.B. Planbarkeit der Mietkosten, verschiedene Standort etc. können hier auch realisiert werden.

Mögliche Nachteile einer Private Cloud

- Man profitiert nicht von einer Infrastruktur, die für sehr viele aufgesetzt wurde.
- Skalierbarkeit ist abhängig von der zugrunde liegenden Struktur dieser Private Cloud.
- Kosteneinsparungen durch Skaleneffekte werden nicht erreicht.
- Bündelung von IT-Ressourcen findet nicht statt.
- Die Kosten müssen anders betrachtet werden. Es ist zu prüfen, ob eine Mietnutzung möglich ist. Wie einfach ist so eine Lösung kündbar?

3.4.2 Public Cloud

Die Public Cloud ist das Modell, auf dem mittlerweile die meisten B2B-Cloud-Lösungen – wie CRM, ERP, CS&S u.v.m. – basieren. Sie hat eine Reihe von Vorteilen gegenüber einer Private oder einer Hybrid Cloud.

Unserer Meinung nach haben echte Multi Tenant-Public Cloud-Angebote – wie beispielsweise das CRM-System salesforce.com oder die Projektplanungssoftware Projectplace – die meisten Vorteile gegenüber einer Private Cloud. Nur mit solchen Systemen lassen sich alle Vorteile, die man erzielen kann, auch in der Realität messbar nachvollziehen.

Vorteile einer Public Cloud

Alle Vorteile, die mit den folgenden Aspekten zu tun haben, werden hier im Vergleich zur Private Cloud voll ausgespielt.

- Skalierbarkeit
- Economies of Scale
- Multi Tenant-Nutzung

Mögliche Nachteile einer Public Cloud

Hierzu zählen alle Punkte, die in die folgenden Bereiche fallen:

- Datenschutz bzw. -missbrauch
- Datensicherheit
- IT-Kompetenzverlust

 HINWEIS: Wir verweisen ausdrücklich darauf hin, dass die genannten Punkte **mögliche Nachteile** sind. Die tatsächliche Abwägung muss immer im Einzelfall erfolgen. Unserer Erfahrung zufolge hat sich der vermeintliche Nachteil in vielen Fällen klären lassen und bei einer präzisen Abwägung letztlich als nicht substanziell herausgestellt.

3.4.3 Hybrid Cloud

Gerade Großunternehmen setzen immer mehr auf den Gedanken, sie könnten von hybriden Lösungen, also auch Hybrid Clouds, erheblich profitieren. Hybride Lösungen sind schon bereits deshalb die angestrebte Lösung, da kein Großunternehmen heute seine Softwarelandschaft komplett neu aufsetzen kann; das heißt konkret, es gibt immer bereits ERP-Systeme, Buchhaltungslösungen, Systeme für die Produktionsplanung, Lagerhaltung etc. Diese bestehenden Systeme müssen dann auch integriert werden, wenn sich das Unternehmen für den Einsatz von Cloud-Lösungen – beispielsweise für den Bereich Customer Service – entscheidet.

HINWEIS: Siehe hierzu auch im Detail Kapitel 9, das sich mit dem Thema Integration intensiv auseinander setzt. ∎

Die schnellen Innovationszyklen und die EIgendynamik, das große Unternehmen heute immer mehr haben müssen, haben auch Auswirkungen auf die Softwarelandschaft. Zum einen müssen Anpassungen und Änderungen immer schneller erfolgen können, weil sich die Prozesse wandeln oder weil sich die Rechtslage, die Grundlage für Teile der Software war, sich verändert; zum anderen hat es massive Investitionen in On-Premise-Lösungen gegeben, die zum Teil noch gerechtfertigt werden müssen. Dennoch ist heute schon zu beobachten, dass Unternehmen wegen der oben genannten Vorteile verstärkt auf Cloud-basierte Lösungen setzen.

Ganz klar lassen sich sehr viele der großen Vorteile mit einer Kombination aus On-Premise-Lösungen und Public Clouds bzw. den dann entstehenden Hybrid Clouds erzielen.

∎ 3.5 Cloud-Nutzungsmodelle

Was sind denn nun konkret die Vor- und Nachteile der verschiedenen Nutzungsmodelle von Cloud- Anwendungen? Die Cloud-Nutzungsmodelle bauen aufeinander auf, und es gibt eine Art Evolution hier (erste Nutzung IaaS oder SaaS, dann die Erweiterung auch auf die Nutzung von PaaS). Dies wird im Folgenden gezeigt. Wird bei einigen Kunden mit IaaS oder SaaS erste Versuche für Cloud-Nutzungsmodelle begonnen, so denken viele heute auch für ihre zukünftige Anwendungsentwicklung bereits über PaaS nach.

3.5.1 IaaS

Infrastructure-as-a-Service-Angebote beinhalten vor allem klassische Angebote wie beispielsweise:

- Speicherplatz im Netz – virtuelle Festplatten
- Rechenleistung im Netz
- Backup im Netz
- Virtuelle Telefonanlagen

Diese Services lassen sich einzeln oder auch in größeren Paketen als Dienste zu einer bestehenden Infrastruktur hinzukaufen.

Sehr verbreitet ist IaaS bereits im Consumer-Bereich bei allen, die z.B. größeren Speicherplatz für ihre E-Mail-Box im Netz kaufen, MobileMe von Apple nutzen oder vergleichbare Angebote wahrnehmen.

Vorteile von IaaS

- Kostentransparenz
- Mieten statt Kaufen, Vorteile im Bereich Abschreibung bzw. Mietnutzung nur anhand des tatsächlichen Bedarfs
- keine Hardware-Grundausstattung, sondern Hardware wird nur bedarfsgerecht zugekauft

Mögliche Nachteile von IaaS

- Verfügbarkeit und Netzgeschwindigkeit können ein Problem darstellen
- Abhängigkeit von der Infrastruktur von Cloud-Anbietern
- Nur ein Teil der Lösung, da immer noch Anwendungen und weitere IT-Dienstleistungen nicht Cloud-basiert sind.

3.5.2 SaaS

Software-as-a-Service oder On-Demand-Anwendungen stellen sicherlich den größten Bereich der Cloud-Lösungsangebote im B2B-Bereich dar. Nur am Rande verweisen wir hier auf alle die klassischen, bereits seit Jahren genutzten und gebräuchlichen Anwendungen wie Amazon, eBay, Facebook, Internet-E-Mail-Accounts u.v.m., die im Consumer-Bereich Standard sind.

Die Grundidee ist die Anwendung, Applikation oder Software-Suite, die Nutzern komplett über das Internet zur Nutzung zur Verfügung gestellt wird. Typische Beispiele sind hier salesforce.com CRM, Netsuite ERP, Oracle CRM On-Demand, Projectplace u.v.m. Hierbei entfalten sich die Vorteile vor allem in der Kombination der Nutzung im Bereich einer Public Cloud.

Vorteile von SaaS

- Keine eigene IT für den Betrieb
- Keine Hard- & Software für den Serverbetrieb außer Frontends (PCs, Smart Phones oder Tablet-PCs)
- Keine Maintenance im eigenen Haus
- Kein eigener User Support für Standardanwendungen

Mögliche Nachteile von SaaS

- Die IT-Kompetenz ist beim Anbieter.
- Die Gefahr einer Begrenzung durch die Netzgeschwindigkeit

3.5.3 PaaS

Aufgrund des breiten SaaS-Angebots, das sich in den letzten Jahren entwickelt hat, ist auch eine Nachfrage nach Cloud-basierten Entwicklungsplattformen entstanden. Nutzer wollten nun selbst die Entwicklungswerkzeuge und vor allem die Plattform, auf der eine so entwickelte Anwendung betrieben wird, als Cloud-basierte Lösung nutzen.

Das Problem, die eigene IT-Kompetenz zu verlieren, wiegt hier nicht so schwer, da die Unternehmen im Rahmen der Möglichkeiten der Plattform die Software noch selbst entwickeln und deployen. Sicherlich geht IT-Betriebskompetenz verloren, bei der man sich allerdings auch zu Recht fragen muss, inwieweit dies die Kernkompetenz eines Unternehmens sein sollte, das kein IT-Unternehmen ist.

Vorteile von PaaS

- Vorkonfigurierbare Plattformen erlauben für gewöhnlich schnellere Entwicklung.
- Kein Know-how für den Betrieb der Plattform nötig
- Mietnutzung statt selbst Kaufen und Einrichten einer eigenen Plattform
- Skalierbarkeit, Rechenleistung und Performance
- Alle Vorteile, die der Betrieb einer SaaS-Lösung hat

Mögliche Nachteile von PaaS

- Evtl. gibt es nicht die gleiche Flexibilität wie bei On-Premise-Softwareentwicklung.
- Abhängigkeit vom Anbieter
- Keine übergreifenden Standards, was den Wechsel zu einem anderen Anbieter erschwert

■ 3.6 Cloud-Nutzer

Wenngleich bis vor kurzem viele Studien zu dem Ergebnis kamen, dass Cloud Computing für den Privatanwender sich sehr wohl bewährt habe und sehr nützlich sei, so gingen sie doch davon aus, dass es für Unternehmen noch einige Hürden zu klären gäbe. Bedenken gibt es vor allem in diesen Bereichen:

- die rechtlichen Aspekte des Cloud Computing
- das Vertrauen in die bestehenden Anbieter (siehe hierzu auch exemplarisch Kapitel 8, in dem einige Anbieter für SaaS Lösungen näher vorgestellt werden, die naturgemäß nicht alle so groß und bekannt sind wie die großen On-Premise-Anbieter)
- die Kriterien für Gewährleistungsfragen und Datenintegrität
- Angst vor Datenverlust und Wiederherstellung
- die befürchtete Einschränkung je nach der Bandbreite des Internet

Dennoch denken wir, dass wir heute weiter sind und dass die diversen Hersteller gute Antworten auf die oben genannten Bedenken bieten.

HINWEIS: Die heutigen Netze sind wesentlich belastbarer, redundanter und schneller, als viele das erwartet hätten. Schwierigkeiten mit der Infrastruktur, die auf die Netze zurückgehen, sind daher seltener, als viele noch bis vor kurzem dachten. Das Argument, die Netze seien das „Bottleneck", wird hierdurch nachhaltig geschwächt.

Wir haben uns entschlossen die Vor- und Nachteile aus der Perspektive unterschiedlich großer Unternehmen zu betrachten, denn wir denken, dass sie sich je nach Unternehmensgröße anders darstellen.

3.6.1 Allgemeine Vorteile von Cloud Computing für Unternehmen

Es gibt einige Vorteile, die für Unternehmen jeder Größe in gleicher Weise gelten.

3.6.1.1 Geschwindigkeit und Risikominimierung

Der Einsatz einer Cloud Computing-Lösung minimiert die Risiken, die bei der Einführung von geschäftskritischen Applikationen entstehen, durch die Eliminierung der üblichen Vorabinvestitionen und des Zeitaufwandes, der dabei üblicherweise entsteht. Die Implementierung und der Rollout kann durch die Eliminierung des Zeitaufwandes – wie er für eine Bereitstellung einer On-Premise-Lösung entstünde – innerhalb kürzerer Zeit bewältigt werden. Laut einer Studie von „Triple Tree" und der „Software & Information Industry Association" [SIIA1] sind On-Demand-Implementierungen 50 % bis 90 % schneller und haben eine 5 % bis 10 % geringere TCO als installierte Softwarelösungen.

 HINWEIS: Was die genaue Kalkulation von Cloud Computing-Anwendungen angeht, siehe auch Kapitel 5. Dort finden Sie Kalkulationsbeispiele und generelle Überlegungen.

3.6.1.2 Kostengünstig

Der Vorteil einer Multi Tenant-On-Demand-Lösung liegt klar auf der Hand. Es muss keine Hardware beschafft werden, Wartung und Betrieb entfallen. Skalierbarkeit ist jederzeit gegeben. Die Plattformunabhängigkeit befreit von Betriebssystemen, Datenbanken, Applikationsservern usw. Für den Betrieb werden nur wenige eigene Ressourcen benötigt, und zudem entfallen auch die notwendigen Updates mit ihrer Komplexität in einer heterogenen IT-Landschaft. Ein weiterer wichtiger Faktor ist die Betrachtung über einen längeren Zeitraum. Das Marktforschungsinstitut Gartner [GARTNER2] schätzt, dass zwei Drittel des IT-Budgets und der verfügbaren Zeit für die Wartung, Updates und den Betrieb der Infrastruktur aufgewendet wird. Dies entfällt mit einem On-Demand-Modell.

3.6.1.3 Innovationsgeschwindigkeit

Kunden von Cloud-Applikationen profitieren von der sofortigen Verfügbarkeit neuer Versionen und deren neuen Funktionalitäten. Sämtliche Kunden arbeiten normalerweise auf der jeweils neuesten Version. Normalerweise übernimmt hierbei der Hersteller die Verantwortung für die jegliche Kundenanpassung, die Schnittstellen-API und sorgt für den reibungslosen Betrieb nach einem Update. Das Change Management auf Seite des Kunden wählt lediglich die neuen Funktionalitäten und Innovationen aus, die genutzt werden sollen. Viele Cloud-Anbieter machen mehrere Release Changes pro Jahr und können damit den Wettbewerbsvorteil ihrer Kunden verbessern.

3.6.1.4 Support und Service

Durch die zugrunde liegenden Vorteile von Cloud-Lösungen wie elastische Skalierbarkeit, Sicherheit und Risikoverteilung können die Hersteller einen qualitativ höheren Service bieten als die Mehrzahl der Kunden selbst. Das Interesse der Cloud-Anbieter ist es daher meist, dass die besten Technologien, Richtlinien und Verfahren eingesetzt werden, um eine maximale Sicherheit, maximale Verfügbarkeit und maximale Skalierbarkeit zu gewährleisten. Dies geschieht in den meisten Fällen bereits mit dem Hintergedanken, dass ein Ausfall oder Stillstand des Systems sich extrem negativ auf alle vorhandenen Kunden auswirkt. Ebenso ist bei einem für Cloud Computing typischen Mietmodell die Notwendigkeit hoch, einen guten Service zu liefern, da sonst die Anwender einfach zu einem anderen Hersteller wechseln.

 HINWEIS: Manche Hersteller bieten sogar einen Online-Status, der die Verfügbarkeit der Cloud-Plattform online verfolgbar macht. Ein Beispiel hierfür ist bei der Firma salesforce.com unter http://trust.salesforce.com jederzeit einzusehen.

3.6.1.5 Skalierbarkeit

Erfolgreiche Geschäftsmodelle wachsen und verändern sich beständig. Wachstum in Mitarbeiterzahlen, Transaktionen, Produktinnovationen und deren Markteinführung, Unternehmenszukäufe und Fusionen und weitere Faktoren können die Geschäftsanforderungen dramatisch verändern. Herkömmliche Lösungen sind hinsichtlich der Skalierbarkeit und Anpassbarkeit sehr kostspielig. Die verschiedenen Ebenen von Hardware und Software erfordern oftmals einen kompletten Austausch und zeitintensive und kostspielige Datenmigrationen. Gut designte Cloud-Plattformen bieten theoretisch unbegrenzte Skalierbarkeit auf Knopfdruck.

3.6.1.6 Flexibilität

Kunden von herkömmlichen Softwareinstallationen haben keine andere Möglichkeit, als selbst für kleinste Modifikationen an ihrem System Wochen oder Monate in die Wartung zu investieren. Das Designprinzip der meisten B2B-Cloud-Plattformen mit einer zugrunde liegenden Multi Tenant-Architektur beinhaltet die Flexibilität, um Modifikationen am Benutzerinterface und der darunter liegenden Objekte so einfach wie möglich zu gestalten. Häufig können sogar normale User, sofern es ihnen erlaubt ist, innerhalb von wenigen Minuten ihre Benutzeroberfläche anpassen. Hierzu werden in manchen Fällen nicht einmal Programmierkenntnisse benötigt. Durch die einfache Anpassbarkeit werden Kapazitäten frei, da der Support nicht ständig mit kleinsten Änderungswünschen konfrontiert wird, sondern sich vielmehr mit komplexeren Anpassungen beschäftigen kann.

3.6.1.7 Zufriedene Benutzer

Ein wichtiger Faktor, an dem herkömmliche Systemeinführungen oft scheitern, ist die geringe Nutzerakzeptanz. Sehr oft sind die Systeme kompliziert, nicht benutzerfreundlich und zeitraubend. Häufig ist es auch ein Problem, dass Nutzer in Zweigstellen oder ausländischen Niederlassungen neue Software gar nicht nutzen können, da sie erst Monate oder Jahre später partizipieren dürfen. Cloud Computing-Systeme ermöglichen die sofortige Einbindung weltweit verteilter Abteilungen. Häufig haben wir in unseren Projekten gesehen, dass gerade hierdurch starke Nutzerakzeptanz erzielt werden konnte.

3.6.2 Kleine Unternehmen

Im Folgenden stellen wir auf Basis einer SWOT-Analyse die Chancen, Risiken, Stärken und Schwächen für die unterschiedlichen Unternehmensgrößen dar. Aus unserer Sicht sind die allgemeinen Vorteile, die der Einsatz der Technik bietet, für alle Unternehmensgrößen identisch – das ist sozusagen echte Demokratie. Aber die Chancen, Risiken, Stärken und Schwächen können je nach Unternehmensgröße durchaus abweichen.

Für kleine Unternehmen mit weniger als 100 Mitarbeitern beurteilen wir die Situation vor allem wie folgt:

Chancen

- Standardisierung und Ausrichtung an modernen IT-Lösungen, ohne die erheblichen Investitionen im Vorfeld mittragen zu müssen – was für viele Kleinunternehmen gar nicht ginge.
- Keine Kapitalbindung (Software- und Hardwarekauf), sondern im Idealfall monatliche Nutzungsgebühren mit kurzen Kündigungsfristen
- Flexible Anbieterwahl – so ergibt sich auch für kleine Unternehmen eine größere Auswahl.
- Breite und kurzfristige Skalierbarkeit – zum Ausgleich von Nutzungsspitzen
- Normalerweise geringe Schulungskosten, kein eigener Support bei kleinen Unternehmen nötig
- Risikotransfer zum Cloud-Anbieter – sofern einklagbares Service-Level-Agreement (SLA) vorhanden ist
- Hohe Kompetenz des Cloud-Anbieters gegenüber einer eigenen, internen Lösung im Kleinunternehmen

- Cloud-Anbieter bündeln Aufgaben vieler Kunden und erzielen Skaleneffekt (*Economies of Scale*), da sie identische On-Demand-Lösungen gegenüber vielen Unternehmen anbieten. Der Vorteil für kleine Unternehmen besteht darin, dass man die Anwendung – sofern der Cloud-Anbieter die Vorteile zumindest teilweise weiterreicht – günstiger nutzen kann.

Risiken

- Abhängigkeit von großen Anbietern, die sich um die Belange kleiner Unternehmen im Zweifel wenig kümmern.
- Das Risiko, die Kompetenz für die Umsetzung der eigenen Prozesse an ein Fremdsystem zu verlieren, besteht immer.
- Die zukünftige Kostenentwicklung ist nicht immer planbar.

Stärken

- Im Zweifel eher aktueller Stand der Technik, den das Kleinunternehmen nicht nachverfolgen muss.
- Die Informatikkompetenz des Cloud-Anbieters
- Schnelle Implementierung und Einführung der Software
- Im Zweifel besserer Service, als wenn er selbst erbracht werden müsste
- Einfache und unkomplizierte Nutzung und Anbindung verschiedener Standorte

Schwächen

- Wo ist die Hoheit über unternehmenskritische Daten? Hieraus resultieren die Abhängigkeit vom Dienstleister und die Notwendigkeit in das Vertrauen in die Zukunftssicherheit des Anbieters.
- Zuverlässigkeit des Internet bzw. der Netzverbindung – ggf. handelt es sich hier auch unterschiedliche Provider.
- Der Verzicht auf eigene IT-Kompetenz
- Unter Umständen können längere Antwortzeiten entstehen

Alle Chancen, Risiken, Stärken und Schwächen aus Sicht kleiner Unternehmen sehen Sie zusammengefasst in Bild 3.3.

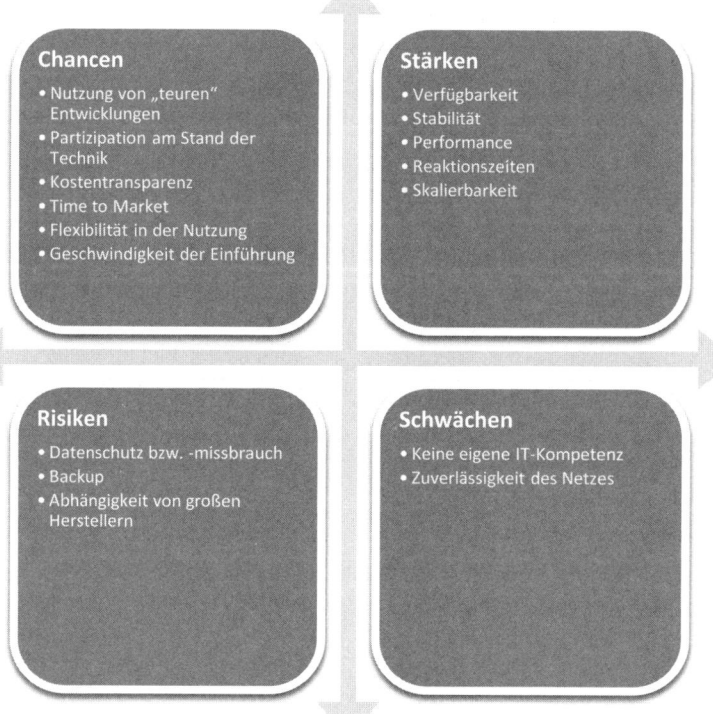

BILD 3.3 SWOT-Darstellung für kleine Unternehmen

3.6.3 Mittlere Unternehmen

Unternehmen aus dem Mittelstand mit 100 bis 5.000 Mitarbeitern können vor der Herausforderung stehen, den Wandel von einem kleinen Unternehmen, vielleicht sogar einem Start-up, zu einem großen Unternehmen mit mehreren Hunderten bis Tausenden Mitarbeitern zu vollziehen. Die Unternehmen müssen ggf. neben ihrem Kerngeschäft auch die IT und die internen Services professionalisieren, um zukünftig am Markt bestehen zu können. Daraus ergibt sich für viele Mittelständler ein klarer Bedarf, der durch die Chancen des Cloud Computing unter Umständen erheblich unterstützt werden kann.

Im Folgenden bewerten wir die Chancen, Risiken, Stärken und Schwächen speziell für mittlere Unternehmen.

Chancen

- Standardisierung und Ausrichtung an modernen IT-Lösungen, ohne die erheblichen Investitionen im Vorfeld mittragen zu müssen – auch für viele Unternehmen der mittleren Größe immer noch ein starkes Argument.

- Professionalisierung von einzelnen Services / Product Lines
- Geringe Anfangsinvestition beim Einsatz von Software. Dadurch ergibt sich die Möglichkeit, Erfahrungen zu sammeln – beispielsweise in einzelnen Abteilungen zum Vorabtest.
- Keine Kapitalbindung (Software- und Hardwarekauf), sondern im Idealfall monatliche Nutzungsgebühren mit flexiblen Kündigungsfristen
- Breite und kurzfristige Skalierbarkeit – zum Ausgleich von Nutzungsspitzen oder unternehmensweiten Rollouts
- Risikotransfer zum Cloud-Anbieter – sofern einklagbares Service-Level-Agreement (SLA) vorhanden ist.
- Cloud-Anbieter bündeln Aufgaben vieler Kunden und erzielen Skaleneffekt (*Economies of Scale*), da sie identische On-Demand-Lösungen gegenüber vielen Unternehmen anbieten. Der Vorteil für den Mittelstand besteht darin, dass man die Anwendung – sofern der Cloud-Anbieter die Vorteile zumindest teilweise weiterreicht – günstiger nutzen kann.

Risiken

- Vielzahl von unterschiedlichen Systemen, die nicht miteinander integriert sind
- Wildwuchs der Prozesse durch Vielzahl an Systemen
- Abhängigkeit von großen Anbietern, die sich um die Belange einzelner Kunden im Zweifel wenig kümmern
- Kompetenzverlust für die Umsetzung von IT-Prozessen

Stärken

- Aktueller Stand der Technik, den das Unternehmen nicht nachverfolgen muss
- Die Informatikkompetenz des Cloud-Anbieters
- Verfügbarkeit und Umsetzungsgeschwindigkeit der Cloud-Lösung
- Einfache und unkomplizierte Nutzung und Anbindung verschiedener Standorte, Abteilungen oder Beteiligungsunternehmen

Schwächen

- Zuverlässigkeit des Internet bzw. der Netzverbindung – ggf. handelt es sich hier auch unterschiedliche Provider.
- Der Verzicht auf eigene IT-Kompetenz

Alle Chancen, Risiken, Stärken und Schwächen aus der Sicht mittlerer Unternehmen sehen Sie zusammengefasst in Bild 3.4.

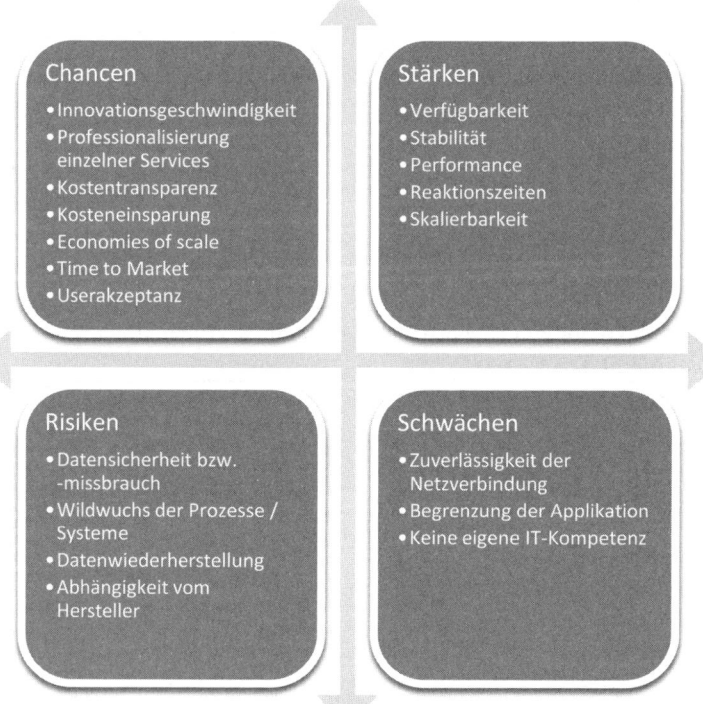

BILD 3.4 SWOT-Darstellung für mittlere Unternehmen

3.6.4 Große Unternehmen

Für Großunternehmen erscheinen uns die Hauptvorteile der beschriebenen Cloud-Technologien in einer Kombination und Neugewichtung der bereits dargestellten Chancen, Risiken, Stärken und Schwächen zu liegen.

Im Bereich der **Chancen** geht es vor allem um diese Aspekte:

- Umsetzung von Innovationsgeschwindigkeit
- Kosteneinsparung, -transparenz und -verlagerung (CAPEX vs. OPEX)
- Time to Market und Economies of Scale
- Geschwindigkeit des Change Managements
- globale Effekte und Möglichkeiten

Risiken liegen den Bereichen (und müssen hier bewertet werden)

- Datensicherheit bzw. -verlust
- Datenschutz bzw. -missbrauch
- Backup und Wiederherstellung

Stärken sind vor allem

- Performance
- Umsetzungsgeschwindigkeit und Reaktionszeiten
- Skalierbarkeit

Letztlich ergeben sich daraus auch einige potenzielle **Schwächen**:

- Verlust der eigenen IT-Kompetenz
- Wo ist die Prozesshoheit?
- Wo ist das Alleinstellungsmerkmal?

Alle Chancen, Risiken, Stärken und Schwächen aus Sicht großer Unternehmen sehen Sie zusammengefasst in Bild 3.5.

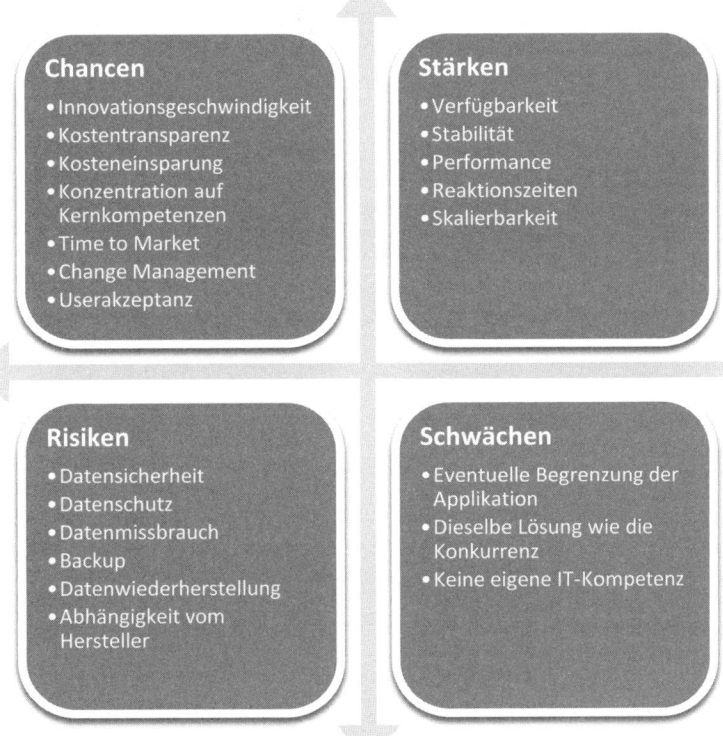

BILD 3.5 SWOT-Darstellung für große Unternehmen.

◼ 3.7 Fazit

Grundsätzlich ist zu sagen, dass die wirtschaftlichen Vorteile der verschiedenen Cloud Computing-Lösungen teilweise von der zugrunde liegenden technischen Architektur abhängen. Doch welche Architektur den verschiedenen SaaS-Angeboten oder On-Demand-Versionen zugrunde liegt, geht aus den Angaben der Hersteller nicht immer eindeutig hervor. Daher ist immer eine detaillierte Betrachtung vonnöten, um die beschriebenen Vorteile wirklich in vollem Umfang für sich nutzbar zu machen (siehe hierzu auch das abschließende Kapitel 11). Die Gefahr, „Äpfel mit Birnen" zu vergleichen, ist regelmäßig vorhanden und muss mit in Betracht gezogen werden.

4 Cloud Computing und Datensicherheit

Datensicherheit im Zusammenhang mit Cloud Computing ist ein umfangreiches Thema, zu dessen Behandlung es mehr als nur weniger Sätze bedarf. Daher widmen wir dem Thema in diesem Buch ein ganzes Kapitel. Zunächst einmal muss der Oberbegriff „Datensicherheit" (oftmals auch „Informationssicherheit") in seine Teilaspekte unterteilt werden: Neben dem Datenschutz, der ausschließlich den Schutz personenbezogener Daten vor Missbrauch beinhaltet, müssen Sicherheitskonzepte zudem Maßnahmen umsetzen, die Vertraulichkeit, Integrität, Verfügbarkeit und Authentizität aller Daten gewährleisten; hierzu zählen insbesondere die klassischen Aufgaben der IT-Sicherheit, nämlich das Sicherstellen der Funktionalität von Hard- und Software, unter anderem durch Nutzung und Wartung geeigneter Sicherheitstechniken sowie durch Vorsorge, die eine Weiterführung des Betriebs nach Störungen gestattet. Die rechtlichen Rahmenbedingungen, die für die Datenverarbeitung im geschäftlichen Umfeld gelten, sind insbesondere im Vergleich zur Situation bei klassischer lokaler Datenhaltung zu betrachten.

Die Verarbeitung personenbezogener Daten – zum Beispiel im Rahmen von CRM im Unternehmen – kann in Deutschland nur auf Grundlage des Bundesdatenschutzgesetzes (BDSG) erfolgen. Da aus den umfangreichen Vorschriften des BDSG auch weitere der oben genannten Sicherheitsaspekte folgen, wird auf dieses Gesetz im Laufe des Kapitels immer wieder eingegangen und explizit aufgezeigt, welche besonderen Bedingungen im Cloud-Umfeld zu berücksichtigen sind.

Eine Beschränkung auf den Schutz personenbezogener Daten wäre für einen umfassenden Überblick jedoch zu kurz gegriffen, da auch unternehmensbezogene Daten in der Cloud verfügbar sind und dort verarbeitet werden. So fordert etwa das Gesetz zur Kontrolle und Transparenz im Unternehmensbereich (KonTraG) für Aktiengesellschaften sowie einige weitere Unternehmensformen allgemein die Risikofrüherkennung und somit ein Risikomanagement im Unternehmen, was natürlich auch Auswirkungen auf die Umsetzung der Datensicherheit hat. Die gesetzlichen Grundlagen sind in diesem Bereich allerdings bei Weitem nicht so umfangreich wie für den Schutz personenbezogener Daten. Dennoch soll im Laufe dieses Kapitels der Versuch unternommen werden, die objektiven Fakten zu diesem Thema herauszuarbeiten.

■ 4.1 Datensicherheit im Unternehmen

Alle Daten, die sich in einem Unternehmen von seiner Gründung her angesammelt haben, dienen jeweils (mindestens) einem ganz bestimmten Verwendungszweck innerhalb der Geschäftsprozesse. Es kann sich etwa um Kundenkontakte handeln, die zur Geschäftskommunikation und Rechnungsstellung benötigt werden, oder auch um Ergebnisse aus Forschung und Entwicklung, die ein effektives Arbeiten und den technologischen Fortschritt für das Unternehmen sicherstellen.

Zusammen mit den Mitarbeitern ist der gesamte Datenbestand damit das wertvollste Gut, das im Unternehmen vorhanden ist: Während ein Datenbestand nur dann zum Unternehmenserfolg beitragen kann, wenn es auch Mitarbeiter gibt, die ihn auswerten und pflegen, können die Mitarbeiter des Unternehmens überhaupt nur dann ihrer Arbeit nachgehen, wenn es Daten gibt, auf deren Grundlage gearbeitet wird. Während diese Aussage für größere Unternehmen aufgrund der Komplexität der Geschäftsprozesse intuitiv sofort klar ist, trifft sie in sehr einfacher Form auch bei der Auftragsverwaltung eines kleinen Handwerksbetriebs in Familienbesitz zu: Ohne verfügbare Handwerker gibt es keine Aufträge und ohne Aufträge keine Arbeit. Folglich sind die Fürsorge des Arbeitgebers für seine Mitarbeiter (was jedoch nicht Thema dieses Kapitels sein soll) und das Hüten des unternehmenseigenen Datenbestands die wichtigsten Aufgaben, die ein Unternehmen zu meistern hat.

Für die Datensicherheit sind dabei zwei unterschiedliche Aspekte zu berücksichtigen: einerseits der Schutz vor Verlust oder Zerstörung und andererseits der Schutz vor unbefugtem Zugriff. Trotz der Wichtigkeit des Themas darf die Sicherung des Datenbestands natürlich nur so viel kosten, wie es das Budget erlaubt. Genau an diesem Punkt setzt nun das Marketing von Cloud-Anbietern an und formuliert Versprechen wie „Transferiere deine Daten in die Cloud und arbeite dort damit; das ist sicherer und günstiger als selbst gemacht". Ob eine Aussage dieser Art haltbar ist, wird zum Abschluss des Kapitels noch einmal betrachtet werden, nachdem die einzelnen Argumente ausgebreitet sind.

■ 4.2 Motivation des Datenschutzes

Oftmals wird der Schutz personenbezogener Daten in Unternehmen belächelt und nicht ernst genommen: Schließlich gibt es auch ein paar überempfindliche Zeitgenossen, die ständig auf diesem Thema herumreiten, und für das Geschäft stellen all diese Einschränkungen letzten Endes nur ein Hindernis dar. Um dieses Missverständnis gleich von Beginn an auszuräumen, muss die Betrachtung dieses Themas am Anfang ansetzen.

Bereits die Texte der Schöpfungsgeschichte im Alten Testament belegen das Bedürfnis des Menschen nach Privatsphäre, die es zu schützen gilt, was insbesondere im Begehrensverbot der Zehn Gebote klar zum Ausdruck kommt. Im Lauf der Geschichte ergaben sich mit dem

Aufkommen eines allgemeinen Postwesens neue Herausforderungen, da auch der Inhalt von Briefen als ein zu schützendes Gut erkannt wurde. Im Bereich des heutigen Deutschland etwa wurde die Wahrung des Briefgeheimnisses schon vor 1700 zugesagt und Zuwiderhandlungen durch Postbeamte in der Allgemeinen preußischen Postordnung von 1712 unter Strafe gestellt. Wegen seiner Bedeutsamkeit wurde die Wahrung des Briefgeheimnisses auch Bestandteil des Allgemeinen Landrechts für die Preußischen Staaten (1794) und findet sich als Artikel 141 ebenso in der Paulskirchenverfassung von 1849 wieder. Nach negativen Erfahrungen durch Einschränkungen dieses Rechts, unter anderem während der nationalsozialistischen Diktatur von 1933 bis 1945, wurde das Recht auf Wahrung des Briefgeheimnisses in Form des Artikels 12 Bestandteil der Allgemeinen Erklärung der Menschenrechte (vgl. [R217A]) und damit zu einem weltweit gültigen Grundrecht.

Für die Bundesrepublik Deutschland wird dieses Grundrecht durch Artikel 10 Abs. 1 des Grundgesetzes garantiert: „Das Briefgeheimnis sowie das Post- und Fernmeldegeheimnis sind unverletzlich." An dieser Stelle werden erste Erweiterungen deutlich, die dem technischen Fortschritt Rechnung tragen. Während nach allgemeiner Rechtsauffassung das Briefgeheimnis nur schriftliche Mitteilungen zwischen Absender und individuellem Empfänger schützt, umfasst das Postgeheimnis alle per Post übermittelten Sendungen, allerdings nur während des Zustellungsprozesses, also zwischen Ein- und Auslieferung der Sendung. Das Fernmeldegeheimnis wiederum trägt der Tatsache Rechnung, dass mit Einführung von Telefon und Fernschreiber die Übermittlung von Informationen auch durch sogenannte unkörperliche Signale möglich wurde. Artikel 10 Abs. 2 des Grundgesetzes definiert jedoch auch die Möglichkeit von Ausnahmen, die in Form einfacher Gesetze definiert werden können. Aufgrund der Formulierung des Gesetzestextes wird klar, dass durch die Ausnahmen insbesondere geheimdienstliche Tätigkeiten auf legaler Grundlage ermöglicht werden können, wie es im Gesetz zur Beschränkung des Brief-, Post- und Fernmeldegeheimnisses 1968 auch konkret formuliert wurde.

Mit der wachsenden Verbreitung elektronischer Datenverarbeitungsanlagen entstanden erweiterte Möglichkeiten zur Speicherung und Nutzung einmal erhobener Daten. Mit der Zeit wuchs das Bewusstsein, dass durch Korrelierung unterschiedlicher Datenbestände Rückschlüsse auf eine Person gezogen werden können, was einerseits das Persönlichkeitsrecht des Betroffenen verletzen kann und andererseits aber auch schlicht falsch sein mag. Folglich muss der Schutz personenbezogener Daten klar definiert werden; den Anfang machte das Bundesland Hessen im Jahr 1970 mit einem ersten Datenschutzgesetz. Die erste Fassung des BDSG trat erst im Januar 1978 in Kraft. Vor dem Hintergrund der Anerkennung des Rechts auf informationelle Selbstbestimmung als Grundrecht durch das Bundesverfassungsgericht im Volkszählungsurteil vom 15.Dezember 1983 und der Schaffung eines einheitlichen europäischen Wirtschaftsraums waren die bestehenden Datenschutzgesetze nicht mehr ausreichend. Die heutige Fassung des BDSG wurde zuletzt 2009 novelliert und setzt insbesondere die Datenschutzrichtlinie 95/46/EG des Europäischen Parlaments und des Rates vom 24. Oktober 1995 in deutsches Recht um. Genauere Informationen und Texte zu diesem Thema findet man zum Beispiel in [BfDI1].

Um mit dem technischem Fortschritt Schritt halten zu können, sind die Formulierungen des BDSG bewusst vage, und erforderliche Maßnahmen zum Schutz personenbezogener Daten sind lediglich als Zielvorgaben formuliert. In §9 heißt es dazu etwa: „Öffentliche und nicht-öffentliche Stellen, die selbst oder im Auftrag personenbezogene Daten erheben, verarbeiten oder nutzen, haben die technischen und organisatorischen Maßnahmen zu treffen, die erforderlich sind, um die Ausführung der Vorschriften dieses Gesetzes, insbesondere die in der Anlage zu diesem Gesetz genannten Anforderungen, zu gewährleisten. Erforderlich sind Maßnahmen nur, wenn ihr Aufwand in einem angemessenen Verhältnis zu dem angestrebten Schutzzweck steht.“

■ 4.3 Besonderheiten der Datenhaltung beim Cloud Computing

Betrachtet man den Begriff „Cloud“ bildlich, so hat man es mit einer diffusen und oftmals nicht klar abgegrenzten Struktur zu tun. Das klingt zunächst einmal nicht nach einem sicheren Ort für schützenswerte Daten. Daraus ergeben sich einige Grundfragen zur Datenhaltung.

Welche Daten werden gespeichert?

Zwar werden die Daten, die im Rahmen eines Cloud-Projekts verfügbar gemacht werden, analog zu Vorhaben mit ausschließlich lokaler Realisierung sorgfältig ausgewählt, jedoch sind Verknüpfungen von Daten bei Cloud-Lösungen aufgrund der offenen Strukturen etwas kritischer zu betrachten. Entweder kann ein Rückgriff auf Daten erfolgen, die eigentlich nur für den lokalen Zugriff bestimmt waren, oder durch geeignete Suchanfragen lassen sich Korrelationen bilden, die man bei der ursprünglichen Bereitstellung der Daten in der Cloud nicht bedacht hatte. Als Beispiel eignen sich hier soziale Netzwerke besonders gut: Fragen Sie sich doch einmal selbst, welche Informationen ein Unbeteiligter aus Ihren unterschiedlichen Profilen bei Facebook, Twitter, StayFriends, Xing, Chatter.com und anderen Netzwerken über Ihr privates und berufliches Umfeld herausfinden kann, sofern er sich nur die Mühe macht, die unterschiedlichen Profile zuzuordnen. Und fragen Sie sich weiterhin, wie schwierig es ist, einmal publik gewordene Informationen wieder zu aus dem weltweiten Netzwerk zu tilgen.

Wo sind die Daten zu finden?

Bei der Frage nach dem Speicherort wird es schon etwas komplizierter. Während im lokalen Umfeld die Daten üblicherweise auf einem konkreten Server X zu finden sind (sowie ein Backup der Daten auf einem zweiten Server Y), lassen Cloud-Strukturen eine weitaus höhere Komplexität zu: Vom einfachen Hosting-Modell (die Daten liegen auf Servern, die irgendwo im Rechenzentrum A stehen) bis hin zum weltweit verteilten Cluster sind alle Zwischenstufen denkbar. Im letzten Fall sind die Daten auf einer nicht genauer definierten Menge kooperierender Rechner verteilt. Bei einer Anfrage wird dynamisch entschieden, welche Rechner an der Auslieferung oder Berechnung beteiligt werden. Je nach Anwendungsgebiet und Art der Daten kann der geopolitische Standort des Datenspeichers von großer Bedeutung sein; bei der Wahl eines Providers sollte man daher auf präzise Informationen zu dieser Fragestellung achten. Seriöse Cloud-Anbieter teilen in der Regel mit, an welchen Standorten sie Rechenzentren betreiben, und einige Anbieter erlauben ihren Kunden sogar die Auswahl genau eines Standorts.

Wie sind die Daten abgelegt?

Leider sind die Antworten der Cloud-Dienstleister auf diese Frage oftmals genau so nebulös wie eine Wolke. Die technische Organisation der Datenhaltung wird wie ein Staatsgeheimnis gehütet. Stattdessen gibt es reichlich Aussagen der Marketing-Abteilung, welche die eigene Architektur loben, jedoch ohne dabei konkret zu werden. Dabei wären diese Informationen gerade für Multi Tenancy-Architekturen (Erklärung hierzu in Kapitel 2) sehr wichtig zur effektiven Bewertung der Datensicherheit im Sinne einer Trennung zwischen den einzelnen Mandanten des Systems. Beispielsweise erfährt man von salesforce.com auf Nachfragen an der geeigneten Stelle noch, dass im Hintergrund unter anderem eine Datenbank des Herstellers Oracle ihren Dienst verrichtet, aber Informationen dazu wie genau Oracles SQL (Structured Query Language) auf die salesforce.com-Abfragesprachen SOQL (salesforce.com Object Query Language) und SOSL (salesforce.com Object Search Language) übersetzt wird und wie die Trennung der einzelnen Kundendatenbestände im Hintergrund funktioniert, sucht man vergebens. Dabei wäre es doch beispielsweise hochinteressant zu wissen, weshalb Daten, nachdem sie als gelöscht markiert wurden und auch aus dem salesforce.com-Papierkorb entfernt wurden, durch Verwendung eines offiziell zulässigen und dokumentierten Webservice-Aufrufs noch für unbestimmte Zeit einsehbar sind.

Wer hat Zugriff auf die Daten?

Bei lokaler Datenhaltung sind Zugriffsbereiche klar abgegrenzt. Ein Zugriff ist innerhalb des lokalen Netzes möglich, vorausgesetzt, der Benutzer verfügt über die entsprechende Berechtigung. Das lokale Netz ist nach außen durch eine Firewall abgeschirmt, die Zugriffe auf die Daten aus dem Internet konsequent blockiert. Damit ein Außendienstmitarbeiter dennoch auf lokal abgelegte Firmendaten zugreifen kann, werden Techniken wie VPN angewendet, bei denen der Rechner außerhalb des lokalen Netzwerks unter Verwendung von Verschlüsselung und Authentifizierung zu einem virtuellen Mitglied des lokalen Netzes gemacht wird. Bei Cloud-Systemen hingegen erfolgt der Zugriff auf die Daten stets über eine Internetverbindung; eine Verbindung zwischen lokalem Netz und dem Netz des Cloud-Anbieters über VPN ist nicht die Regel (wenngleich einige Anbieter privater Clouds inzwischen entsprechende Optionen anbieten). Folglich existieren in öffentlichen Cloud-Systemen bewusst offene Schnittstellen zum Internet. Der Anbieter hat die Aufgabe, diese Schnittstellen vor unberechtigter Nutzung zu schützen, und auch als Kunde hat man gewissen Sorgfaltspflichten bei der Wahl seines Kennworts nachzukommen, um Angriffe auf den Datenbestand zu verhindern. Im Zusammenhang mit der vorigen Frage muss zudem untersucht werden, unter welchen Bedingungen – etwa im Rahmen des technischen Supports – der Anbieter Zugriff auf die Daten erhalten kann.

Als Kunde einer Cloud-Lösung vertraut man also dem Anbieter in mehrerlei Hinsicht: Erstens geht man davon aus, dass die getroffenen technischen Vorkehrungen das System hinreichend vor Angriffen und unberechtigtem Zugriff von außen schützen, zweitens erwartet man, dass die eigenen Daten auch im Katastrophenfall nicht verloren gehen, und drittens setzt man voraus, dass der Anbieter seine ihm zweifellos zur Verfügung stehenden administrativen Rechte für die Cloud-Plattform nicht missbräuchlich einsetzt.

Wann kann auf die Daten zugegriffen werden?

Diese Frage zielt in Richtung Verfügbarkeit. Während im lokalen Betrieb die Verfügbarkeit relativ einfach aus der Verfügbarkeit des lokalen Netzwerks und der lokalen Server zu ermitteln ist, sind beim Cloud-Betrieb wesentlich mehr Faktoren zu berücksichtigen: Neben der Verfügbarkeitszusage des Internetproviders und der allgemeinen Verfügbarkeit beim Cloud-Anbieter (Ausfälle, Wartungsfenster) unterliegt der Datenzugriff außerdem noch der schwankenden Verbindungsqualität im Internet, für die keine der beteiligten Parteien unmittelbar Verantwortung übernimmt und übernehmen kann.

Zur Verdeutlichung soll das folgende Beispiel dienen: Ein Unternehmen hat motiviert durch in Aussicht gestellte Kostenersparnis das konsequente Outsourcing von IT-Infrastruktur beschlossen. Sämtliche Systeme, angefangen beim Mail- und File-Server bis hin zu CRM und Finanzbuchhaltung werden durch Hosting-Angebote bzw. Cloud-Lösungen umgesetzt. Aufgrund einiger Features der Cloud-Systeme, die weit über das hinausgehen, was mit den alten lokalen Systemen möglich war, schweben auch die Mitarbeiter des Beispielunternehmens zunächst auf Wolke sieben. Nach einiger Zeit bemerken die Mitarbeiter jedoch, dass sich die Arbeitsgeschwindigkeit zu gewissen Tageszeiten merklich verlangsamt. Morgens, wenn alle Mitarbeiter ihre Rechner einschalten, ist die aus Kostengründen relativ knapp bemessene DSL-Leitung des Unternehmens durch das erhöhte Datenaufkommen vom/zum File- und Mail-Server regelmäßig überlastet, und nachmittags ist durch Aufnahme des Geschäftsbetriebs an der Ostküste der USA eine Verlangsamung der Cloud-Performance gut zu beobachten. Je länger das System in Betrieb ist und je größer damit die übertragenen Datenmengen werden, umso merklicher werden auch die erwähnten Zwangspausen. Doch damit nicht genug: An einem Donnerstagabend nach Geschäftsschluss wird das Telefonkabel des Unternehmens durch die Auswirkungen eines Wasserrohrbruchs in Mitleidenschaft gezogen. Aufgrund des Ausfalls ist am Freitag normaler Geschäftsbetrieb gar nicht mehr möglich, da alle Geschäftsprozesse von einem funktionierenden Internetzugang abhängen. Der Ausfall wird umgehend an den Provider gemeldet, und dieser findet nach einigen Stunden heraus, dass ein Kabelschaden zwischen der Vermittlungsstelle und dem Endgerät im Unternehmen als einzige Ursache für die Probleme in Frage kommt. Der beauftragte Techniker, der bereits Montag früh anrückt, um die per SLA zugesicherten 24 Stunden Entstörfrist gerade noch einzuhalten, misst die Hauptanschlussleitung durch, befindet diese für in Ordnung und erklärt sich als nicht zuständig für die hausinterne Verkabelung. Der in Panik herbeigerufene Vermieter verständigt umgehend einen Elektriker zur Prüfung der hausinternen Verkabelung; dieser wiederum hat allerdings erst am Nachmittag Zeit für den Notfall. Der verdeckte Wasserschaden ist nicht einfach zu lokalisieren, wird aber dennoch gefunden und noch am späten Abend ausgebessert. Doch leider funktioniert auch am nächsten Morgen die DSL-Leitung noch nicht, denn bedauerlicherweise wurde durch die Beschädigung des Telefonkabels auch die technische Einrichtung des Unternehmens in Mitleidenschaft gezogen. Der umgehend veranlasste Austausch der Anschlussgeräte durch den Provider ist dank des für viel Geld beauftragten Eilboten schon am späten Nachmittag abgeschlossen. Die Bilanz dieser mangelhaft umgesetzten Cloud-Nutzung lautet: Zu den täglichen Produktivitätseinbußen zu Stoßzeiten kommen drei volle Tage

Verdienstausfall und ein nicht zu beziffernder Imageschaden, da über Tage die Erreichbarkeit des gesamten Unternehmens nicht gewährleistet war.

Dies soll keine Schwarzmalerei sein, dennoch muss auch ein solches Szenario, welches die ausschließliche Abhängigkeit von Cloud-basierten Lösungen beinhaltet, betrachtet und abgewogen werden. Inwieweit Vergleichbares mit einem Inhouse-Netzwerk drohen kann, sei an dieser Stelle dahingestellt.

◼ 4.4 Grundlagen zum Schutz personenbezogener Daten

Unabhängig von den Fragen aus dem letzten Abschnitt gilt: Wann immer ein Unternehmen seine Daten nicht selbst verarbeitet, sondern ein anderes Unternehmen damit beauftragt, spricht das BDSG von „Datenverarbeitung im Auftrag". Insbesondere ist auch jede Cloud-Dienstleistung als Auftragsdatenverarbeitung einzustufen. Das BDSG fordert für die Verarbeitung personenbezogener Daten einheitliche Schutzmaßnahmen und schränkt dazu insbesondere die Nutzung von zur Auftragsdatenverarbeitung übermittelten Daten ein. Anlage 1 zu §9 BDSG listet die technischen Ziele des Datenschutzes einzeln auf.

1. Zutrittskontrolle

„Unbefugten ist der Zutritt zu Datenverarbeitungsanlagen, mit denen personenbezogene Daten verarbeitet oder genutzt werden, zu verwehren."

Mit dieser Regel ist klar, dass die zur Datenverarbeitung genutzten Server keinesfalls in einem öffentlich zugänglichen Bereich untergebracht sein dürfen. Wie stark die Kontrolle ausgeprägt sein muss, hängt von Art und Umfang der verarbeiteten Daten ab. Um diese Regel zu erfüllen, sind Rechenzentren üblicherweise rund um die Uhr überwacht, und Kunden müssen sich ausweisen, bevor ihnen der Zutritt gewährt wird. Zu beachten ist hierbei insbesondere, dass es je nach Art der verarbeiteten Daten schon kritisch sein kann, wenn sich die Server in einem Teil eines gut bewachten Rechenzentrums befinden, der von mehreren Kunden gemeinsam genutzt wird.

Für lokale und Cloud-basierte Datenhaltung ergeben sich aus dieser Regel gleichermaßen Anforderungen, die zu erfüllen sind: Während bei lokaler Datenhaltung wegen der teuren Sicherheitsmaßnahmen für wenige Daten relativ schnell hohe Kosten entstehen, kann der Cloud-Anbieter davon profitieren, dass er für all seine Kunden nur einmal in die Sicherheitsinfrastruktur investieren muss. Diese Kostenersparnis gibt der Cloud-Anbieter idealerweise zumindest teilweise an seine Kunden weiter.

2. Zugangskontrolle

„Es ist zu verhindern, dass Datenverarbeitungssysteme von Unbefugten genutzt werden können."

Über den Geltungsbereich der ersten Regel hinaus umfasst diese Regel auch den Zugang zum System auf elektronischem Weg. Insbesondere folgt hieraus die Verpflichtung zum Betrieb einer Firewall zum Schutz der Daten haltenden Systeme.

Bei dieser Regel hat der Cloud-Anbieter es im Vergleich zur lokalen Datenhaltung wesentlich schwerer, da er, wie in Abschnitt 4.3 beschrieben, sein System nicht vollständig gegen Zugriff von außen abschotten kann. Umso höher ist daher der Aufwand, der bei Cloud-Lösungen betrieben werden muss, um die Zugangskontrolle zu gewährleisten.

3. Zugriffskontrolle

„Es ist zu gewährleisten, dass die zur Benutzung eines Datenverarbeitungssystems Berechtigten ausschließlich auf die ihrer Zugriffsberechtigung unterliegenden Daten zugreifen können, und dass personenbezogene Daten bei der Verarbeitung, Nutzung und nach der Speicherung nicht unbefugt gelesen, kopiert, verändert oder entfernt werden können."

Nachdem die ersten beiden Regeln sicherstellen, dass nur autorisierte Personen überhaupt in Kontakt mit dem eigentlichen Datenverarbeitungssystem kommen, fordert diese Regel nun differenzierte Berechtigungsstufen für unterschiedliche Benutzer auf einem einzigen System ein, und zwar hinsichtlich Lese-, Schreib-, Lösch- und Sperr-Rechten auf dem Datenbestand.

Für den Anbieter einer Cloud Computing-Dienstleistung besteht die Herausforderung darin, dass er auf einem einzigen System die Daten mehrerer Kunden speichert (Multi Tenancy) und hier zusätzlich die vollständige Trennung mehrerer Datenbestände gewährleisten muss, wobei dann unter anderem auch Verschlüsselungstechniken zum Einsatz kommen müssen. Hat man als Kunde an dieser Stelle Bedenken, möchte aber dennoch auf die Flexibilität der Cloud nicht verzichten, bleibt eigentlich nur die Beschränkung auf eine private Cloud, die keinen Multi Tenancy-Ansatz verfolgt, dafür aber andere Nachteile mit sich bringt (siehe Kapitel 3).

4. Weitergabekontrolle

„Es ist zu gewährleisten, dass personenbezogene Daten bei der elektronischen Übertragung oder während ihres Transports oder ihrer Speicherung auf Datenträger nicht unbefugt gelesen, kopiert, verändert oder entfernt werden können, und dass überprüft und festgestellt werden kann, an welche Stellen eine Übermittlung personenbezogener Daten durch Einrichtungen zur Datenübertragung vorgesehen ist."

Während bislang allgemeine Regeln für Einrichtung und Betrieb einer Datenverarbeitungsanlage im Vordergrund standen, tritt nun der Verarbeitungsprozess selbst in den Vordergrund. Die vierte Regel fordert einerseits den Schutz vor unberechtigtem Mitlesen auf dem Übertragungsweg, zum Beispiel durch Nutzung eines geeigneten Verschlüsselungsverfahrens, und andererseits eine klare Dokumentation aller Schnittstellen, die zur Datenübermittlung genutzt werden können.

Auch bei dieser Regel liegen die Herausforderungen wieder klar beim Anbieter der Cloud-Lösung, zusätzlich jedoch auch bei seinen Kunden. Sämtliche Übertragungen zwischen Kunde und Anbieter zu verschlüsseln, ist dabei das geringere Problem. Interessant sind vor allem die vom Anbieter bereitgestellten Schnittstellen zur Datenübertragung. Obwohl der Kunde möglicherweise nur einen Bruchteil der Schnittstellen aktiv nutzt, muss er in seinem Datenschutzkonzept berücksichtigen, dass ungenutzte Schnittstellen potenzielle Weitergabe-Kanäle darstellen und als solche nicht missbraucht werden können.

5. Eingabekontrolle

„Es ist zu gewährleisten, dass nachträglich überprüft und festgestellt werden kann, ob und von wem personenbezogene Daten in Datenverarbeitungssysteme eingegeben, verändert oder entfernt worden sind."

Die Forderung nach der Historisierung der Daten trifft lokale und entfernte Datenhaltung gleichermaßen. Cloud-basierte Lösungen mit einem Multi Tenancy-Anstaz – wie zum Beispiel das CRM von salesforce.com oder www.projectplace.de – haben hier den Vorteil, dass sie ein einmal erarbeitetes Konzept zur Historisierung für alle ihre Kunden verwenden können, wodurch auf Kundenseite wiederum der Spareffekt zum Tragen kommt.

6. Auftragskontrolle

„Es ist zu gewährleisten, dass personenbezogene Daten, die im Auftrag verarbeitet werden, nur entsprechend den Weisungen des Auftraggebers verarbeitet werden können."

Im Vergleich zwischen lokaler und entfernter Datenhaltung findet dieser Punkt nur in der Cloud-Umgebung Anwendung. Da es naiv wäre zu glauben, kein Mitarbeiter des Dienstleistungsanbieters in der Cloud hätte administrativen Zugriff auf die Systeme, kann die Einhaltung dieser Regel in letzter Konsequenz nur durch eine vertragliche Zusicherung gewährleistet werden. Letztlich bekundet der Nutzer der Cloud-Dienstleistung sein uneingeschränktes Vertrauen in den Anbieter und all seine Mitarbeiter und trägt nach Vorgaben des BDSG juristisch auch die alleinige Verantwortung für diese Entscheidung.

7. Verfügbarkeitskontrolle

„Es ist zu gewährleisten, dass personenbezogene Daten gegen zufällige Zerstörung oder Verlust geschützt sind."

Der Aufwand, der für ein Backup von Daten zu betreiben ist, wächst mit Menge und Wichtigkeit der Daten. Während bei lokaler Datenhaltung ein auf die konkreten Bedürfnisse zugeschnittenes Konzept relativ kostengünstig umgesetzt werden kann, wird der Cloud-Anbieter für sein System ein einheitliches Backup-Konzept vorsehen, das sich verständlicherweise an den gehobenen Ansprüchen orientieren muss und von daher auch etwas teurer in Anschaffung und Betrieb ist. Die Kosten wird der Anbieter auf seine Kunden umlegen.

8. Zweckbindung

„Es ist zu gewährleisten, dass zu unterschiedlichen Zwecken erhobene Daten getrennt verarbeitet werden können."

Diese letzte Regel stellt vor allem Anforderungen an das Konzept zur Datenverarbeitung, da nicht einfach alle erfassten Daten in einem großen Topf gesammelt werden dürfen. Sie fordert aber auch den Nutzer der Daten, da dieser nicht berechtigt ist, Daten aus unterschiedlichen Quellen zu vermischen und in Korrelation zu setzen.

Für einen Vergleich zwischen klassischer IT-Landschaft und Cloud Computing ergeben sich aus dieser letzten Regel – einmal abgesehen von den bereits erwähnten besonderen Anforderungen an Multi Tenancy-Architekturen – keine nennenswerten Unterschiede.

Neben den technischen Anforderungen beschäftigt sich §4 BDSG mit der Zulässigkeit der Datenerhebung, -verarbeitung und -nutzung. Sie ist nur dann gegeben, wenn das BDSG oder eine Rechtsvorschrift dies explizit erlauben oder wenn der Betroffene aufgrund einer freien Entscheidung eingewilligt hat. Die Vorgaben des Gesetzes sind dabei untergliedert in Vorschriften für öffentliche Stellen (§§12-26 BDSG) und für nicht-öffentliche Stellen (§§27-38a BDSG). Da es im Rahmen dieses Buchkapitels nicht möglich ist, eine umfassende Analyse dieser Paragraphen vorzunehmen, sei hierzu zum Beispiel auf das Informationsmaterial [BfDI1] verwiesen.

Für das Cloud Computing von besonderer Relevanz – wegen der weltweiten Verteilung der Daten – ist die Übermittlung personenbezogener Daten ins Ausland, womit sich speziell §4b BDSG beschäftigt. In Abs. 1 stellt das Gesetz Datenübermittlungen, deren Zielort in einem Mitgliedsstaat der Europäischen Union bzw. einem Vertragsstaat des Abkommens über den Europäischen Wirtschaftsraum liegt, automatisch mit innerdeutschen Übertragungen gleich. Dies stellt bei der internationalen Zusammenarbeit in Europa eine große Erleichterung dar, denn nach Abs. 2 ist die Übermittlung von personenbezogenen Daten in andere Staaten nur dann zulässig, wenn ein „angemessenes Datenschutzniveau" sichergestellt werden kann. Abs. 3 verlangt für die Bewertung des Datenschutzniveaus, alle relevanten Umstände zu berücksichtigen, insbesondere Rechtsnormen, Standesregeln und die vom Datenempfänger umgesetzten Sicherheitsmaßnahmen. Für die Einhaltung des Datenschutzniveaus trägt nach Abs. 5 die übermittelnde Stelle die volle Verantwortung. Mit anderen Worten bedarf es bei Datenübermittlungen, die den europäischen Wirtschaftsraum verlassen, immer einer umfangreichen Einzelfallprüfung. Um dieses Hemmnis zumindest beim Datenaustausch mit den USA und dort ansässigen Unternehmen zu beseitigen, wurden durch die Regierung der Vereinigten Staaten die sogenannten „Safe Harbor Principles" (vgl. [SHP]) aufgestellt, die seit Juli 2000 von der EU als hinreichend akzeptiert sind. Seit 2001 werden diese Prinzipien aktiv angewendet. Idee der Initiative war es, dass jedes US-Unternehmen, das sich freiwillig diesen Prinzipien verpflichtet, eine Art Zertifizierung erhält und damit datenschutzrechtlich wie ein innereuropäisches Unternehmen behandelt wird. Jedoch teilte das unabhängige Landeszentrum für Datenschutz in Schleswig-Holstein (ULD) mit, dass im Rahmen einer Studie bei der Überprüfung von über 2.000 US-Unternehmen unter anderem eklatante Mängel in der Umsetzung von „Safe Harbor" aufgedeckt wurden (vgl. [ULD] und [SHFF]): Knapp 18 % der Unternehmen, die sich auf „Safe Harbor" beriefen, waren nicht einmal beim Handelsministerium registriert und hatten damit eigentliche keine Berechtigung zum Datenaustausch mit in der EU ansässigen Unternehmen; weitere gut 8 % der Unternehmen besaßen nur abgelaufene Datenschutzzertifikate. Ferner fehlte bei über 40 % der geprüften Unternehmen die Umsetzung der Möglichkeit des Einspruchs gegen die Datennutzung, und nochmals über 10 % der Unternehmen boten diese Möglichkeit nur kostenpflichtig an. Das ULD forderte vor diesem Hintergrund die sofortige Kündigung von „Safe Harbor" durch die EU, was jedoch – vermutlich aus politischen Interessen heraus – nicht erfolgte.

In Anbetracht der erforderlichen Überwachung des Schutzes personenbezogener Daten definiert §4f BDSG zudem die Position eines internen Beauftragen für den Datenschutz. Genauere

Informationen zu diesem Thema, insbesondere wann ein Datenschutzbeauftragter zu bestellen ist und welche Voraussetzungen dabei zu erfüllen sind, findet sich in [BfDI4] zusammengestellt und soll an dieser Stelle nicht weiter erläutert werden.

■ 4.5 Notwendigkeit des Schutzes unternehmensbezogener Daten

Zwar gibt es kein mit dem BDSG vergleichbares Gesetz, das sich mit dem Schutz unternehmensbezogener Daten beschäftigt, aber dennoch handelt es sich bei dieser Art von Daten ebenfalls um ein schützenswertes Gut. Wie wichtig dieser Schutz sein kann, soll durch die folgenden Beispiele belegt werden.

Industriespionage

Ein mittelständischer Betrieb aus der Maschinenbaubranche mit einigen hundert Beschäftigten – überwiegend Ingenieure mit Hochschulabschluss – betreibt eine eigene Entwicklungsabteilung. In jüngster Zeit haben die Forschungen der Entwicklungsabteilung Ergebnisse gebracht, auf deren Basis die Firma ein neues Patent anmelden könnte. Eine erfolgreiche Patentanmeldung würde dem Unternehmen kurzfristig hohe Umsätze und Gewinne durch den Verkauf der neuen Technologie einbringen, mittel- bis langfristig ließen sich durch Lizenzierung des Patents neue Einnahmequellen erschließen. Verständlicherweise sind einige Konkurrenten im In- und Ausland an den Forschungsergebnissen interessiert. Prüft man nun die Anforderungen des letzten Abschnitts auch im Hinblick auf die Forschungsergebnisse des Unternehmens, so stellt man schnell fest, dass sich bei Vernachlässigung eines einzigen Punktes Angriffsmöglichkeiten auf die Unternehmensdaten bieten. Im Fall eines erfolgreichen Angriffs wäre der Fortbestand des Unternehmens gefährdet, da die Investitionen in Forschung und Entwicklung durch nachfolgendes Geschäft nicht mehr gedeckt werden können.

Preisgabe von Insiderinformationen

Die öffentliche Hand hat ein mehrere Millionen Euro schweres Auftragspaket ausgeschrieben und bittet um Abgabe von Angeboten. Unternehmer A bereitet sich intensiv auf die Abgabe eines günstigen Angebots vor und stellt dazu zahlreiche Recherchen und Berechnungen an, die er – der Nachvollziehbarkeit durch seine Kollegen von der Geschäftsführung wegen – auf einem IT-System der Firma ablegt. Nach seinen Erfahrungen aus vorangegangenen Ausschreibungen rechnet A fest mit der Erteilung des Auftrags durch die öffentliche Hand. Durch eine kleine Nachlässigkeit hat er seine Ergebnisse jedoch so abgelegt, dass auch Mitarbeiter aus Unternehmensbereichen, die mit der Angebotsabgabe gar nichts zu tun haben, die Daten einsehen können. Auf Umwegen erfährt nun Unternehmer B die Eckpunkte des Angebots von A (es sei dem Leser überlassen, sich eine Geschichte dazu auszudenken). In der Folge gibt B kurz vor Ausschreibungsschluss ein Angebot ab, das jenes von A leicht unterbietet. Der Auftrag wird an B vergeben, und A erleidet durch das entgangene Geschäft einen massiven finanziellen Schaden.

Social Engineering

Während der letzten Jahre stieg die Beliebtheit sozialer Netzwerke stetig. Unter anderem haben sich dabei auch Netzwerke gebildet, deren Zielgruppe das geschäftliche Umfeld im B2B-Bereich ist. Sie lassen sich zum Beispiel zur Pflege von Kontakten nutzen oder auch zur Anbahnung neuer Geschäftsbeziehungen. Denkt man nun an ein großes Unternehmen mit mehreren tausend Mitarbeitern – möglicherweise verteilt auf mehrere internationale Standorte –, so fällt es einem Angreifer B leicht, sich als Mitarbeiter dieses Unternehmens auszugeben, denn die Daten auf Bs Benutzerprofil werden schließlich nur unzureichend verifiziert. B versucht nun, über das Netzwerk Kontakt zu einem regulären Mitarbeiter A des Angriffsziels aufzunehmen, und beginnt durch vermeintlichen Smalltalk unter Kollegen Informationen zu sammeln. Durch Verwendung der Informationen von A kann B weitere Mitarbeiter des Unternehmens kontaktieren und erweitert mit jeder Kontaktaufnahme sein Wissen über das Unternehmen. Gelingt es B auf diese Weise, genügend Fakten zu sammeln, kann er versuchen, über fachliche Fragen an Know-how zu gelangen oder auch gezielt nach Unternehmensinterna fragen, die ihm interessant erscheinen.

■ 4.6 Fazit

Die vorangegangenen Abschnitte sind so angelegt, dass sie einige Fragen zu Datensicherheit und Datenschutz im Allgemeinen aufwerfen und auch Aspekte abdecken, die sich speziell auf Cloud Computing beziehen. Hieraus ein Fazit zu ziehen, das „Cloud ist sicherer als lokal" oder „Lokal ist sicherer als Cloud" lautet, wäre vermessen. Auch wissenschaftliche Studien zum Thema wie etwa [FCCS] führen zu keinem einheitlichen Ergebnis, sondern wägen vielmehr einzelne Bereiche gegeneinander ab.

Als problematisch bei der Sicherheit lokaler Datenhaltung ist vor allem anzusehen, dass für die erforderliche Überwachung und Absicherung der Systeme durch aktuelle Patches nicht genügend Ressourcen (sowohl finanzieller als auch personeller Natur) zur Verfügung stehen, was dem Angreifer ein – auch unbemerktes – Ausnutzen von Schwachstellen erleichtert. Auf Seite der Cloud kümmert sich der Anbieter um diese Art der Absicherung und garantiert all seinen Kunden ein System, das stets auf dem aktuellen Stand der Technik ist; dabei ist er jedoch auch auf die Mitarbeit seiner Kunden angewiesen, was die Akzeptanz der angebotenen Sicherungssysteme anbelangt. Nicht verschweigen darf man jedoch, dass diese Sicherheitszusagen des Cloud-Anbieters nur so lange gelten können, wie der Kunde keine eigenen Programmierungen am System vornimmt, da diese sicherheitsrelevante Auswirkungen haben können, für die – wie bei der lokalen Datenhaltung auch – jedes Unternehmen selbst verantwortlich ist.

Die Absicherung von Datenspeicherung und Datenübertragung stellt sicherlich für die Cloud die größere Herausforderung dar. Sowohl die Isolierung der Daten unterschiedlicher Mandanten muss integraler Bestandteil der Systemarchitektur sein als auch der Schutz vor Angriffen von innen – etwa durch Mitarbeiter des Dienstleisters – sowie der Schutz vor Angriffen von außen, für die ein Cloud-System wegen der hohen Informationsdichte geradezu prädestiniert ist. Insbesondere darf man als Mitglied der Wolke dabei nicht verdrängen, dass die Möglichkeit staatlich geduldeter bzw. organisierter Spionage besteht, deren Methoden und Mittel sehr weit entwickelt sind.

Bei einer Entscheidung für oder gegen Cloud Computing hat demnach der Einzelne Chancen und Risiken sowie Kosten und Nutzen mit aller gebotenen Sorgfalt abzuwägen. Dabei sind vor allem die vom Provider bereitgestellten technischen Informationen entscheidend. Nach aktuellem Stand der technischen Entwicklung wird im Endeffekt weder klassische IT noch Cloud Computing als alleinige Option das Ergebnis der Überlegung sein. Vielmehr dürfte es auf eine Mischung der beiden Paradigmen hinauslaufen.

5 Wirtschaftliche Aspekte des Cloud Computing

Neben der Funktionalität und der Abdeckung der im Rahmen des Lastenheftes ermittelten technischen und fachlichen Anforderungen spielen bei der Auswahl der richtigen IT-Lösung die ökonomischen Faktoren eine sehr wichtige Rolle. Cloud Computing bringt in vielen Fällen wirtschaftliche Vorteile mit sich, hauptsächlich durch die Teilung der Ressourcen, die Skalierbarkeit und die verkürzte Implementierungszeit.

5.1 Kosten für Cloud Computing-Dienstleistungen

Viele Cloud Computing-Anwendungen für den privaten Gebrauch und für kleine Unternehmen sind kostenlos und werden über den Einsatz von Werbung finanziert. Beispiele hierfür sind E-Mail-Dienste wie Yahoo oder Google Mail, Tools für Social Networking wie Facebook und die Basisversion von Xing oder des Online-Speicher- und Backupdienstes Dropbox. Erweiterte Funktionalitäten stehen gegen Aufpreis zur Verfügung. So verlangt z.B. Xing für die Nutzung der Premium Services (u.a. umfassende Suchfunktionen, Nachrichten netzwerkweit versenden oder die Möglichkeit, Dokumente hochzuladen) eine Gebühr von ca. 5 € pro Monat.

Für Anwendungen im professionellen Bereich werden oft Cloud Services als Mietmodell oder in Abhängigkeit von den genutzten Ressourcen abgerechnet. Beispiele hierfür sind Google Apps, der CRM-Anbieter salesforce.com oder die Web Services von Amazon. So verlangt salesforce.com beispielsweise 27 €[1] pro User und Monat für die Basisversion seiner Suite. Diese beinhaltet 1 GB Speicherplatz für Daten, weiterer Speicherplatz kann gegen Aufpreis erworben werden.

Monatliche Gebühren in Cloud Computing-Angeboten beinhalten in der Regel alle Kosten für den Serverbetrieb, die Applikation und den Support , daher ist ein direkter Vergleich mit den Lizenzkosten für eine On-Premise-Applikation nicht möglich.

---

[1] Preis für die Sales Cloud Edition "Group". Stand: Dezember 2010.

HINWEIS: Es ist immer wichtig, alle tatsächlichen Kosten aufzulisten – Basis- und Zusatzkosten – und die angebotenen Versionen zu vergleichen.

■ 5.2 Wirtschaftliche Betrachtung

Bringt Cloud Computing immer Einsparungen mit sich? Diese Frage kann nicht binär beant- wortet werden, da zu viele Faktoren sich auf die Wirtschaftlichkeit auswirken. Generell bietet aber Cloud Computing viele Vorteile gegenüber einer herkömmlichen Lösung und kann in der Tat ein Erfolgsfaktor sein und einen erheblichen Kostenvorteil bringen.

Folgende Punkte spielen bei der Betrachtung der Wirtschaftlichkeit eine wichtige Rolle. Ihre Implikationen werden im Folgenden näher erläutert:

1. Multi Tenancy

2. Skalierbarkeit und Flexibilität

3. Time to Value/Time to Market

4. Zugang zu neuen Technologien

5. Betriebskosten anstatt Investitionen

6. Variable Kosten anstatt fixe Kosten

5.2.1 Multi Tenancy

Durch die Aufteilung der Ressourcen auf mehrere Parteien (Tenants) können Cloud Compu- ting-Dienstleister die *„Economies of Scale"* nutzen und viel effizienter arbeiten, als wenn man eine vergleichbare Applikation auf einer Multi-Instanz Serverarchitektur betreiben würde.

Da die Applikationen für mehrere Kunden auf einer gemeinsamen Instanz laufen, werden nur ein Bruchteil der Lizenzkosten für Betriebssystem und Datenbank benötigt. Fixes und Patches können mit weniger Aufwand installiert und Sicherheitsvorkehrungen effizienter getroffen werden.

Das Release Management kann ebenfalls viel effizienter und häufiger durchgeführt werden, da eine neue Version nicht mehr auf mehreren Servern und Desktops installiert werden muss. Beim Cloud Computing wird nur die Multi Tenancy-Instanz ein einziges Mal aktualisiert. Da die Dienstleistung über das Internet in Echtzeit zur Verfügung gestellt wird, sind keine Up- dates der Clients notwendig.

Zuletzt kommt auch die Verteilung von allgemeinen Kosten für Sicherheit, Wartung, Overhead oder Kühlung der Server auf alle Parteien hinzu. Nicht benutzte Ressourcen werden vermie- den, und zusätzliche Einsparungen werden durch ein größeres Einkaufsvolumen erzielt.

5.2.2   Skalierbarkeit und Flexibilität

Durch die im Cloud Computing benutzte verursachergerechte Abrechnung ist es jederzeit möglich, zusätzliche Ressourcen zu mieten oder nicht benutzte Ressourcen zurückzugeben – häufig auch als „pay as you go" bezeichnet.

So kann zum Beispiel die weltweite Einführung eines neuen cloud-basierten CRM-Systems über mehrere Perioden verteilt werden, ohne für die nicht benutzten Lizenzen zahlen zu müssen (siehe Tabelle 5.1).

TABELLE 5.1 Beispiel für die Skalierbarkeit einer Cloud Computing-Dienstleistung

Region	Periode	Anzahl der Benutzer
Europa	1	100
Amerika	2	100
Asien	3	50
Gesamt		250

In diesem Beispiel würde man in der Periode 1 nur Gebühren für 100 Benutzer bezahlen, in der Periode 2 für 200 Benutzer und ab der Periode 3 für die gesamte Anzahl.

Die Skalierbarkeit erlaubt aber auch, die Anzahl Ressourcen nach unten anzupassen, zum Beispiel nach dem Verkauf eines Teiles des Unternehmens.

Ein anderes Beispiel für Skalierbarkeit sind Online-Händler, die zusätzliche Rechenkapazitäten für die Abwicklung der Transaktionen während der saisonalen Peaks wie z.B. Weihnachtszeit mieten können, anstatt große Investitionen in Rechnerkapazitäten zu leisten, die außerhalb der Hochsaison leer laufen würden. Im Bild 5.1 lässt sich die verfügbare und die benutzte Kapazität eines Rechenzentrums im traditionellen vs. Cloud Computing Betrieb erkennen. Es ist ersichtlich, dass nur die Dienstleistung aus der Wolke eine optimale Nutzung der Ressourcen anbieten kann.

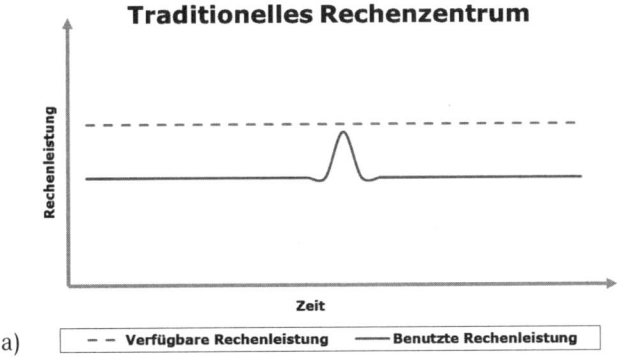

a)

BILD 5.1 Verfügbare und benutzte Rechenkapazität:
a) Traditionelles Rechenzentrum und ...

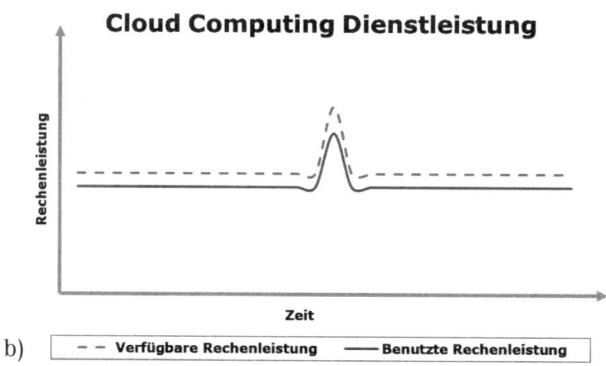

BILD 5.1 b) ... Cloud Computing.

5.2.3 Time to Value

Viele Cloud Computing-Dienstleistungen stehen sofort nach der Anmeldung zur Verfügung, da die Anschaffung und Inbetriebnahme von Hardware und die Installation von Software auf einem eigenen Server nicht notwendig ist.

Das Customizing (Anpassung an die eigenen Anforderungen) kann auch schneller als bei On-Premise-Lösungen vorgenommen werden, teilweise durch die Webarchitektur des Cloud Computing, die viele Anpassungen ohne aufwendiges Programmieren zulässt.

Auch das Deployment (Installation und Inbetriebnahme) der Cloud Computing-Applikationen beim Endanwender erfolgt viel schneller als bei einer vergleichbaren On-Premise-Variante, da man nur eine URL verteilen muss. Die Installation von Software auf einzelnen PCs ist nicht mehr notwendig.

Diese Faktoren führen zu einer schnelleren Implementierung des angedachten Systems, was zu Kosteneinsparungen und zu einer beschleunigten Generierung eines Mehrwertes für das Unternehmen führen kann.

5.2.4 Zugang zu neuen Technologien

Einer der größten Vorteile von Cloud Computing lässt sich nur schwer quantifizieren. Durch die nutzungsgerechte Abrechnung, die Skalierbarkeit und den reduzierten Time to Value werden hervorragende und professionelle Lösungen für kleine und mittelgroße Unternehmen erschwinglich, die wegen der mit der Server-Client-Architektur verbundenen Großinvestitionen nur für große Unternehmen zugänglich waren. Diese Professionalisierung der IT kann die technologischen Barrieren zu größeren Wettbewerbern reduzieren.

5.2.5 Betriebskosten anstatt Investitionen

Wie bereits erwähnt, erfolgt die Abrechnung von Cloud Computing-Anwendungen entweder über eine vereinbarte Pauschale pro User oder über eine nutzungsabhängige Gebühr. Finanztechnisch gesehen werden diese Gebühren als sogenannte Betriebskosten eingestuft (oft als OPEX, Operational Expenses, bezeichnet). In der Pauschale oder im Mietpreis sind alle relevanten Kosten für die Nutzung der Dienstleistung enthalten, z.B.:

- Kosten für den Serverbetrieb (Hardware, Betriebssysteme, Nebenkosten wie Strom, Miete, Personal etc.)
- Lizenzen für die Applikation
- Neue Versionen & Releases
- Wartung & Support

Diese regelmäßigen Ausgaben sind vergleichbar mit den Kosten für die Miete eines Gebäudes und werden in der Gewinn- und Verlustrechnung (P&L) aufgeführt.

Die Einführung einer On-Premise-Lösung bringt eine Investition (im Englischen CAPEX, Capital Expenditures, genannt) und Betriebskosten mit sich. Die Lizenzkosten und die Serverlandschaft müssen zuerst gekauft werden, und je nach Lösung und Anzahl der User kann diese Investition hohe Summen erreichen und eine Fremdfinanzierung benötigen. Der Betrieb der Server und die Softwarewartung (in der Regel ein Anteil der Lizenzkosten) müssen als Betriebskosten regelmäßig bezahlt werden.

Außerdem sind die Entscheidungswege für Investitionen oft schwieriger und länger als die für Betriebskosten. In vielen Unternehmen gibt es strenge Freigabeprozesse für Investitionen, je nach Betrag können sogar mehrere Gremien und Vorstände involviert sein. Hauptgrund hierfür ist, dass Investitionskosten finanziert werden müssen, während Betriebskosten aus dem laufenden Ergebnis bezahlt werden.

5.2.6 Variable statt fixe Kosten

Durch die bereits beschriebene Skalierbarkeit und Flexibilität zahlt man im Cloud Computing nur für die tatsächlich genutzten Ressourcen.

Im Gegensatz dazu sind die Kosten für den Betrieb einer traditionellen Client-Server-Applikation in einem eigenen Rechenzentrum in der Regel mittelfristig fixiert und teilweise unabhängig von der tatsächlichen Nutzung oder Auslastung. Personal- und Mietkosten lassen sich nicht einfach hoch- oder herunterskalieren und sind für eine bestimmte Periode festgelegt.

Durch die Verschiebung von fixen Kosten zu variablen Kosten im IT-Bereich können Unternehmen die finanziellen Mittel effizienter einsetzen und Einsparungen erzielen.

Aus wirtschaftlicher Sicht bietet Cloud Computing viele Vorteile gegenüber Client-Server-Applikationen. Aber vor einer Entscheidung muss man die Kosten sehr genau anschauen (siehe Abschnitt 5.3), die angebotenen Funktionalitäten vergleichen und mögliche Lockouts betrachten. Als Lockout bezeichnet man die Bindung an einen Anbieter, da die Server, Software und die eigenen Daten sich beim Dienstleister befinden. Um einen Lockout zu vermeiden, kann man mit dem Dienstleister regelmäßige Kopien der Daten auf einem eigenen Server vereinbaren.

■ 5.3 TCO – Total Cost of Ownership

Die wirtschaftliche Bewertung eines Cloud Computing-Projekts ist neben der Bewertung der Funktionalität eine der wichtigsten Grundlagen für eine Entscheidung.

Häufig werden Dienstleistungen aus der Wolke und klassische Client-Server-Angebote miteinander verglichen. Aber ein direkter Vergleich von On-Premise- und On-Demand-Lösungen ist in vielerlei Hinsicht nicht möglich. Dies gilt auch für die finanzielle Betrachtung, die erst durch eine transparente Darstellung und eine grundlegende Analyse aller Kosten möglich wird.

Diese Analyse wird sogar noch schwieriger, wenn man die Sponsoren eines Projekts betrachtet. Wegen der schnellen Implementierungszeiten und der vorhandenen *„Out of the Box"*-Funktionalität ist Cloud Computing gerade für Endanwender der Fachbereiche eine sehr interessante Alternative zu den klassischen IT-Systemen. Viele IT-Abteilungen sehen Cloud Computing häufig aber als einen „Wettbewerber", der Aktivitäten aus der klassischen IT herausnimmt. Als Konsequenz werden Produkte aus der Wolke häufig nicht neutral bewertet. Es werden On-Premise-Produkte bevorzugt, ohne eine genaue Analyse der Vor- und Nachteile zu erstellen. Bei der Aufstellung der Kosten für On-Premise-Produkte werden viele Faktoren nicht betrachtet, weil sie einfach da sind und schon immer da waren.

Ein gutes Beispiel ist der Betrieb von Servern für eine On-Premise-Lösung. Die Kosten für den Betrieb eines eigenen Rechenzentrums sind hoch, denn außer bei IT-Dienstleistern ist der Serverbetrieb nicht das Kerngeschäft eines Unternehmens. Kosten für Systemadministration, Strom und Energie für die Kühlung oder Miete werden bei der Projektbewertung nicht berücksichtigt, weil im Unternehmen keine Allokation dieser Kostenarten vorgenommen wird oder weil diese Kosten sowieso da sind.

Aber Cloud Computing greift die bestehenden IT-Abteilungen nicht an, sondern bringt neue Herausforderungen mit sich. Durch die Spezialisierung werden Ressourcen viel effizienter genutzt. Es findet eine Verlagerung der klassischen IT statt. Die firmeninterne IT kann – anstatt Server zu betreiben – sich auf das Kerngeschäft fokussieren und Mehrwert durch das Schaffen neuartiger IT-Lösungen generieren.

Wie bereits ausgeführt, lassen sich die Kosten unterschiedlicher Alternativen nicht direkt miteinander vergleichen. Um Cloud-Projekte und Client-Server-Alternativen dennoch vergleichbar zu machen, wird meist die Methode der **„Total Cost of Ownership"** [2], kurz **TCO**

---

[2] TCO-Definition nach Gartner: „A comprehensive assessment of information technology (IT) or other costs across enterprise boundaries over time. For IT, TCO includes hardware and software acquisition, management and support, communications, end-user expenses, and the opportunity cost of downtime, training and other productivity losses."

genannt, angewandt. TCO stellt alle anfallenden Kosten eines Projektes über einen definierten Zeitraum dar – egal wie sie finanziert werden und wann die Kosten anfallen. Bei Investitionen sollen nicht nur die Anschaffungskosten abgebildet werden, sondern alle damit verbundenen Ausgaben, die durch den Kauf einer Lösung und deren Betrieb während des Betrachtungszeitraumes verursacht werden (wie z.B. Finanzierungs-, Personal- oder Wartungskosten).

Eine TCO-Bewertung wird in der Regel in vier Schritten durchgeführt:

1. Business Case definieren: Welche Ziele werden verfolgt?

2. Angebote für alternative Produkte anfordern (unter Berücksichtigung der in Kapitel 6 genannten Faktoren für die Systemauswahl). Hier sollen auch Kosten für die Implementierung, den Betrieb und den Rollout berücksichtigt werden.

3. Kosten identifizieren und auflisten. Am besten lassen sich die Kosten in einer Matrix darstellen. So wird der Vergleich mehrerer Alternativen transparenter.

TABELLE 5.2 Beispiel für die Darstellung der Kostenblöcke und der Vergleich der Gesamtkosten

Kostenblock	System 1	System 2	System 3
1. Anwendung			
2. Server			
3. Implementierung			
4. Support			
5. Sonstige Kosten			
Gesamt			

4. Zeitpunkt der Geldausgaben identifizieren. Die Darstellung der Kosten auf einer Zeitachse bietet eine hervorragende Grundlage für die finale Entscheidung.

TABELLE 5.3 Beispiel für die Darstellung der Zeitpunkte der Geldausgaben

System 1	Jahr 1	Jahr 2	Jahr 3	Jahr 4	Jahr 5
1. Anwendung					
2. Server					
3. Implementierung					
4. Support					
5. Sonstige Kosten					
Gesamt					

In Tabelle 5.4 werden beispielhaft die häufigsten Kostenblöcke bei der Implementierung eines CRM-Systems aufgelistet. Sie können daraus ablesen, welche Kosten bei einer Client-Server-Lösung und welche bei einer Cloud Computing-Lösung anfallen.

TABELLE 5.4 Kostenblöcke bei der Implementierung eines CRM-Systems
(✓ = Kostenblock soll berücksichtigt werden)

Kosten	Anmerkung	Client-Server	Cloud Computing
1. Anwendung			
a) Lizenzen	Lizenzen für alle Module & Zusatzprodukte berücksichtigen	✓	
b) Monatliche Gebühr	Monatlicher Betrag für die Nutzung der Cloud Computing-Anwendung		✓
c) Wartung	15 %-25 % des Lizenzwertes	✓	
2. Server			
a) Hardware	Kosten für die Server. Ist eine Redundanz notwendig?	✓	
b) Lizenzen	Lizenzen für Datenbank, Betriebssystem, Sicherheitssystem etc.	✓	
c) Wartung	15 %-25 % des Lizenzwertes	✓	
d) Backup	Informationen sollen regelmäßig gesichert werden	✓	
e) Betriebskosten	Miete, Strom, Personal, Wartung etc.	✓	
3. Implementierung			
a) Interner Aufwand	Schnittstellen, Anpassungen	✓	✓
b) Externer Aufwand	Kosten für das Customizing	✓	✓
c) Schulungen	Aufwand für Schulungen (Reisekosten, Materialien etc.)	✓	✓
d) Deployment	Deployment der Clients. Bei Client-Server-Varianten müssen alle Rechner konfiguriert werden.	✓	
4. Support			
a) Administrator		✓	✓

Kosten	Anmerkung	Client-Server	Cloud Computing
b) Hotfixes, Servicepacks	Beim Cloud Computing laufen solche Updates i.d.R. im Hintergrund benötigen keine Aktion durch einen Administrator.	✓	
c) Release-Wechsel	Der Aufwand eines Release-Wechsels bei einer Cloud Computing-Lösung ist deutlich geringer.	✓	✓
d) User Support		✓	✓
5. Sonstige Kosten			
a) Zusätzlicher Speicherplatz			✓
b) Zusätzliche Transaktionen			✓
c) Finanzierungskosten		✓	

Nachdem alle Kosten in einer Matrix aufgelistet wurden, wird der Zeitpunkt der Geldausgaben identifiziert, und die Kosten werden auf einer Zeitachse dargestellt. Somit wird ersichtlich, wie viel ein System über eine bestimmte Laufzeit (5 oder 10 Jahre) kosten wird.

Bild 5.2 zeigt eine typische Kostenverteilung über die Jahre für eine On-Demand-Lösung im Vergleich zu einer On-Premise-Lösung.

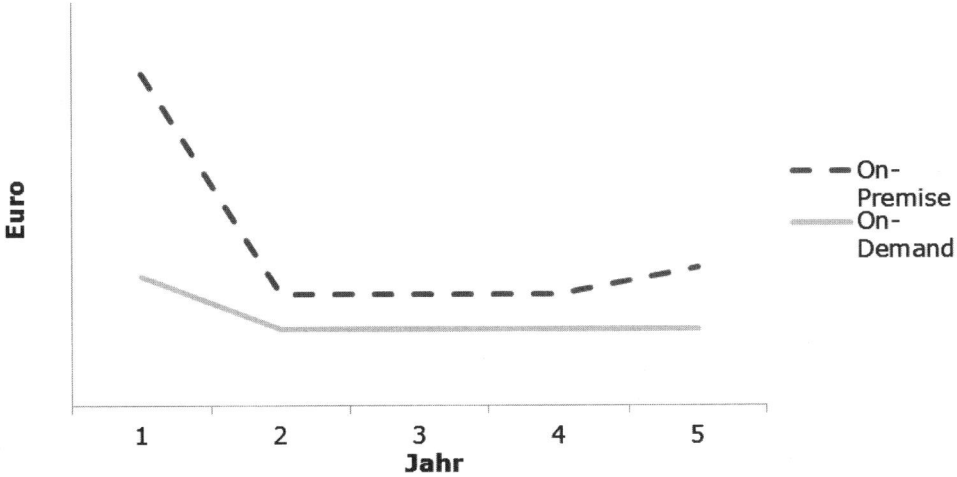

BILD 5.2 Darstellung der TCO-Kosten für eine On-Premise- und eine On-Demand-Lösung

Da bei On-Premise-Lösungen der Großteil der Kosten eine Investition in der Periode 1 sind, sollte man den Nettobarwert (NPV) der unterschiedlichen Alternativen über die Laufzeit des Projektes berechnen.

Als Ergebnis liefert das geschilderte Vorgehen eine transparente Entscheidungsgrundlage, die einen Vergleich der beiden Lösungsvarianten zulässt.

■ 5.4 Kalkulationsbeispiele

Das eine ist die wirtschaftliche Betrachtung aus der Sicht eines Finanzchefs oder Controllers, das andere ist eine Einzelbetrachtung an konkreten Beispielen. Im Folgenden gehen wir hier auf unterschiedliche Aspekte mit Kalkulationsbeispielen näher ein und vergleichen konkret Cloud-Lösungen mit anderen Alternativen.

5.4.1 Lizenzen, Wartung vs. monatliche Gebühren

Die typischen Kosten bei einer Client-Server-Lösung sind einmalige Lizenzen pro User. Zusätzlich fallen 15-25 % des Lizenzwerts als Wartungsgebühren jährlich an. Alleine für die Wartung für eine einzelne Benutzerlizenz mit einem Wert von 2.000 EUR fallen beispielsweise monatliche Kosten von 25 bis 42 EUR an. Üblicherweise haben Client-Server-Lösungen regelmäßig neue Major Releases (Wechsel von Version 2.x auf 3.x). Die Lizenzen der Version 2.x gelten oft nicht für die Version 3.x. In diesem Fall müssen Lizenzen für die neue Version oder zumindest teure Upgrades beschafft werden. Vor diesem Hintergrund müssen die initialen Lizenzkosten über die Lebensdauer abgeschrieben werden. Bei einer Nutzung des Systems über 5 Jahre und den genannten typischen Lizenzkosten ergeben sich somit monatliche Kosten von 34 EUR. Insgesamt liegen die monatlichen Kosten einer 2.000-EUR-Lizenz bei 59 bis 76 EUR pro Benutzer.

Weiterhin muss geprüft werden, ob für die Infrastruktur einer Client-Server-Lösung noch weitere Lizenzkosten entstehen. Für Webserver, Datenbank und Betriebssystem fallen Lizenzen und Wartung in Abhängigkeit von den CPUs an, aber ggf. auch pro Benutzer.

Die Lizenzen und die Wartung lassen sich einfach in monatliche Gebühren umrechnen. Dabei muss überprüft werden, ob eine reine Aufteilung über x Monate erfolgen soll, oder ob auch Kapitalkosten berücksichtigt werden müssen.

 HINWEIS: Die Miete einer Cloud-Applikation ermöglicht es, die benötigten Benutzer dem realen Bedarf anzupassen. Insbesondere wenn sich der Bedarf an Lizenzen ändert, kommt es zu deutlichen Einsparungen.

Bei einer monatlichen Miete von 75 EUR und 1.000 Benutzer entstehen jährliche Kosten von 900.000 EUR. Eine Verringerung der Benutzerzahl auf 500 halbiert die jährlichen Kosten auf 450.000 EUR. Im Fall einer Client-Server-Lösung (z.B. Lizenz 2.000 EUR/Benutzer und 25 % Wartung im Jahr) würden für die 1.000 User eine Wartungsgebühr von 500.000 EUR pro Jahr entstehen. Diese Gebühr entsteht auch dann, wenn Lizenzen nicht verwendet werden. Üblicherweise können auch für eine Client-Server-Lösung die Lizenzen in der Wartung reduziert werden. Dies hat aber meistens zur Folge, dass die Lizenzen auch zukünftig nicht genutzt werden können und ggf. neue Lizenzen gekauft werden müssen, wenn der Bedarf an Lizenzen wieder steigt.

Um die monatlichen Kosten zu senken, werden auch bei Cloud-Applikationen lange Vertragslaufzeiten angeboten. Der oben beschriebene Vorteil der Cloud-Applikation geht damit verloren. Für das Beispiel bedeutet eine Reduktion der monatlichen Kosten um einen EUR einen Discount von 1,3 %. Sollten also mehr als 13 Lizenzen ungenutzt bleiben, hätte man einen größeren Vorteil von einer kürzeren Laufzeit.

 PRAXISTIPP: Als Kompromiss könnte man mehrere Verträge mit unterschiedlichen Laufzeiten abschließen. Den größten Anteil (z.B. 80 %) der Lizenzen mietet man für eine längere und den Rest für eine möglichst kurze Zeitspanne.

5.4.2 Server

Im Bereich des Cloud Computing fallen keine Kosten für die Server und deren Betrieb an. Der Anbieter garantiert eine Performance und eine entsprechende Verfügbarkeit. Bei dem Vergleich der Kosten muss bewertet werden, ob die Leistungen des Anbieters den Anforderungen entsprechen. Sehr oft übertrifft die Leistung der Cloud Anbieter die Leistungen der eigenen IT-Abteilung.

In diesem Fall ist es wichtig, dass man die Kosten betrachtet, die notwendig sind, um den gleichen Service-Level wie der Cloud-Anbieter zu gewährleisten. Weiterhin müssen auch die Kosten betrachtet werden, die für den üblichen Service-Level entstehen. Für die Transparenz ist es wichtig, dass die Kosten für beide Szenarien bekannt sind.

Es ist auch möglich, dass die Leistungen des Cloud-Anbieters hinter den geforderten Leistungen bleiben. Als Beispiel ist ein Callcenter zu nennen, welches hauptsächlich am Wochenende aktiv ist. In diesem Fall ist es problematisch, wenn Wartungsarbeiten beim Cloud-Dienstleister immer am Wochenende stattfinden. Ein weiteres Beispiel sind extrem hohe Anforderungen an die Verfügbarkeit der Systeme.

In diesen Fällen muss geprüft werden, ob der Anbieter auf die besonderen Anforderungen eingehen kann. Durch die Multi Tenancy-Architektur ist dies aber oft nicht möglich.

5.4.3 Backup

Die kompletten Daten können durch ein Unglück (z.B. Feuer, Hardware defekt) verloren gehen. Hier bieten die Cloud-Dienstleister mit ihren verteilten Rechenzentren und Backup Strategien einen hohen Schutz. Erweitert man das Desaster Recovery allerdings um den Fall, dass
man sich beim Cloud-Dienstleister nicht mehr anmelden kann (z.B. Dienst wurde spontan
eingestellt, weil der Dienstleister Konkurs angemeldet hat; Cloud-Dienstleister verweigert den
Zugang zu den Daten, weil die Rechnung nicht bezahlt wurde), so wird es notwendig, dass die
Daten aus der Cloud-Applikation extrahiert und an anderer Stelle gespeichert werden. Dazu
eignen sich Cloud-Dienste, die Speicherplatz anbieten, oder die vorhandenen lokalen Backup-
strukturen.

5.4.4 Netzwerk

Für die Nutzung von Cloud-Diensten ist eine Verbindung zum Internet notwendig. Im Gegensatz dazu verwenden Client-Server-Lösungen oft nur das interne Netzwerk. Es muss geprüft
werden, ob die Geschwindigkeit der Internet-Leitung für den Einsatz von Cloud-Lösungen
ausreichend ist. Ansonsten müssen die Kosten für eine Erweiterung berücksichtigt werden.

5.4.5 Implementierung

Die Client-Server-Lösungen werden in den meisten Fällen im eigenen Firmennetzwerk betrieben. Für die Entwicklung bedeutet dies, dass das gesamte Team einen Zugriff auf das Netzwerk benötigt. In den meisten Projekten wird dies sichergestellt, indem das gesamte Projektteam an einem Standort versammelt wird.

In Cloud-Implementierungen steht der Dienst über das Internet bereit. Der Zugriff auf das
System ist somit von überall möglich. Dieser Paradigmenwechsel hat auch einen Einfluss auf
die Kosten des Projekts. In Cloud-Projekten erfolgen Projektbesprechungen und Workshops
wie gewohnt, allerdings gibt es für das Entwicklungsteam keinen Grund mehr, beim Kunden
vor Ort zu sitzen.

In jedem Projekt treten für die Mitarbeiter Warte- und Leerlaufzeiten auf. Diese werden bei
einer Client-Server-Implementierung durch den Kunden bezahlt, da die Mitarbeiter physika-
lisch beim Kunden waren und keine andere Tätigkeit für einen anderen Kunden durchführen
konnten.

Wenn die Mitarbeiter der Implementierungspartner im eigenen Büro für das Cloud-Projekt
tätig sind, können die Wartezeiten mit Tätigkeiten für andere Projekte gefüllt werden. Somit
entfällt die Notwendigkeit, Wartezeiten zu fakturieren.

Weiterhin entfallen die meisten Reisezeiten für die Projektmitarbeiter. Auch dies hat einen
positiven Einfluss auf die Kosten die Dauer der Implementierung. Selbst wenn die Reisezeiten
und -kosten nicht direkt berechnet werden, sind diese trotzdem ein Bestandteil der Kosten-
struktur des Implementierungspartners und somit in den Tagessätzen enthalten.

PRAXISTIPP

Ein Rechenbeispiel:

Ein Team von 3 Personen benötigt 6 Monate zur Implementierung eines Systems. Als monatliche Zeit im Projekt wird 32 Stunden angenommen. Die verbleibenden Stunden sind Reisezeiten. Als Warte- und Leerlaufzeiten werden 20 % der Zeit angenommen.

Somit ergibt sich eine produktive Zeit von 25,6 Stunden pro Mitarbeiter und Woche. Die gesamte, notwendige netto Arbeit in den 6 Monaten des Projekts waren somit 250 Tage.

In einem vergleichbaren Cloud-Projekt sind diese 250 Tage deutlich schneller zu liefern, da den Mitarbeitern die volle Arbeitszeit zur Verfügung steht. Somit ergibt sich bei den gleichen Warte- und Leerlaufzeiten eine produktive Zeit von 32 Stunden pro Mitarbeiter. Dies führt zu einer 20 % kürzeren Projektlaufzeit.

Weiterhin sind die Kosten geringer, da die Warte- und Leerlaufkosten (62 Tage für dieses Beispiel) nicht das Projektbudget belasten. Bei einem Tagessatz von 1.500 EUR ergibt sich somit eine Einsparung von 93.000 EUR.

Das Beispiel geht davon aus, dass die Aufwände einer Client-Server-Anwendung mit den Aufwänden für eine Cloud basierte Lösung vergleichbar sind.

Erfahrungswerte aus dem Bereich der Budget- und Aufwandschätzungen für Client-Server- und Cloud-Projekte nutzen die folgenden Kennwerte:

Lösung	Aufwand für Anpassungen
Client-Server	das 2- bis 3-Fache der Lizenzkosten inkl. Wartung für ein Jahr
Cloud-Lösung	das 0,5- bis 1-Fache der Miete des ersten Jahres

■ 5.5 Fazit

Eine neue Studie des Fraunhofer Instituts[3] zeigt, dass vor allem mittelständische Unternehmen von den Kosteneinsparungen durch Verlagerung der IT-Angebote in die Wolke profitieren können. Nach Fraunhofer IML kann man bei der Einführung eines Warehouse Management Systems (Lagerwirtschaftssystem) im ersten Jahr bis zu 52 % der Kosten im Vergleich zu einer klassischen On-Premise-Lösung sparen. In den Folgejahren sind Ersparnisse von bis zu 48 % möglich.

---

[3] Fraunhofer ISST: Cloud Computing für den Mittelstand am Beispiel der Logistikbranche. 07/2010

Durch die Verwendung von Cloud Computing-Angeboten können erhebliche Kosteneinsparungen erzielt werden. Cloud Computing bietet kurze Implementierungszeiten, nutzungsgerechte Abrechnungen, Skalierbarkeit und Flexibilität der genutzten Ressourcen und durch die erzielten "Economies of Scale" sehr interessante Angebote.

6 Entscheidungskriterien für Cloud Computing

Einer der häufigsten Fehler bei der Einführung von IT-Systemen ist die Auswahl eines Produktes oder einer Infrastruktur, ohne eine genaue Vorstellung der Ziele und eine gute Beschreibung der Prozesse zu haben, die das System unterstützen soll. Worauf muss ich also achten, wenn ich Cloud Computing einsetzen möchte?

Zur Bewertung, wann und wie Cloud-Technologien zum Einsatz kommen können, wollen wir Ihnen folgende Entscheidungskriterien aufzeigen:

- **Art des Projektes**: Ablösung eines bestehenden Systems oder eine Neueinführung?

- **Prozesse:** Welche Prozesse sollen abgebildet werden? Welche Prozesse sind geeignet?

- **Datensicherheit:** Wie wichtig sind mir meine Daten?

- **System:** Um welche Art von System, z.B. Datenspeicher, Serversystem oder Softwaresysteme wie ERP, CRM, Project Management etc. handelt es sich?

- **Einsatztyp:** Soll das System nur temporär genutzt werden (z.B. für Projektmanagement oder um Peaks auszugleichen) oder soll es dauerhaft im Einsatz sein?

- **Größenordnung:** Wie viele User sollen das System nutzen?

- **Unternehmensumfeld:** Gibt es Richtlinien und verbindliche Vorgaben zum Einsatz von Unternehmenssoftware oder langfristige Lieferverträge mit Hardwareherstellern?

- **Betrieb und Wartung:** Habe ich eine IT-Abteilung, die sich um den Betrieb und die Wartung dieses Systems kümmern kann?

- **Performance:** Welche Zugriffs- und Reaktionszeiten müssen gewährleistet werden?

- **Usability:** Welche Endnutzer arbeiten mit dem System und welche Anforderungen bestehen an die Bedienerfreundlichkeit eines Systems?

 HINWEIS: Cloud Computing ist in vielen dieser Szenarien eine mögliche Alternative zu der herkömmlichen Vorgehensweise, Infrastruktur oder Hardwaresysteme selbst zu betreiben, oder Software einmalig in einer Version zu kaufen und auf eigenen Rechnern zu installieren. Es kommt auf eine detaillierte Betrachtung an, ob und wie stark sich der Einsatz von Cloud Computing lohnt bzw. die Umsetzungsgeschwindigkeit des Projektes fördern kann.

■ 6.1 Art des Projektes

Die Ablösung eines bestehenden IT-Systems bringt andere Herausforderungen mit sich als der Start eines IT-Systems auf der „grünen Wiese". In beiden Fällen muss das Systemumfeld beleuchtet und das neue System in dieses integriert werden. Cloud Computing kann in beiden Projektarten vorteilhaft eingesetzt werden.

 HINWEIS: Beim Einsatz von Cloud Computing werden Infrastrukturen, Plattformen, Anwendungen und Erweiterungen „fertig" zur Verfügung gestellt.

Gerade die fertigen Erweiterungen, teilweise als Apps, Module und Produkte bezeichnet, ermöglichen es, das System unkompliziert zu erweitern. Auch im On-Premise-Bereich gibt es Erweiterungen vom Hersteller oder Drittanbieter, doch ist die Installation und Integration bei Weitem nicht so komfortabel und flexibel, da eigene IT-Abteilungen oder Spezialisten inhouse zum Einsatz kommen müssen.

6.1.1 Ablösung eines bestehenden Systems

Bei der Ablösung eines bestehenden Systems müssen die Systemlandschaft, in die das Altsystem eingebunden war, und die bisherigen Schnittstellen genau untersucht werden, um zu definieren, welche Schnittstellen auch im neuen System zur Verfügung gestellt werden müssen. Dies ist sicherlich auch in normalen Projekten der Fall, doch Cloud-Systeme kommen mit sehr modernen Schnittstellen über Webservices. Die Kommunikation aus und in die Cloud gestaltet sich dadurch normalerweise in der Theorie sehr einfach.

Für komplexere Datentransformationsprozesse (beispielsweise zwischen Cloud- und On-Premise-Lösungen) oder bei einer hohen Anzahl an unterschiedlichen Schnittstellen (CSV, Webservice, Sonderformate) gestaltet sich der Datenaustausch wieder etwas komplizierter, da normalerweise die zur Verfügung gestellten APIs keine Anpassungen zulassen. Dafür stehen aber Middleware-Komponenten von Drittanbietern zur Verfügung, die mit einer Vielzahl von Schnittstellenschablonen, Möglichkeiten der Batch-Verarbeitung und vielen weiteren Funktionen die Kommunikation zwischen den Systemen komfortabel entwickeln lassen.

Ein weiterer Punkt ist die Frage, ob in jüngster Vergangenheit größere Investitionen in die IT-Infrastruktur oder in neue Systeme vorgenommen wurden, die einen ähnlichen Funktionsumfang wie die Cloud-Komponente anbieten, wenn Sie z.B. in Ihrer IT gerade die Serversystemlandschaft virtualisiert haben, um Ihren internen Kunden schnell neue Systeme zur Verfügung zu stellen. In einem solchen Fall wird der Einsatz von Cloud Computing schwieriger, und die Widerstände im Unternehmen wachsen. Zum einen steht entsprechende Hardware und Software „ungenutzt" im Unternehmen, und zum anderen werden die Mitarbeiter bei einem erneuten Systemwechsel irritiert, weil sie nicht mehr verstehen, welches System jetzt für welche Aufgaben genutzt werden soll.

PRAXISTIPP

Fragestellung: Die internen Fachabteilungen brauchen für ihr CRM-System mehr Speicherplatz für Kundendokumente.

Lösungsansatz: Im einfachsten Fall bekommt der Rechner eine zusätzliche Festplatte oder einen Zugriff auf ein Storage-System. Doch schon bei einer weiteren fachlichen Anforderung, dass der Zugriff auf die Kundendokumente ebenfalls durch den Kunden ermöglicht werden soll und der Erkenntnis, dass diese Daten gerade in den ersten Tagen nach Veröffentlichung besonders stark nachgefragt werden, führt zu der Empfehlung, hier eine elastische Cloud-Lösung zu nutzen.

6.1.2 Neueinführung

Die Neueinführung eines Systems ermöglicht es in vielen Fällen, mit weniger Zwängen zu starten, und Unternehmen sind offener für die Funktionen und Prozesse, die das System mit sich bringt. Systeme werden eingeführt, um daraus die Prozesse im Unternehmen abzuleiten oder um die Prozesse des Unternehmens in einem System abzubilden. Allerdings besteht auch ein höheres Gefahrenpotenzial, da man in der Vergangenheit noch keine Erfahrungen gemacht hat und somit die Fehler erst einmal gemacht werden müssen.

 HINWEIS: Gerade bei Neueinführungen von Systemen kommen die Vorteile:

- die direkte Verfügbarkeit des Systems nach erfolgter Registrierung
- mit wenig Ressourcen anzufangen und später bei Bedarf zu skalieren
- die geringe Anfangsinvestition

aus unserer Sicht voll zum Tragen.

Das System steht somit unmittelbar zur Verfügung, und der Umgang, die Administration, Konfiguration, Entwicklung sowie Bedienung können kennengelernt werden und damit auch die Lernprozesse sofort beginnen.

 HINWEIS: Implementieren Sie frühzeitig einen einfachen und einen komplizierten Prozess im System und lassen Sie die späteren Benutzer damit arbeiten. Sie erhalten so schnell gewünschtes Feedback, lernen die Akzeptanz bei den Benutzern kennen und können auch abschätzen, welche Limitierungen und Hürden bei der Implementierung des Systems im weiteren Verlauf zu erwarten sind.

PRAXISTIPP

Fragestellung:

Ich benötige für eine kleine Abteilung mit 20 Mitarbeitern innerhalb meines Unternehmens ein System zur Verwaltung von Projekten. Es gibt aktuell keine ausgewählte Standardsoftware im Unternehmen.

Möglicher Lösungsansatz:

Es wird Projectplace als Software-as-a-Service Anwendung eingeführt (siehe Bild 1). Mit Projectplace erhält der Anwender ein professionelles Projektmanagementsystem mit einem großen Umfang an Funktionen. Dazu gehören Projektplanung, Aufgabenverwaltung, Dokumentenmanagement, Online-Meetings, Ressourcenübersicht und vieles Weitere.

Somit sind die fachlichen Anforderungen sehr schnell erfüllt, und ein System steht schnell zur Verfügung.

Bei der Einführung des Systems müssen aber noch Fragen zur Integration in die Unternehmenslandschaft geklärt werden:

- Wie kann das System jetzt in die eigene Infrastruktur eingebunden werden? Wird das Dokumentenmanagement aus der Projectplace-Anwendung genutzt? Gibt es eine bestehende Applikation für Dokumentenmanagement? Wie können ggfs. Dokumente synchronisiert werden?

- In welchen Bereichen wird das System eingesetzt? Arbeiten nur Projektmanager und ausgewählte Projekte zum Beispiel mit externen Mitarbeitern mit dem System oder wird auch die kaufmännische Abteilung Zugriff auf die Ressourcen erhalten, um Rechnungen zu erstellen?

- Welche Edition ist die richtige? Will ich nur ein Projekt verwalten oder möchte ich alle Unternehmensprojekte verwalten?

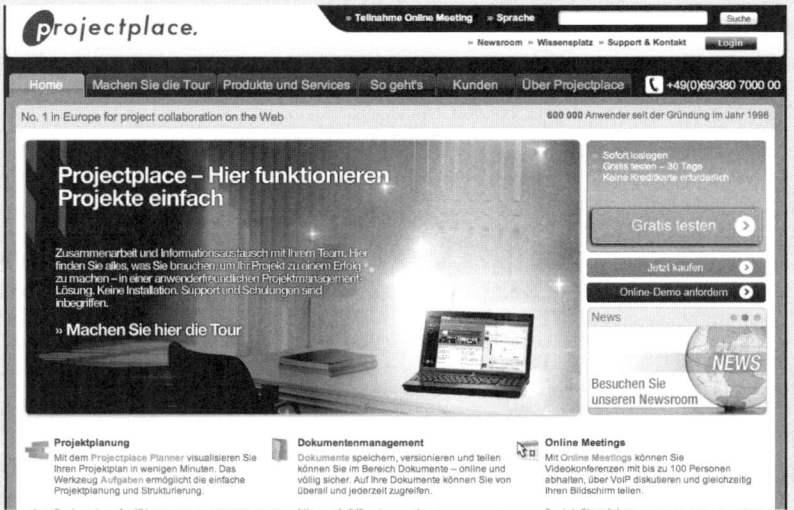

BILD 6.1 Webseite von www.projectplace.de

■ 6.2 Prozesse

Wie eingangs erwähnt, ist einer der häufigsten Fehler bei der Auswahl von IT-Systemen die fehlende Vorstellung über die abzubildenden Prozesse. Der grobe Gedanke, was ein System können soll, ist vorhanden. Wie aber das Zusammenspiel beispielsweise zwischen einzelnen Abteilungen im System abgebildet werden soll und welche internen Prozesse im und außerhalb des System ausgeführt werden müssen, darüber herrscht meistens Unklarheit.

Stellen wir uns also die Fragen:

- Gibt es Businessprozesse, die sich für Cloud Computing besonders eignen?
- Gibt es Prozesse, die sich nicht für Cloud Computing eignen?
- Gibt es Prozesse, die wir uns heute noch nicht in der Cloud vorstellen können?
- Was ändert sich in den Prozessen durch den Einsatz mit Cloud Computing?
- Wird bei der Prozessanalyse der Einsatz von Cloud Computing bereits mit betrachtet oder muss nach einer Architektur- und Systementscheidung der Cloud-Aspekt berücksichtigt werden?
- Wann und wie optimiere ich die Prozesse?

6.2.1 Businessprozesse für die Cloud?

Schauen wir uns die Fragen einmal etwas genauer an.

Welche Prozesse eignen sich in der Cloud besonders?

Alles, was eine schnelle Umsetzung, eine einfache Bereitstellung, eine Übergangslösung auf Zeit oder einen sonstigen Quick-Win verspricht, eignet sich besonders gut für eine Umsetzung mit Cloud-Technologien. Dabei wird immer davon ausgegangen, dass es sich um Unternehmensprozesse handelt und nicht um hardware-nahe Prozesse (beispielsweise Maschinensteuerung etc.), da diese sich weniger gut für die Umsetzung in der Cloud eignen.

Betrachten wir die benötigte Rechenleistung und Speicherplatz, bietet sich Cloud auf den ersten Blick weniger für hochkomplexe Berechnungen von großen Datenmengen an. Nur wenige Unternehmen verfügen zwar über diese Ressourcen, andererseits ist die Bereitstellung über das Internet – mit den dabei vorhandenen Limitierungen – der begrenzende Faktor.

Bei dem Einsatz von Software-as-a-Service sind aus unserer Sicht der Phantasie keine Grenzen gesetzt. Überall, wo Menschen direkt mit Anwendungen arbeiten und darüber die Daten verarbeiten, können die benötigten Prozesse abgebildet werden.

Welche Prozesse zur Zeit eher nicht?

Cloud-Anbieter ermöglichen zurzeit nur selten garantierte Reaktionszeiten. Die Prozessanfragen landen meistens in einer Systemqueue und werden dort nach dem FIFO-Prinzip (First In,

First Out) abgearbeitet. Der einzelne Nutzer hat keinen Einfluss auf die Priorisierung der Anfragen. Für Prozesse, die zeitkritisch sind und ihre Antworten in einem festgelegten Zeitrahmen erhalten müssen, ist daher die Nutzung der Cloud-Komponenten zu prüfen.

Der regelmäßige Austausch von großen Mengen an Datensätzen kann im Bereich Software-as-a-Service dazu führen, dass Laufzeiten, die wir von lokalen Systemen gewohnt sind, nicht erreicht werden können. Die Anbieter legen dafür in ihren Lizenzen bestimmte Kontingente fest, die nicht überschritten werden dürfen, und sichern so auch die Performance ihrer Plattform ab.

Welche Prozesse können wir uns heute noch nicht vorstellen?

Schwer vorstellbar ist für uns derzeit der Einsatz von Cloud-Technologien in der Medizintechnik. Dabei drängt sich sofort die Frage auf: Wer haftet im Fall eines Systemausfalls, der zum Verlust eines Menschenlebens führen könnte? Sicherlich ist dies ein extremes Beispiel, aber in der Diagnostik gibt es bereits erste Plattformen auf Basis der Cloud-Technologie, wie unser Beispiel in Kapitel 10 zeigen wird.

Was ändert sich in den Prozessen durch den Einsatz mit Cloud Computing?

Der Einsatz von Public Cloud-Systemen ermöglicht generell den Zugriff auf die Systeme und Daten von überall und zu jeder Zeit. Erforderlich sind im einfachsten Fall nur Anmeldename und Passwort. Um auch weiterhin die Daten vor unbefugtem Zugriff, zum Beispiel verursacht durch unachtsame Mitarbeiter, die im Internet-Café auf die Systeme zugreifen, zu schützen, müssen die Cloud-Systeme entsprechend

- vor unbefugtem Zugriff geschützt
- in die eigene IT-Architektur eingebunden
- und die Mitarbeiter über bestehende Gefahren aufgeklärt

werden.

HINWEIS: Der Zugriffschutz lässt sich beispielsweise bei einigen Anbietern über Festlegung von IP-Nummernbereichen einschränken.

PRAXISTIPP: Prozessveränderung beim Einsatz von Cloud Computing
Wir haben bei unterschiedlichen Unternehmen festgestellt, dass bei Kunden, die ihr Vorgehen und ihre Prozesse zur Implementierung von neuen Systemen kannten, nach der Entscheidung für Cloud-Technologie diese Prozesse überdacht werden mussten. Neben der Delta-Analyse sind im Vorfeld bei einigen Cloud-Anwendungen zum Beispiel auch das Design der Benutzeroberfläche und die Gestaltung weniger wichtig (dies geht meist im Rahmen eines Prototyps einfach und schnell), dafür aber die gefühlte Geschwindigkeit beim Mitarbeiter.

Umfang und Optimierung von Prozessen

In Kapitel 10 gehen wir auf die Vorgehensweise bei der Prozessanalyse auf Basis der Delta-Analyse ein. Die Delta-Analyse hilft Ihnen dabei, zum einen das neue System besser kennenzulernen und zum anderen ein besseres Verständnis von den eigenen Prozessen und deren Umsetzbarkeit zu erhalten.

Ausgangspunkt zur Ermittlung des Leistungsumfangs ist zunächst die Frage: Nutze ich das System so, wie es ist, oder habe ich konkrete Vorstellungen über die Funktionsweise und passe das System gleich diesen Vorstellungen an?

Fällt die Entscheidung für die vom System vorgegebenen Prozesse, kann nach einigen kleinen Anpassungen gleich mit dem System gearbeitet werden. Hat sich bei der Prozessanalyse und dem Abgleich des Leistungsumfangs mit dem System jedoch ergeben, dass größere Anpassungen notwendig sind, so ist die klare Abgrenzung, was alles mit dem System gemacht werden soll und was nicht, von großer Bedeutung.

 HINWEIS: Schauen Sie sich die Release-Planung der Software genau an und informieren Sie sich regelmäßig über geplante Erweiterungen. Nicht selten passiert es, dass in einem kurz bevorstehenden Update eine Funktion zur Verfügung gestellt wird, die Sie in diesem Augenblick gerade teuer entwickeln lassen.

Bleiben Sie, soweit es möglich ist, beim Standard. Sie sind so auch in den nachfolgenden Releases sicher.

Das Einspielen der neuen Releases und Patches wird vom Cloud-Anbieter übernommen. Die Wartungsfenster werden entsprechend angekündigt und verlaufen in aller Regel ohne Probleme.

Auch hier bietet das Cloud-System den Vorteil, dass es unmittelbar zur Verfügung steht und sofort genutzt werden kann.

Nutzen Sie die Prozessanalyse gleich, um einige alte Zöpfe abzuschneiden. Ist Ihr Unternehmen in der Vergangenheit gewachsen, so haben sich nicht immer optimale Prozesse etabliert. Fragen Sie sich:

- Welche bisher manuell durchgeführten Prozesse können durch das neue System automatisiert werden?
- Welche Prozesse wurden durch Limitierung der alten Software eingeführt?
- Welche Prozesse sind wegen nicht mehr bekannter Anforderungen eingeführt worden?

 PRAXISTIPP: In der Praxis kommt es sehr häufig vor, dass für jedes Problem eine individuelle technische Lösung gefunden werden soll. Das führt dann dazu, dass man sich sehr weit vom Standard entfernt. Stellen Sie sich doch einmal die Frage, ob der gewünschte Prozessschritt nicht auch teilautomatisiert stattfinden kann, bis eine elegante Lösung zur Verfügung steht.

◼ 6.3 Datensicherheit und Kontrollverlust

Mangelnde Datensicherheit, Verlust der Kontrolle über die eigenen Daten, Datenzugriff durch amerikanische Behörden – im Bereich der Cloud gibt es viele Schreckensszenarien, die die Unternehmen davon abhalten, die Systeme in der Cloud zu nutzen.

Die aktuelle Studie „Cloud Computing in Deutschland" der Unternehmensberatung Deloitte und der Bitkom von Januar 2011 [DELOITTE] zeigt, dass 54 % der befragten Unternehmen derzeit keine Cloud-Technologie einsetzen und das auch für die Zukunft nicht planen.

Die wichtigsten drei Beweggründe sind:

- Risiko des Governance-/Kontrollverlusts
- Unzureichende Datensicherheit/-verfügbarkeit
- Offene Compliance oder rechtliche Fragen

Die Anbieter der unterschiedlichen Cloud-Liefermodelle (SaaS, IaaS, PaaS) versuchen mit Sicherheitszertifizierungen, erweiterten Datenschutzabkommen und viel Aufklärungsarbeit in der Öffentlichkeit den Ängsten und Sorgen entgegenzutreten und nehmen mittlerweile auch die Sorgen im alten Europa ernst. Die Mentalität in Amerika unterscheidet sich gerade im Umgang mit den Daten doch erheblich von europäischen Ansprüchen. Beispielhaft dafür sind die Diskussionen zu Google Street View in Deutschland zwischen dem Unternehmen und den Datenschutzbeauftragten.

 PRAXISTIPP: Bei den Amazon-Speicherdiensten haben Sie die Möglichkeit, den Standort des Rechenzentrums auszuwählen, und können Ihre Daten auch in Europa hosten lassen. Zudem planen auch andere große Cloud-Anbieter, Rechenzentren in Europa einzuführen.

◼ 6.4 System

Welche Art von System wollen Sie einführen? CRM, ERP, Projektmanagement, Datenbank, Speicher, E-Mail-System? Das sind die Bereiche, in denen das Arbeiten mit der Cloud heute schon verbreitet ist. Das sind alles Systeme, mit denen Unternehmen heute mehr oder weniger üblicherweise bereits arbeiten und bei denen Standardsoftware oder Hardware zur Verfügung steht, und überall dort ist auch der Einsatz von Cloud Computing möglich und sinnvoll.

Beispiele für Angebote und Systeme aus der Cloud stellen wir Ihnen in den Kapiteln 9 und Kapitel etwas genauer vor.

Gibt es also Systemarten, die sich nicht für die Cloud eignen?

Sicherlich gibt es Systeme, die so speziell sind, dass sie nur für einen ganz kleinen Markt oder vielleicht auch nur für ein einzelnes Unternehmen nachgefragt werden und somit weder vom Unternehmen noch vom Hersteller die Anforderung besteht, das System irgendwann zu skalieren oder andere Vorteile der Cloud zu nutzen.

 HINWEIS: Aus unserer Sicht, gibt es aktuell kein System, bei dem Cloud Technologien nicht vorteilhaft eingesetzt werden können. Es muss aber im Einzelfall geprüft werden, ob Cloud-Komponenten sinnvoll eingesetzt werden können.

■ 6.5 Einsatztyp

Wie sich die Cloud-Systeme kurz-, mittel- und langfristig rechnen können, darauf wird im Kapitel 5 genauer eingegangen. Cloud Computing kann auch hier in bestimmten Einsatzszenarien seine Vorteile ausspielen.

Soll ein System nur temporär genutzt oder bei einzelnen Peaks erweitert werden, kann das Cloud-System einfach skaliert werden: im einfachsten Fall durch das Pay-per-use-Modell oder durch den temporären Zukauf von Lizenzen. Dadurch lassen sich die Erweiterungen ohne große Investitionen nutzen.

 PRAXISTIPP: Ein Unternehmen stand vor der Herausforderung, bei der Markteinführung eines neuen Produkts neben dem eigenen Vertriebsteam auch ein Callcenter für den Produkt-Rollout einzusetzen. Durch den Einsatz der Cloud konnten hier temporär neue Lizenzen dazugekauft werden, und die Anbindung war kurzfristig möglich. Gerade die Flexibilität, die ohne Performance-Verlust auch Peaks berücksichtigt, macht Cloud-Technologien hier attraktiv.

Auch bei der stufenweise Einführung der Software in einem Unternehmen können die benötigten Lizenzen und Ressourcen zu dem Zeitpunkt eingeplant und dazugekauft werden, wenn sie benötigt werden.

HINWEIS: Für die Arbeit an unterschiedlichen Standorten oder auch mit externen Partnern bringt die Cloud den Vorteil einer einheitlichen Infrastruktur. Eine Alternative zur Cloud ist die Einrichtung eines VPNs und die Bereitstellung der Applikation über Virtual Machines, Citrix oder ähnliche Komponenten. Hierbei fallen für alle Komponenten jedoch zusätzliche Lizenzkosten an. Das Cloud-System ist im Vergleich dazu ohne weitere Komponenten von allen Standorten und abhängig vom Anbieter überall auf der Welt mit gleicher Performance zugänglich.

PRAXISTIPP: Nehmen wir einmal an, Ihr Unternehmen hat sich für die Einführung einer On-Premise-Lösung entschieden, egal ob ERP, CRM oder etwas anderes. Diese Lösung ist eine Erweiterung der bestehenden Systeme um ein Modul. Die Projektdauer wird auf zwei Jahre geschätzt.

Folgende Szenarien scheinen für uns realistisch:

1. Das Projekt verzögert sich aufgrund fachlicher und technischer Probleme um mindestens ein Dreivierteljahr.

2. Nach den zwei Jahren entspricht das System nicht den Anforderungen, die zum Start aufgenommen wurden.

3. Nach zwei Jahren haben sich die Prozesse in Ihrer Branche derart geändert, dass Ihre Anforderungen zwar im System korrekt abgebildet sind, aber eigentlich eine Anpassung sofort notwendig ist.

4. Das System wurde erfolgreich fertiggestellt, die erwarteten Effizienzgewinne stellen sich aber nicht ein.

5. Das Projekt wird erfolgreich abgeschlossen, und alle sind überaus glücklich.

Auch wenn in 4 von 5 Szenarien das Projekt eigentlich scheitert oder wenigstens teilweise nicht erfolgreich war und nur in einem Szenario das Projekt erfolgreich abgeschlossen wird, können die Effizienzgewinne, Einsparungen oder ähnliches erst nach frühestens zwei Jahren erzielt werden.

Vielleicht ist ja die temporäre Nutzung eines Cloud-Systems eine Möglichkeit, diese Ziele früher zu erreichen, Erfahrungen zu sammeln und diese in die On-Premise-Lösung einfließen zu lassen.

6.6 Größenordnung

Die leichte Skalierbarkeit von Cloud-Systemen ermöglicht es, wie bereits erwähnt, das System schnell weiteren Anwendern zur Verfügung zu stellen bzw. weitere Ressourcen hinzuzuschalten, ohne sich weitere Gedanken über Performance und Lastverhalten zu machen. Auch im Falle einer gewählten Einführungsstrategie, bei der einzelne Bereiche *step by step* hinzugeschaltet werden müssen, muss nicht bereits zum Start des Projektes das System überdimensioniert zur Verfügung stehen.

HINWEIS: Gerade für Startups ist die Möglichkeit, ihre Systeme in die Cloud auszulagern, sehr interessant. Man startet mit einem kleinen System und erweitert dann, je nach Erfolg und Wachstum die notwendigen Ressourcen. So hat man einen sehr guten Überblick über die laufenden Kosten und kann das eingesparte Geld für die Entwicklung des Produktes nutzen.

PRAXISTIPP: Als Startup-Unternehmen, bei dem die Mitarbeiter auch miteinander Dokumente austauschen und über Systeme kommunizieren sollen, brauche ich zum Beispiel

- ein E-Mail-System
- Office-Anwendungen (Textverarbeitung, Tabellenkalkulation, Präsentationssoftware)
- eine zugriffsgeschützte Dokumentenablage
- eine Internetseite

Ich kann all diese Anwendungen selbst auf einen Server im Büro (vielleicht auch einem veralteten Rechner) installieren und diesen in einen gekühlten Serverraum (oder auch unterm Schreibtisch oder in der Ecke der Küche) aufstellen. Ich benötige aber immer jemanden, der sich darum kümmert, und dies kann, je nach Mitarbeiterzahl, viel Aufwand bedeuten. Gerade wenn IT-Systeme nicht mehr Kerngeschäft sind, kann ich auf Cloud-Anwendungen zurückgreifen und die Energie auf den Aufbau des Startups konzentrieren.

■ 6.7 Unternehmensumfeld

Welchen Anteil hat das System am Unternehmenserfolg? Ist das gewählte System eine Applikation, mit der einmal im Monat ein Newsletter an die Kunden gesendet werden soll? Oder handelt es sich um eine Anwendung, die täglich von allen Mitarbeitern im Vertrieb zur Erstellung und Bearbeitung von Angeboten genutzt wird? So unterschiedlich der Anteil am Unternehmenserfolg und in der Nutzung des Systems sein kann, so zeigen sich auch für diese beiden Szenarien die Vorteile beim Einsatz von Cloud-Technologien.

So kann man auch im Falle der geringen Nutzung trotzdem auf professionelle Software zurückgreifen, ohne die Anfangsinvestition für Hard- und Software sowie die laufenden Betrieb- und Wartungskosten tragen zu müssen.

Bei der täglichen, starken Nutzung des Systems hingegen zahlen sich die Hochverfügbarkeit und die hohe Performance aus. Zudem lässt sich das System schnell skalieren.

 HINWEIS: Die großen Cloud-Anbieter sind amerikanische oder international agierende Unternehmen, die ihre Software auch international gestaltet haben. Leider nehmen sie die Anforderungen von Anwendern außerhalb der Vereinigten Staaten nicht immer für so wichtig, da der amerikanische Markt den Löwenanteil ihres Geschäftes ausmacht. Sie verfügen aber zum Beispiel über

- mehrsprachige Oberflächen (leider nicht immer)
- Rechenzentren an unterschiedlichen Standorten (teilweise weltweit verteilt)
- Support 24 h
- keine Feiertage

■ 6.8 Betrieb und Wartung

Wenn Sie ein „echtes" Cloud-System einsetzen, profitieren Sie im Gegensatz zu der „falschen" Version beim Application Service Providing (ASP) oder zu On-Premise-Lösungen, davon, dass:

- Betrieb und Wartung von Dienstleister übernommen werden,
- Servicepacks, Updates und Bugfixes vom Hersteller eingespielt werden,
- die Software regelmäßig um neue Features aktualisiert wird,

ohne dass Sie dafür extra bezahlen müssen.

Sie verfügen dadurch immer über ein aktuelles System.

Für die Cloud spricht also zum einen, dass Sie keine Ressourcen für den Betrieb und die Wartung des Systems einplanen müssen. Sie müssen aber Ressourcen einplanen, vor dem Rollout eines neuen Releases die entsprechenden Release-Notes bewerten und entsprechende Maßnahmen ableiten, wenn es grundlegende Veränderungen gibt.

Zum anderen spricht für die Cloud, dass das System auch von den Funktionen regelmäßig erweitert wird und dies nicht über neue Lizenzen (bei On-Premise) berechnet wird, wobei dabei auch wieder Wartungskosten anfallen. Die Erweiterungen sind im Normalfall in den vorhandenen Lizenzen enthalten. Sicherlich gibt es den einen oder anderen Service, der nach Erscheinen als Erweiterung dazu gekauft werden kann.

■ 6.9 Performance

Welche Performance-Anforderungen haben Sie und welche Reaktionszeiten sind für Sie zwingend notwendig? Wir haben bereits darauf hingewiesen, dass bei zeitkritischen Prozessen, die feste Reaktionszeiten erfordern, der Einsatz von Cloud Computing (im Speziellen SaaS) geprüft werden muss. Wie sieht es also mit der Performance aus?

Die Anbieter haben ein eigenes Interesse daran, dass ihre Anwendung schnell zur Verfügung steht. Die übertragenen Daten werden auf ein Minimum reduziert, und der Zugriff, auch international, wird mit Caching-Spezialisten wie Akamai optimiert. Dadurch ist es möglich, auch mit einem Breitbandinternetanschluss bereits mit mehreren Kollegen auf die Systeme zuzugreifen oder Daten auszutauschen. Da die Daten aber über das Internet ausgetauscht werden und damit eine weitere Komponente neben dem eigentlichen Firmennetzwerk zum Einsatz kommt und somit auch ausfallen kann, ist zu prüfen, inwieweit das Arbeiten auch ohne Internet, z.B. aufgrund eines Ausfalls, möglich sein muss.

■ 6.10 Usability

Die Akzeptanz bei der Einführung eines Software-Systems hängt stark von der Akzeptanz des Systems bei den Benutzern ab. So kann die Datenqualität im Laufe der Zeit in einem CRM-System schlechter werden, weil die Benutzer das System durch komplizierte oder auch ungewohnte Bedienung ablehnen und die nicht alle erforderlichen Daten erfassen.

Cloud-Systeme sind im Gegensatz zu On-Premise-Systemen alle webbasiert. On-Premise-Systeme hängen stark vom Graphical User Interface der Programmiersprache oder Betriebssystems.

HINWEIS: Marc Benioff, Gründer und CEO des Cloud-Pioniers salesforce.com, startete die Entwicklung der CRM-Software mit der Fragestellung: „Warum ist nicht jede Business-Software so einfach wie Amazon?" Heute sind die Internetanwender eher auf Seiten wie Facebook.com oder Twitter zu finden, und somit wird die Bedienung von Salesforce.com auch unter der Fragestellung „Warum ist nicht jede Software so einfach wie Facebook?" weiterentwickelt.

Die Eintrittshürde ist also bei Cloud-Applikationen sehr gering, und es stellt sich ein schneller Lernerfolg ein. Durch das neue System und die neue Art der Technik wird bei vielen Mitarbeitern die Neugier geweckt, was ein wichtiger Faktor für den Lerneffekt ist und für die Akzeptanz sowie die Qualität der Umsetzung Ihrer Unternehmensprozesse und Ideen sorgt.

■ 6.11 Zusammenfassung

Es gibt eine Vielzahl von Gründen für die Wahl und den Einsatz von Cloud-Software. Wenn die Ängste und Sorgen einem Unternehmen genommen werden können, können Systeme aus der Cloud ihre Stärken

- Skalierbarkeit,
- Pay-per-use und
- sofortige Verfügbarkeit der Services

für das Business voll ausspielen und die gewonnene Zeit für die Prozessmodellierung genutzt werden bzw. als Time-to-Market direkt zum Unternehmenserfolg beitragen.

7 Hersteller und Anbieter

Ausgelöst durch das enorme Aufkommen von Anwendungen in der Cloud entstand in diesem Fahrwasser eine ganze Industrie von Service-Providern. Die angebotenen Services reichen vom Bereitstellen des Speicherplatzes über die Nutzung von Rechenleistung bis hin zu der Möglichkeit, Software-as-a-Service-Anwendungen (SaaS-Anwendungen) zu betreiben.

In diesem Kapitel wollen wir eine kleine Auswahl dieser Hersteller und Anbieter sowie deren Services vorstellen. Dabei geht es uns ganz bewusst nicht um Vollständigkeit. Betrachten Sie die vorgestellten Lösungen einerseits als konkrete Vorschläge (viele davon können wir Ihnen machen, weil wir die Technologien selbst schon eingesetzt haben) und andererseits als Ideensammlung, was alles möglich ist.

■ 7.1 SaaS-Anbieter

Anbieter von Software-as-a-Service-Lösungen bewegen sich ein wenig zwischen der Welt der Basisdienste sowie den Plattformanbietern. Während Erstere lediglich Dienste anbieten, welche für sich allein genommen eher wenig Sinn im Einsatz machen, sind Letztere auf der Ebene der Infrastruktur angesiedelt.

Software-as-a-Service-Anbieter nutzen Basisdienste und Infrastruktur, um dem potenziellen Anwender eine (Software-)Lösung zur Verfügung zu stellen. Dabei kann die Lösung jedoch selbst wieder in anderen Lösungen genutzt und spezialisiert werden. Ein Beispiel hierfür ist die Customer Relationship Management (CRM) Anwendung von salesforce.com. Für sich genommen stellt es ein leistungsfähiges CRM dar, welches aber durch den Kunden hochgradig spezialisiert oder ergänzt und so zu einer eigenständigen neuen Anwendung umgebaut werden kann. Die SaaS-Lösung wird somit selbst zum Service für eine weitere Lösung.

Mittlerweile existiert eine fast unüberschaubare Menge an Software-as-a-Service-Lösungen. Einige davon sind in Kapitel 8 zu finden.

■ 7.2 Anbieter von Cloud-Services (Basisdienste)

Cloud-Services-Provider sind aus unserer Sicht Anbieter und Hersteller von ganz speziellen Diensten für Entwickler einer SaaS-Anwendung. In diesem Fall wird eine Lösung im World Wide Web betrieben, wir haben also zum Beispiel keinen lokalen Speicher, keine lokale Datenbank oder auch keine lokale Rechenkapazität. All dies und vieles mehr können wir entweder vom Betreiber der Plattform (der uns gegenüber dann wiederum als externer Dienstleister auftritt) oder von externen Dienstleistern dazu mieten. Bild 7.1 zeigt die technische Architektur einer solchen Anwendung. Hier sehen wir sowohl vom Plattformanbieter bereitgestellte Services (Sites) als auch zusätzlich Services (Computing, Speicher etc.), welche in die Plattform integriert worden sind.

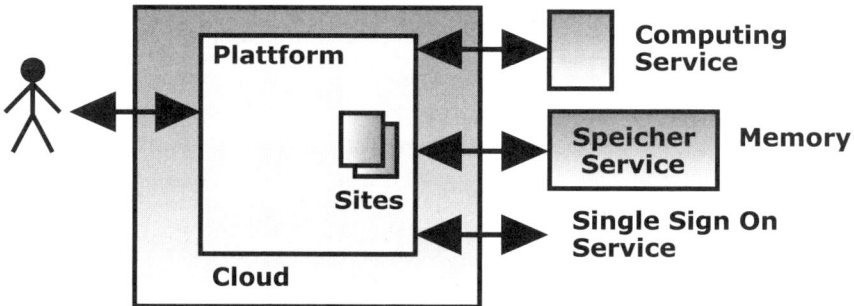

BILD 7.1 Technische Architektur einer SaaS-Anwendung und Services

Die technische Kopplung der Services mit der Plattform und damit auch untereinander wird in Kapitel 5 näher beschrieben.

7.2.1 Amazon Web Services

Ein gutes Beispiel für einen Anbieter von Services für die Cloud ist Amazon. Dort finden wir unter den Amazon Web Services [AWS01] sehr viele Dinge, die für die Entwicklung von SaaS-Anwendungen benötigt werden.

7.2.1.1 Überblick

Die Angebote und ihre Anzahl verändern sich ständig, daher können wir hier nur eine Momentaufnahme darstellen. Wir haben uns einmal die im Februar 2011 existierenden Angebote angeschaut. In Bild 7.2 sehen Sie einen Screenshot der Webseite mit allen zu diesem Zeitpunkt zur Verfügung stehenden Services.

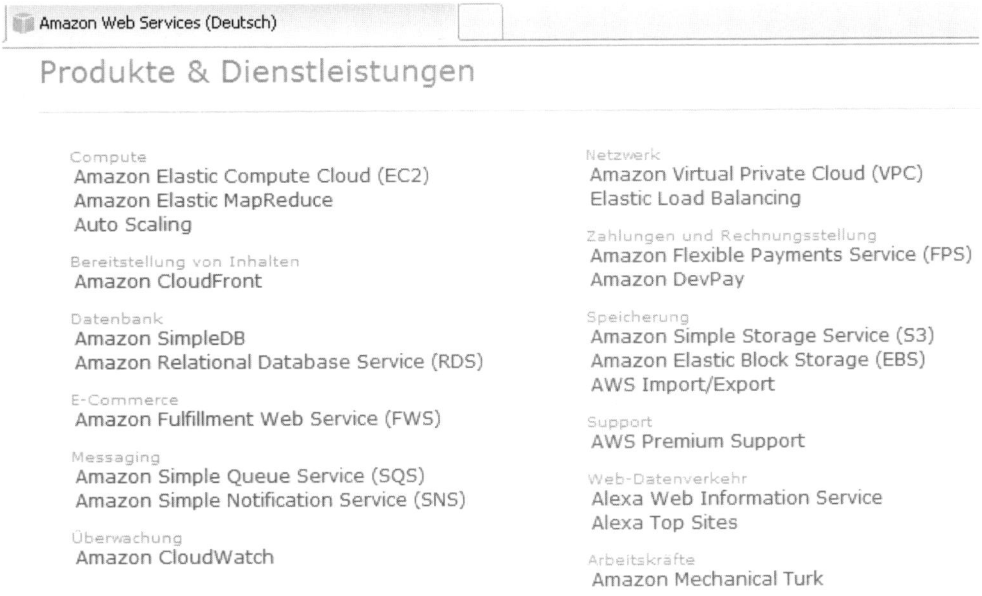

Amazon Web Services (Deutsch)

Produkte & Dienstleistungen

Compute
Amazon Elastic Compute Cloud (EC2)
Amazon Elastic MapReduce
Auto Scaling

Bereitstellung von Inhalten
Amazon CloudFront

Datenbank
Amazon SimpleDB
Amazon Relational Database Service (RDS)

E-Commerce
Amazon Fulfillment Web Service (FWS)

Messaging
Amazon Simple Queue Service (SQS)
Amazon Simple Notification Service (SNS)

Überwachung
Amazon CloudWatch

Netzwerk
Amazon Virtual Private Cloud (VPC)
Elastic Load Balancing

Zahlungen und Rechnungsstellung
Amazon Flexible Payments Service (FPS)
Amazon DevPay

Speicherung
Amazon Simple Storage Service (S3)
Amazon Elastic Block Storage (EBS)
AWS Import/Export

Support
AWS Premium Support

Web-Datenverkehr
Alexa Web Information Service
Alexa Top Sites

Arbeitskräfte
Amazon Mechanical Turk

BILD 7.2 Beispiele aus dem Angebot der Amazon Web Services

Aufgrund der Vielzahl der Services möchten wir an dieser Stelle nur einen kurzen Überblick geben und im Anschluss zwei davon beispielhaft näher erläutern. Zunächst also der Überblick. Die folgenden Kategorien von Services stehen zur Verfügung (Stand Februar 2011):

- Berechnung, Rechenzeit
  Im Rahmen dieser Services wird die Rechenzeit zur Bewältigung von Aufgaben gesteuert und überwacht. So können rechenintensive Anwendungen mehr Leistung erhalten oder Sie können ein optimales Preis-/Leistungsverhältnis für Ihre Anwendung aufbauen, indem Sie nur die Rechenzeit kaufen, welche auch tatsächlich benötigt wird.

- Inhalte, Sites
  Hiermit werden statische oder Streaming-Inhalte dargestellt.

- Datenbank
  Diese Kategorie beschreibt Services zum Aufbau und zur Nutzung einer Datenbankinstanz.

- E-Commerce
  Dieser Service erlaubt die Kommunikation mit dem Amazon E-Commerce-Kernsystem.

- Messaging, Nachrichtenverarbeitung
  Hierunter sind Services gruppiert, welche die Verteilung, das Senden oder Empfangen von nahezu beliebigen Nachrichten ermöglichen.

- Audits, Überwachung
  Jede Cloud-Infrastruktur muss hinsichtlich ihrer benötigten Ressourcen wie Rechenzeit, Speicher oder Datenzugriffe beobachtet werden. Die Services dieser Kategorie ermöglichen es uns, diese Aufgaben wahrzunehmen.

- Netzwerke
  Nicht alle Unternehmensdaten liegen in der Cloud oder sollen dort abgelegt werden. Die Kategorie der Netzwerk-Services kümmert sich um den Aufbau von Unternehmens-VPCs (Virtual Private Clouds) als auch um die Verteilung von ankommenden Anfragen über mehrere virtuelle Rechnerinstanzen (Load Balancing).

- Bezahlung und Rechnungen
  Hier sind Services für die Bezahlung, Abrechnung und Rechnungsstellung in der Cloud versammelt. Dazu gehört zum Beispiel auch die Bezahlung mittels einer Kreditkarte.

- Speicherung von Artefakten und Dokumenten
  In dieser Kategorie von Services finden wir Möglichkeiten zum Speichern von Dokumenten und nichtstrukturierten Inhalten. Dazu gehören zum Beispiel Rechnungen (PDF), Bilder oder Dokumente.

- Support für Amazon Web Services
  Im eigentlichen Sinne ist dies natürlich kein Service, den wir für unsere eigenen Anwendungen nutzen können. Hierunter wird vielmehr der technische Support für uns als Entwickler verstanden.

- Datenverkehr, Informationen über das Verlinken von Seiten im Netz
  Mithilfe dieser Services können wir mehr über den Datenverkehr im Netz erfahren. Dazu zählt zum Beispiel: Wer besucht welche Seite wie oft? Auf der anderen Seite erhalten wir Auskunft über das Verlinken von Seiten (also wer verlinkt was auf meine Seite?).

- Integration von menschlicher Interaktion
  Eine interessante neue Kategorie von Services stellt die Integration von menschlicher Interaktion dar. Wenn zum Beispiel eine Aktion (Adressprüfung, Bewertung einer Bestellung auf Raten etc.) nicht automatisch möglich ist, kann dies an einen Menschen zur Prüfung weitergeleitet werden.

Da es den Rahmen dieses Buches sprengen würde, jeden einzelnen Service im Detail zu beschreiben, haben wir uns dazu entschieden, lediglich zwei der Amazon Web Services exemplarisch etwas näher zu erläutern. Viele weitergehende Informationen zu Einsatzgebieten und Nutzung der restlichen Services sind unter [AWS01] zu finden.

7.2.1.2 Amazon Simple Storage Service (S3)

Der Amazon Simple Storage Service (Amazon S3) [AWS02] stellt einen Datenspeicher im Internet dar. Es lässt sich jedes beliebige Dokument bis zu 5 Terabyte darin abspeichern. Der Anwender muss sich dazu lediglich einen für sich eindeutigen Schlüssel zum Speichern und Finden des Dokumentes überlegen. Bild 7.3 zeigt exemplarisch das Prinzip von Amazon S3.

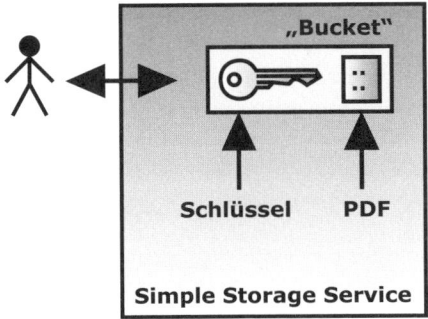

BILD 7.3 Prinzip der Speicherung von Daten mittels Amazon S3

Sehr interessant ist die Funktionalität, dass sich bestimmen lässt, wo die Daten gespeichert werden sollen. So können Sie überlegen, ob Ihre Daten in Europa oder Nordamerika oder ... gespeichert werden. Laut Amazon ist Amazon S3 ist derzeit in den Regionen US Standard, US West (Northern California), EU (Irland), und Asien Pazifik (Singapur) verfügbar. In einer bestimmten Region gespeicherte Daten können nur von Ihnen in eine andere Region übertragen werden. So verbleiben in der Region EU gespeicherte Daten in jedem Fall in der EU. Natürlich sind auch alle derzeitig akzeptierten Maßnahmen zum Datenschutz vorhanden. So können Daten als privat oder öffentlich kennzeichnet werden. Auch können Rechte für bestimmte Benutzer zugewiesen werden.

Die Kommunikation mit Amazon S3 erfolgt über die Webservice-Schnittstelle. Dabei werden sowohl das REST- als auch das SOAP-Protokoll unterstützt.

7.2.1.3 Amazon Elastic Cloud Computing (EC2)

Amazon EC2 stellt eine virtuelle Rechenumgebung dar [AWS03]. In dieser Umgebung können Sie Instanzen von verschiedenen Betriebssystemen konfigurieren, starten und verwenden. In eine solche Instanz können Sie ebenfalls Ihre angepasste Arbeitsumgebung laden sowie Zugangsberechtigungen für Ihr Netzwerk vergeben. Einen technischen Überblick über Amazon Elastic Cloud finden Sie in Bild 7.4.

Eine solche konfigurierte Instanz kann dann beliebig dupliziert und dynamisch an neue Erfordernisse angepasst werden. Zusätzlich erhalten Sie die volle Kontrolle über Ihre Instanz. Schon heute stehen die verschiedensten Betriebssysteme, Datenbanken, Anwendungsserver und Entwicklungsumgebungen auf einer solchen Betriebssysteminstanz zur Verfügung.

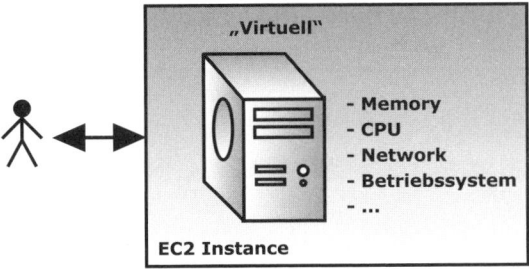

BILD 7.4 Prinzip von Amazon EC2

Eine unter der Verwaltung von Amazon EC2 stehende Instanz eines Betriebssystems lässt sich während der Ausführung dynamisch an neue Erfordernisse anpassen. So kann die Kapazität (zum Beispiel Rechenzeit und Speicher) einer jeden Instanz in Minuten dynamisch angepasst werden. Ebenso wie der Amazon Simple Storage Service lassen sich Regionen für die Ausführung festlegen.

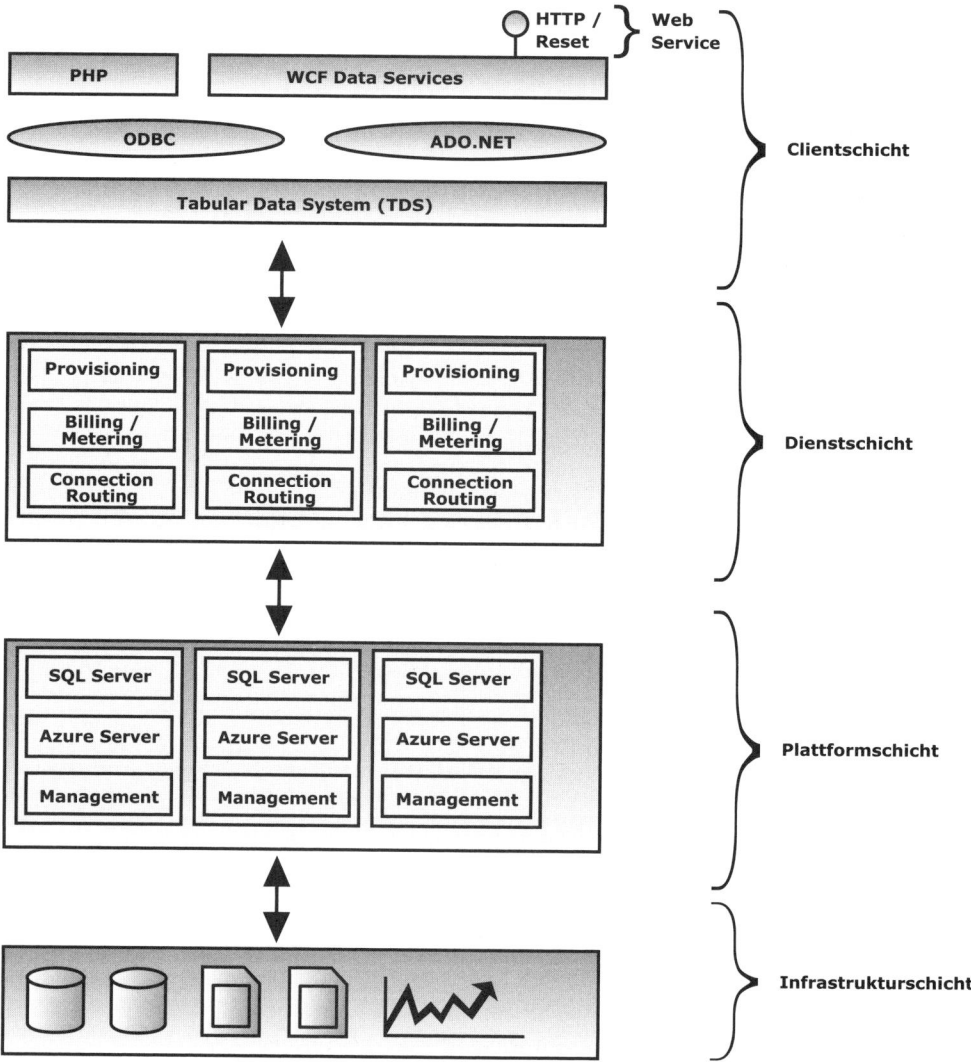

BILD 7.5 SQL Azure im Überblick

7.2.2 Microsoft SQL Azure

Hinter SQL Azure verbergen sich alle Dienste für die Azure-Plattform, welche einen Bezug zu einem relationalen Datenbank-Management-System haben. Wenn wir lediglich von der Datenbank sprechen, verbirgt diese sich hinter dem Begriff *SQL Azure Database*. Im Prinzip können Sie sich SQL Azure wie eine Erweiterung des SQL Servers ins Internet vorstellen.

Im Gegensatz zum Ansatz, nur den Zugriff über Webservices zu erlauben, lässt sich auf SQL Azure mit vielen client-seitigen Technologien zugreifen. Dazu zählen ADO.NET, ODBC, JDBC und vieles mehr. Das macht die Datenbank nicht nur in einer reinen Plattformanwendung nutzbar. So kann man den Datenspeicher auch für die vielfältigsten Stand-alone-Anwendungen nutzen. Bild 7.5 zeigt einen Überblick über die Architektur von SQL Azure (angelehnt an [MS03]). Deutlich ist erkennbar, dass es sich hier um einen Service in der Cloud handelt, der für jegliche Form von Anwendung und Anwendungsarchitektur offen ist.

Die einzelnen Schichten haben dabei die folgende Bedeutung:

- Client-Schicht
  Mithilfe der Client-Schicht kann die Verbindung aus der Anwendung zu SQL Azure hergestellt werden. Da SQL Azure dieselben Mechanismen wie der SQL Server nutzt, kann mit einer Vielzahl von Client-Systemen und Werkzeugen darauf zugegriffen werden.

- Dienstschicht
  Die Dienstschicht stellt der Client-Schicht eine Menge von höherwertigen Diensten (Abrechnung, Überwachung etc.), auf Basis der Plattformschicht zur Verfügung. Gleichzeitig wird in dieser Schicht der Multi Tenant-Support für einen realen Software-as-a-Service ermöglicht.

- Plattformschicht
  Die Plattformschicht stellt die physischen Ressourcen zur Verfügung. Das beinhaltet zum Beispiel eine Menge von realen SQL-Server-Instanzen, Systeme zum Verteilen von Rechenkapazität, Speicher und Netzwerkressourcen (SQL Azure Fabric) sowie Management und Monitoring der laufenden SQL-Azure-Instanz.

- Infrastrukturschicht
  Diese Schicht stellt die reale, physische Hard- und Software dar.

7.2.3 Database.com

Database.com [DCOM] aus dem Hause salesforce.com ist ein Vertreter der relationalen Netzwerkdatenbanken. Auch hier kann der Entwickler über verschiedenste APIs auf Tabellen mit darin liegenden Daten zugreifen. Als Möglichkeiten für den Zugriff stehen sprachabhängige Bestandteile (C#, Java, PHP etc.) oder auch sprachunabhängige Bestandteile auf Basis der Webservice-Technologien zur Verfügung. Die Abfragesprache SQL wird in der aktuellen Version (Februar 2011) jedoch nicht unterstützt.

Zusätzlich zur relationalen Datenbank stehen ein Speicherbereich für Dateien und Social-APIs zur Verfügung. Letzteres ist ein interessantes Feature und bedeutet zum Beispiel, dass Sie vorgefertigte Strukturen für RSS-Feeds und Diskussionen vorfinden. Auch können Sie sich für die Benachrichtigung bei Veränderungen an Datenbank-Records anmelden und so auf dem neuesten Stand bleiben.

7.2.4 Remedyforce

Remedyforce [REMEDY] ist eine Infrastrukturkomponente für das IT Service Management mit sehr guter Unterstützung für den Service Desk. Remedyforce ist das Ergebnis der Zusammenarbeit des Cloud-Spezialisten salesforce.com und BMC, wobei die grundlegende Software auf den Entwicklungen vom BMC basiert. Konsequent wurde und wird diese Infrastrukturkomponente für die Cloud optimiert.

Remedyforce kennzeichnet sich vor allem durch die folgenden Eigenschaften aus (Februar 2011):

- Echtzeit-Zusammenarbeit im Team
  Mittels salesforce.com Chatter ist die Zusammenarbeit im Team in Echtzeit möglich. Nachrichten, Anhänge und weitere Informationen können einem vorbestimmten Nutzerkreis zur Verfügung gestellt werden.

- Vollständig integriert in salesforce.com und Force.com
  Das von BMC optimierte IT Service Management inklusive der Bestandteile Service Desk, Change-, Wissens- und Problem-Management sind vollständig in die bestehende Infrastruktur integriert. Damit lassen sich solche Projekte sehr schnell weltweit einführen.

- Zugriff und Reports
  Der Zugriff auf das System sowie das Erstellen von Reports sind von jedem Standort aus möglich. Das beinhaltet auch mobile Endgeräte.

Bild 7.6 zeigt als Beispiel den Service Desk von Remedyforce.

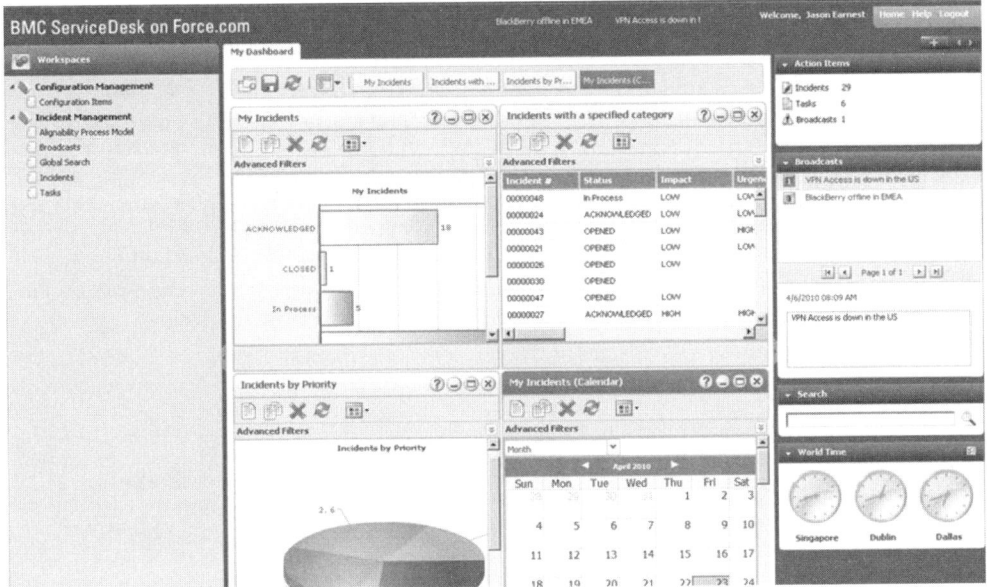

BILD 7.6 Remedyforce auf der Plattform Force.com

■ 7.3 PaaS-Anbieter

7.3.1 Der architektonische Hintergrund

Die Wortgruppe Platform-as-a-Service (PaaS) und Software-as-a-Service (SaaS) klingt zugegebenermaßen erst einmal sehr interessant, wird doch die Art und Weise, wie die Hersteller Software bereitstellen, und das Selbstverständnis, mit dem Anwender Software über das Internet nutzen, neu definiert. In den vergangenen Monaten wurden diese Konzepte auf Konferenzen und auch in unserer Firma kontrovers diskutiert und das Für und Wider besprochen. Zeit also, dem Ganzen einmal von technischer Seite her auf den Grund zu gehen. Bei aller Freude über die Technik müssen und werden wir jedoch auch wirtschaftliche Faktoren berücksichtigen. Um alle Begriffe in den richtigen Zusammenhang zu bringen und gleichzeitig zu definieren, wollen wir uns diese im Anschluss anschauen und hinterlegen. Dabei spielt die Begriffswelt hinter Software-as-a-Service sicherlich eine besondere Rolle, stellt es doch die für den Anwender sichtbaren Teile der Plattform dar. Während PaaS hauptsächlich für Entwickler interessant ist, welche SaaS-Anwendungen entwerfen, sind SaaS-Anwendungen derjenige Teil, welcher vom Benutzer genutzt und somit wahrgenommen wird.

7.3.1.1 Software-as-a-Service aus architektonischer Sicht

Das Prinzip hinter Software-as-a-Service lässt sich eigentlich sehr einfach erklären. Anstatt alles selbst in Auftrag zu geben, Software zu kaufen oder zu entwickeln, wird das Angebot eines Dienstleisters in Anspruch genommen. Dieser Dienstleister stellt uns die gewünschte Funktionalität als Service zur Verfügung. Wenn wir uns die Force.com-Platform ([SFDC02]) noch einmal ansehen, handelt es sich zum Beispiel um ein komplettes Customer Relationship Management (CRM) [SFDC01]. An dieser Stelle hatten wir schon die erste Frage: Was ist eigentlich das Besondere daran – solche Anwendungen gibt es im Web doch schon einige Zeit, oder? Eine Antwort darauf verlangt den ersten tieferen Blick in die grundlegende Architektur eines solchen Systems (Bild 7.7).

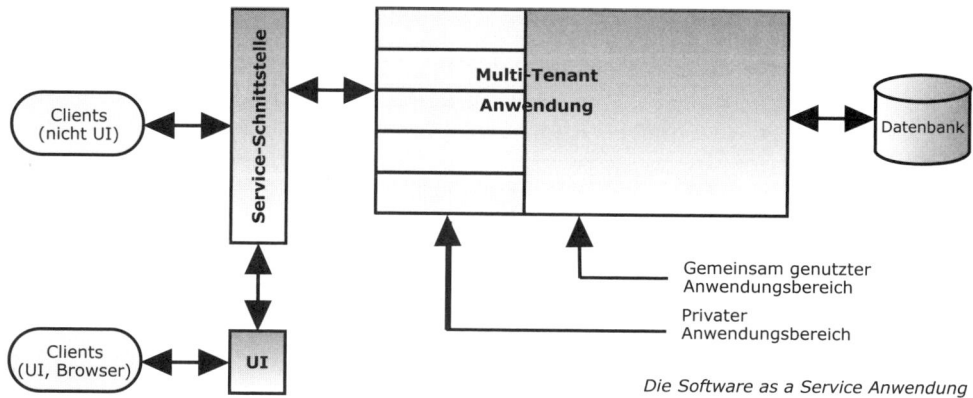

Die Software as a Service Anwendung

BILD 7.7 Grundlegende Architektur einer SaaS-Anwendung

Aus Bild 7.7 ist sehr gut sichtbar, dass viele der benötigten Ressourcen hinter der Anwendung auf verschiedene Nutzer aufgeteilt sind. Dieses Prinzip wird auch als Multi Tenancy-Architektur bezeichnet. Im Gegensatz zu klassischen Anwendungen und auch dem Application Service Providing (ASP) teilen sich die Anwender die zur Verfügung stehenden Hard- und Softwareressourcen. Der Unterschied lässt sich am Beispiel einer Siedlung mit Einfamilienhäusern im Gegensatz zu einem Mehrfamilienhaus erklären. In Letzterem haben alle Parteien ihre private Wohnung, beteiligen sich jedoch anteilig an den Kosten für das Dach, die Müllabfuhr etc.

Die Vorteile einer SaaS-Architektur sind leicht ersichtlich. Der Betreiber der Softwarelösung ist verantwortlich für das Funktionieren im Allgemeinen, für Updates und auch für die Sicherheit oder Verfügbarkeit der Daten. So wird der Anwender wird von fast allen administrativen und technischen Aufgaben entlastet. Nicholas Carr verglich dieses Prinzip einmal mit der Bereitstellung von Strom [CARR01]: Wenn Sie heute ein elektrisches Gerät betreiben, stecken Sie einfach den Stecker in die Steckdose und kümmern sich auch nicht mehr darum, wie der Strom eigentlich entsteht, zu Ihnen gelangt oder was zum Betrieb für Anlagen notwendig ist. Mit dieser Idee als Grundlage lässt sich eine Menge von Anforderungen an moderne Enterprise-Softwaresysteme abdecken:

- Verfügbarkeit

  Im Bereich der Enterprise-Software, also Systemen, bei denen die ständige Funktion und Erreichbarkeit garantiert werden muss, genießt der Gesichtspunkt Verfügbarkeit hohe Priorität. Der Zugriff auf Kunden- und Vertriebsdaten muss zum Beispiel von fast jeder Stelle der Welt jederzeit gewährleistet werden. Die Mieter einer SaaS-Lösung teilen sich diese Infrastrukturkomponente und haben somit wesentliche Vorteile, da nicht für jeden Mieter ein eigener Rechner, Speicherplatz o.Ä. zur Verfügung gestellt werden muss.

- Skalierbarkeit

  Mit der Größe des Unternehmens wächst auch der Anspruch an die Skalierbarkeit. So muss jederzeit eine entsprechende Reaktionsgeschwindigkeit des Systems eingefordert werden. Der Anbieter einer SaaS-Lösung verfügt über die entsprechenden Systeme und kann diese Last flexibel an einzelne Kunden weitergeben.

- Energieeffizientes Arbeiten („Green Computing")

  Werden Teile der Software nicht benötigt (zum Beispiel während der Nachtstunden), sind diese weiterhin aktiv. Zumindest die Hardware läuft, teilweise im Energiesparmodus, auf jeden Fall weiter. Ähnlich wie bei Skalierbarkeit kann in einer SaaS-Lösung die Kapazität dynamisch an die einzelnen SaaS-Nutzer angepasst werden. Während auf der einen Seite der Welt Feierabend ist, kann die andere Seite die Ressourcen nutzen. Eine optimale Auslastung und Energieeffizienz ist das Resultat.

- Sicherheit

  Sicherheit spielt in Unternehmen eine zentrale Rolle. Durch den Aufbau von Systemen als SaaS wird auch die Sicherheit vereinheitlicht, und die Daten sind optimal geschützt. Zudem können nationale und internationale Standards und Normen berücksichtigt werden. Auch hier wirkt sich wieder die Architektur der Multi Tenancy aus: Für gemeinschaftlich genutzte Teile muss im übertragenen Sinne auch nur anteilig gezahlt werden.

- Ausfallsicherheit

  Durch die Zentralisierung der Ressourcen in großen Rechenzentren sind auch die Schutzmaßnahmen vor Ausfall leichter gegeben. Das bedeutet, es muss somit nicht für jeden Benutzer ein eigener Bereich aufgebaut werden.

- Schnittstellen und Maintenance

  Software-as-a-Service stellt wegen ihrer vielfältigen Anwender besonders hohe Anforderungen an die Schnittstellen des Systems. So ist es nicht weiter verwunderlich, dass nahezu alle Lösungen über eine Dienstschnittstelle auf Basis der Webservices-Technologie verfügen. Von Natur aus sind SaaS-Systeme sehr kompatibel zum Rest der Welt.

- Updates und Maintenance

  Anwender einer SaaS-Lösung installieren keine Software und keine Clients auf dem Rechner. Der Anwenderzugang geschieht über den Browser, alle nutzen die gleiche installierte Softwarebasis auf Anbieterseite. Eine Wartung geschieht demnach durch Austausch oder Erneuerung der Software auf Seiten des Anbieters. Der Nutzer wird davon lediglich durch eine erweiterte Funktionalität oder eine Information etwas mitbekommen. Für alle Anwender wird die Erweiterung oder Neuerung zeitgleich zur Verfügung stehen.

Die beschriebenen Lösungen, die für die Anforderungen zur Verfügung stehen, zeigen klar die Vorteile von SaaS-Lösung auf. Wir wollen jedoch einmal einige Punkte herausgreifen, welche in der Diskussion eine besondere Rolle spielen. Diese verdeutlichen besondere Aspekte der SaaS-Architektur und deren Umsetzung.

7.3.1.2 Updates und Maintenance

Ein wichtiger und interessanter Punkt ist die Lebenszeit der SaaS-Systeme. Mit den Erfahrungen aus den letzten Jahren können wir mit gutem Recht von einer sehr langen Lebenszeit ausgehen. Anwender der CRM Software auf der Force.com-Platform werden uns zudem bescheinigen, dass sie trotz über ein Dutzend Updates in der Vergangenheit (inzwischen über 5 Jahre) keine Probleme, ja meistens nicht einmal das Update und die Wartung selbst gespürt haben. Das ist ein deutlicher und sehr angenehmer Unterschied im Vergleich zu vielen Desktop-Software und Selfmade-Enterprise-Systemen, wo Updates und Wartung meist viel Mühe machen und Probleme verursachen.

Betrachtet man sich jedoch den Unterbau unter SaaS-Systemen und die Plattformen genauer, fällt der entscheidende Unterschied auf: Dienste und eine strikte Versionierung derselben. Bild 7.8 verdeutlicht das Prinzip.

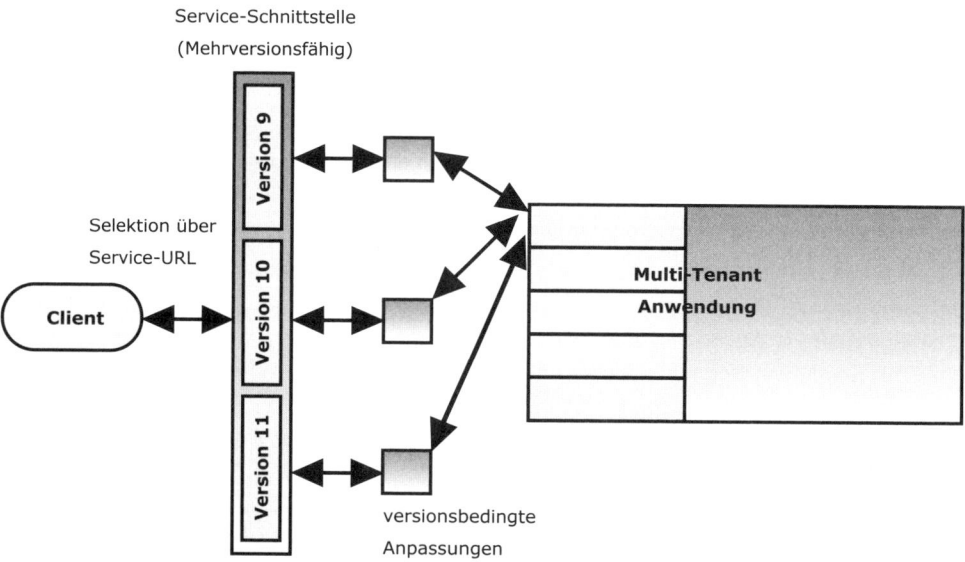

BILD 7.8 Schnittstellen und Nutzung

Wenn genau festgelegt wurde, wie die zugrunde liegenden Dienste versioniert sind, müssen wir uns eigentlich nur noch anschauen, wie Benutzeroberfläche oder Fremdsysteme mit einem Versionswechsel oder verschiedenen Versionen umgehen. Im Fall der integrierten Benutzeroberfläche ist das kein Problem, sie wird einfach gleichzeitig mit dem Update der Dienste ausgetauscht. Fremdsysteme können durch die gewählte Versionierungsstrategie in der Architektur die Schnittstelle nutzen, für die sie entwickelt wurden. Damit bleiben zwar eventuelle Neuerungen unbeachtet, aber alles andere funktioniert ohne Probleme weiter.

7.3.1.3 Sicherheit

Für alle typischen deutschen Unternehmen – egal ob sie 10 oder 10.000 Mitarbeiter haben – ist die Frage der Sicherheit immer ein heiß diskutiertes Thema. Schließlich handelt es sich doch zum Beispiel bei der Force.com-Platform um eine Lösung, die in den USA betrieben wird und auch noch von vielen Hunderttausend anderen Anwendern genutzt wird. Was geschieht mit unseren Daten, wie werden sie gegen Zugriffe gesichert? Hierzu ist zu sagen, dass sich die Force.com-Betreiber wie auch alle anderen SaaS-Anbieter seit vielen Jahren mit diesem Thema beschäftigen und sich mit einer ganzen Truppe von Leuten um die Sicherheit ihrer Plattform kümmern. Hinzu kommt, dass im SLA eine sehr hohe Sicherheits- und Verfügbarkeitsgarantie gemacht wird. Das ist eine vertrauenswürdige Grundlage. Und im Grunde ist auch intern in einem Unternehmen nicht immer gesichert, dass es wirklich viel sicherer zugeht. Alles in allem konnten sich die Bedenken in den meisten Fällen durch die Vorteile der SaaS-Struktur zerstreuen lassen. Und der Erfolg der Plattform zeigt, wie die Sicherheitsbedenken zurückgehen.

7.3.1.4 Standardisierung über Plattformgrenzen hinaus

Im Umfeld der SaaS-Systeme gibt es derzeit noch keine erkennbaren Standardisierungsbemühungen. Daher wird die Migration einer Anwendung von Plattform A zu Plattform B zum Glücksspiel oder ist schlicht nicht möglich. Das ist vor allem den verwendeten Subsystemen und ihrer Programmierung geschuldet. Die von uns hier beispielsweise betrachtete Force.com-Plattform bietet für die Entwicklung dienstseitig den Apex Code und auf Seiten der Benutzeroberfläche die Programmiersprache Visual Force für die Entwicklung. Andere Plattformen nutzen hier Java Server Pages, Microsoft Silverlight oder die JavaScript-Technologie. Ein weiteres Problem ist die fehlende Standardisierung der Metadaten einer Anwendung, eines Dienstes oder des Objektmodells. Diese Metadaten lassen sich nicht zwischen verschiedenen Plattformen austauschen.

7.3.1.5 Für wen geeignet?

Natürlich fragt man sich auch, wer eine solche Architektur oder ein solches Nutzungsmodell verwenden wird. Sind dies nur Großunternehmen oder ergeben sich auch für Klein- und Kleinstunternehmen Vorteile? Letzteres lässt sich eindeutig mit Ja beantworten. Und hier liegt einer der großen Unterschiede zu bisherigen Architekturmodellen. Selbst ein Unternehmen mit nur einer Handvoll Mitarbeitern kann genauso Nutzen aus dem SaaS- und PaaS-Modell ziehen wie ein Großunternehmen oder weltweit agierender Konzern. Überwiegt bei Kleinunternehmen der Vorteil, sich nicht um die Infrastruktur kümmern zu müssen und trotzdem flexibel zu sein, so kommt bei international agierenden Konzernen häufig zusätzlich noch die Tatsache hinzu, dass sich niemand um einen Rollout an weltweit stationierte Benutzer oder Ähnliches wie bei Standardsoftware kümmern muss.

7.3.1.6 Vom Anwender zum Entwickler

Wenn man jetzt den Weg ein Stück weiter geht und den Gedanken verfolgt, dass es verschiedenste Anwendungen in der Familie der Business-Software gibt wie zum Beispiel CRM, die alle den gleichen Grundaufbau haben, dann kommt man zum Konzept der Platform-as-a-Service

(PaaS). Dabei werden der Kern einer Anwendung und die Architektur durch die Plattform vorgegeben. Derzeitig handelt es sich hierbei fast ausschließlich um Business-Software mit einer Datenbanklösung für die Daten.

Platform-as-a-Service ist dadurch gekennzeichnet, dass alle für das Bereitstellen und die Entwicklung einer SaaS-Lösung benötigten Bestandteile durch die Plattform angeboten werden. Das beinhaltet solche Dinge wie Rechenleistung, der Datenbankspeicher als auch Werkzeuge zur Entwicklung und zum Monitoring. Für den Anwendungsentwickler eher kompliziertere oder besser gesagt schwer lösbare Problemkreise wie die Skalierbarkeit unter Last, das Bereitstellen geeigneter Hardware oder auch die Ausfallsicherheit werden durch die Plattform bereitgestellt. Eine Idee haben, loslegen und das Ergebnis Millionen von potenziellen Nutzern vorstellen, scheint hier die Devise zu sein.

Von technischer Seite her interessant ist wiederum, dass die so erstellten SaaS-Systeme auf einem gemeinsamen Kern laufen. Somit können einmal erstellte Tabellen, Businessobjekte, Webservices, Anwendungsteile etc. von beliebigen anderen Anwendungen ebenfalls genutzt werden.

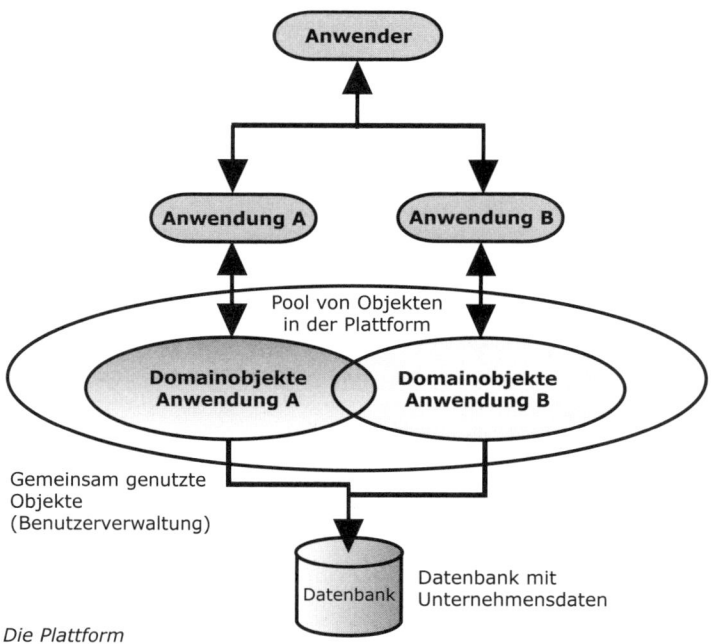

Die Plattform

BILD 7.9 Nachnutzung der Domainobjekte innerhalb einer Plattform

Eine Plattform enthält normalerweise die folgenden grundlegenden Elemente, die Sie natürlich für die Entwicklung eigener SaaS-Anwendungen einsetzen können:

- Datenbank
  Eine Datenbank bildet das Herzstück der Plattform. Hier werden alle Unternehmensdaten, die Metadaten sowie Daten zum Benutzer abgelegt. Die Datenbank wird meistens vor einer direkten Nutzung verborgen.

- Metadaten und metadaten-getriebene Entwicklung
  Metadaten stellen ein wichtiges Artefakt in der Plattform dar und entscheiden nicht selten über die Qualität derselben. Mit Metadaten werden sowohl Domainobjekte als auch die Anwendungen, Workflows und die Beziehungen zwischen den einzelnen Artefakten beschrieben, um nur einige Beispiele zu nennen. Die Metadaten werden während der Entwicklung von Artefakten für die Plattform angelegt und im Anschluss von der Laufzeitumgebung interpretiert, um eine Anwendung zu präsentieren.

- Basis-Dienste
  Die Plattform stellt eine Menge von Diensten bereit, die direkt in den für die Plattform entwickelten Anwendungen genutzt werden können. Solche Dienste können zum Beispiel Benutzersteuerung und Authentifizierung, aber auch Verzeichnis- und Dateidienste sein.

- Sprachen, Entwicklungsumgebung
  Eine Entwicklungsumgebung ist notwendig, um die Metadaten in der Plattform zu definieren und abzulegen. Spezielle Sprachen wie Apex Code von salesforce.com können dabei eine besondere Unterstützung des SaaS-Programmiermodells als integralen Bestandteil mitbringen.

- Multi Tenancy-Architektur
  Diese Plattformarchitektur kennzeichnet die Eigenschaft, dass alle Benutzer die gleiche physische Instanz und Version einer Anwendung nutzen. Alle Updates oder Erweiterungen werden gleichzeitig und automatisch an alle Benutzer verteilt. Ein Vorteil ergibt sich daraus, dass jegliche administrative Aufgaben beim Betreiber der Plattform liegen. Die Nutzung der gleichen physischen Instanz bedeutet jedoch nicht, dass alle Benutzer Zugriff auf alle Daten der anderen Benutzer haben. Hier erfolgt eine sichere und geschützte Trennung in verschiedene Datenbereiche.

Sind die technischen Grundlagen der Plattform vorhanden, werden dem Entwickler zusätzlich höherwertige Dienste zur Erstellung der SaaS-Anwendungen angeboten. Diese Dienste sind wiederum Teile des Cloud Computing. Die Force.com-Plattform definiert zum Beispiel ein komplettes Spektrum derselben: „User Interface as a Service", "Logic as a Service", "Integration as a Service", "Database as a Service", "Global, Trusted, Secure Infrastructure" und "Development as Service". Wie man merkt, ist das schon eine recht eindrucksvolle Palette.

7.3.1.7 Cloud Computing

Konsequent könnte man unter dem Begriff *Platform-as-a-Service* alles, was für die Entwicklung und den Betrieb von Anwendungen benötigt wird, als Service betrachten. Ressourcen werden bei Bedarf gemietet und dementsprechend auch bezahlt. Solche gemieteten Teile sind dann zum Beispiel Rechenleistung, Speicher, Datenbanken oder vordefinierte Services. Im Moment ist ein Trend erkennbar, dass etablierte Firmen ihre IT-Infrastruktur in Richtung der Cloud verschieben. Die enormen Erfolge der SaaS- und PaaS-Anbieter machen das sehr deutlich.

Natürlich sollte man auch die aktuellen Schwierigkeiten nicht aus den Augen verlieren. So sind in diesem Umfeld zurzeit noch keine überzeugenden Standardisierungsbemühungen zu erkennen. Die Migration einer Anwendung von Plattform A zu Plattform B wird damit zum

Glücksspiel. Das „gefühlte" Sicherheitsrisiko ist im Unterbewusstsein ebenfalls immer vorhanden (Wo liegen meine Daten? Wer hat darauf Zugriff?), obwohl die Anbieter gerade in diesem Bereich sehr viel Arbeit investiert haben. Nicht zuletzt muss natürlich eine 99,xx%ige Erreichbarkeit gewährleistet werden. Oder wollen Sie auf unternehmenskritische Daten verzichten? Die derzeit existierenden Plattformen und Anwender zeigen jedoch, dass in den meisten Teilen der Welt mit den besonderen Anforderungen aus dem Cloud Computing sehr gut umgegangen werden kann.

7.3.2 Microsoft Azure

Microsoft Windows Azure ist eine Plattform mit einem nahezu vollständigen Satz an Services für den Entwickler [MS01, SIR01]. Sie können sich das Ganze wie einen Windows-Client bzw. Windows-Server im Netz vorstellen. Genau genommen handelt es sich um Microsofts Betriebssystem für die Cloud. In Bild 7.10 sehen Sie den grundlegenden Aufbau von Azure (Stand Februar 2011).

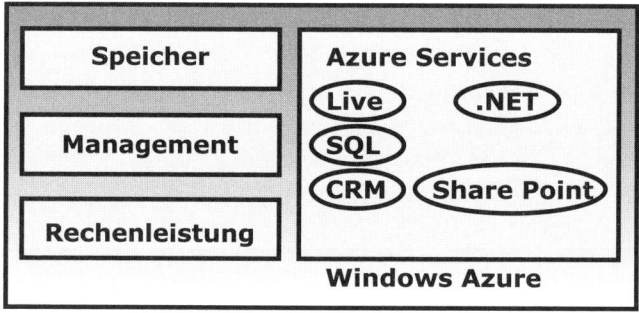

Windows Azure Platform

BILD 7.10 Die Plattform Windows Azure im Überblick

Innerhalb der Azure-Plattform können Sie sowohl .NET Managed Code als auch Unmanaged Code ausführen. Damit bleiben Sie bei beiden Varianten innerhalb der Microsoft-Welt und können vorhandenes Wissen weiter verwenden. Ein weiterer Vorteil besteht darin, dass die benötigten Entwicklungswerkzeuge für .NET-Anwendungen seit Jahren existieren und als ausgereifte Versionen zur Verfügung stehen.

Neben den grundlegenden Funktionalitäten einer Plattform steht eine Reihe von vorgefertigten Services zur sofortigen Nutzung bereit. Im Speziellen sind in der aktuellen Version folgende Services vorhanden:

▪ Live Services
Diese Services stellen Funktionalität zur Verarbeitung von Nutzer- oder gerätespezifischen Informationen bereit. Darunter können wir die folgenden Teilbereiche verstehen:

  ▪ Live ID: Authentifizierung- und Autorisierungsdaten von Anwendern

- Directory: Detaillierte Informationen zu Anwendern, personalisierte Anwendungslogik
- Live Messenger: Kommunikation der Anwender untereinander, Live Status eines Anwenders
- Live Search: Finden von Informationen mittels der Microsoft-Suchtechnologie
- Live Maps: Bereitstellung von Positions- und Wegebeschreibungen
- Mesh: Synchronisation von Daten über verschiedene Geräte hinweg

- .NET Services
  Die .NET Services bieten grundlegende Funktionalitäten zum Aufbau von Anwendungssystemen. Das beinhaltet zum Beispiel einen Service Bus, welcher sowohl die Kommunikation der Services untereinander ermöglicht als auch Bausteine zur Zugriffskontrolle für Services beinhaltet. Eine weitere Funktionalität stellen Workflows dar, die es ermöglichen, Services in von uns definierten Aufrufsequenzen auszuführen.

- SQL Azure
  Dieser Service stellt eine komplette SQL-Datenbank zur Verfügung. Darüber hinaus existieren Möglichkeiten zur Synchronisation mit anderen Datenbanken, Reporting, ETL und das Data Mining.

- SharePoint Services
  Der Name lässt es schon erahnen. Hierunter sind Services zu verstehen, welche die Windows SharePoint Server-Funktionalität zur Verfügung stellen

- Dynamics CRM Service
  Diese Services stellen die Funktionalität von Dynamics CRM für den Anwender bereit.

7.3.3 Force.com von salesforce

7.3.3.1 Überblick

Force.com [SFDC02] von salesforce.com [SFDC03] ist ein sehr schönes Beispiel für eine nahezu komplette Plattform. Hier können Anwendungen entwickelt, angepasst und nicht zuletzt über das Internet ausgetauscht werden. Einer der populären Vorteile dieser Herangehensweise ist, dass die Anwendungen vorher nicht erst installiert oder irgendwie an die vorhandene physische Hardware oder das Betriebssystem angepasst werden müssen. Ein Browser reicht völlig aus.

Anwendungen sind on demand verfügbar, können beliebig oft genutzt und auch zur Nutzung freigegeben werden. Das daraus entstehende Netzwerk von Anwendungen ist einer der Schlüssel auch zum Erfolg des eigenen Unternehmens. Aus heutiger Sicht ist es denkbar, dass es für jede mögliche Aufgabe in der Zukunft eine vorgefertigte Software-as-a-Service-Lösung geben wird.

Die Plattform bietet genau wie die der Mitbewerber einen Satz von vorgefertigten Komponenten, Workflows und einigem mehr, den Sie an die eigenen Wünsche anpassen können. Am Beispiel der Force.com-Plattform sehen wir uns nun an, wie das funktioniert.

7.3.3.2 Eigenschaften der Plattform

Die Force.com-Plattform stellt Ihnen grundsätzlich eine Reihe von Customization-Möglichkeiten zur Verfügung (sie stehen auch dem Nutzer der Lösung salesforce.com, basierend auf der Force.com-Plattform zur Verfügung).

Im Folgenden eine kurze Übersicht – am Beispiel der Force.com-Plattform –, was zu den einzelnen Punkten *out of the box* geboten wird (mehr kann unter [MEHOL01] gefunden werden):

- Custom Objects
  Erstellung von Datenbanktabellen und das Verlinken untereinander mit z. B. einer Master-Detail-Beziehung.

- Erstellen von Feldern
  Bild 7.11 zeigt einige der Möglichkeiten, sie Salesforce.com zum Erstellen von Feldern anbietet.

Datentyp	
⦿ Keine ausgewählt	Wählen Sie einen der unten aufgeführten Datentypen aus.
○ Automatisch nummerieren	Eine vom System generierte Sequenznummer, die ein von Ihnen definiertes Anzeigeformat verwendet. Die Nummer wird für jeden neuen Datensatz automatisch erhöht.
○ Formel	Ein schreibgeschütztes Feld, dessen Wert sich aus einem von Ihnen definierten Formelausdruck ergibt. Das Formelfeld wird aktualisiert, wenn sich eines der Quellfelder ändert.
○ Nachschlagebeziehung	Erstellt eine Beziehung mit einem anderen Objekt. Dadurch haben Benutzer die Möglichkeit, auf eine 🔍-Schaltfläche zu klicken und einen Wert aus einer Popup-Liste auszuwählen. Sie geben an, ob die Liste Benutzernamen oder Datensätze aus einem benutzerdefinierten Objekt enthält.
○ Auswahlliste	Ermöglicht Benutzern die Auswahl von Werten aus einer von Ihnen definierten Liste.
○ Auswahlliste (Mehrfachauswahl)	Ermöglicht Benutzern die Auswahl mehrerer Werte aus einer von Ihnen definierten Liste.
○ Datum	Ermöglicht Benutzern die Eingabe eines Datums oder die Auswahl eines Datums aus einem Popup-Kalender.
○ Datum/Uhrzeit	Ermöglicht Benutzern die Eingabe eines Datums und einer Uhrzeit oder die Auswahl eines Datums aus einem Popup-Kalender. Wenn Benutzer im Popup-Kalender auf ein Datum klicken, werden dieses Datum und die aktuelle Uhrzeit in das Feld "Datum/Uhrzeit" eingetragen.
○ E-Mail	Ermöglicht Benutzern die Eingabe einer E-Mail-Adresse. Die eingegebene Adresse wird auf korrektes Format hin überprüft. Wenn Benutzer auf dieses Feld klicken, wird ihr E-Mail-Programm automatisch gestartet und eine E-Mail an diese Adresse gesendet.
○ Kontrollkästchen	Ermöglicht den Benutzern die Auswahl eines Wahr- oder Falsch-Werts (aktiviert bzw. deaktiviert).
○ Textfeld (Lang)	Ermöglicht Benutzern die Eingabe von bis zu 32.000 Zeichen in verschiedenen Zeilen.
○ Prozent	Ermöglicht Benutzern die Eingabe einer Prozentzahl, z. B. 10, und fügt das Prozentzeichen automatisch hinzu
○ Telefon	Ermöglicht Benutzern die Eingabe einer beliebigen Telefonnummer. Die Eingabe wird automatisch als Telefonnummer formatiert.
○ Text	Ermöglicht Benutzern die Eingabe von Buchstaben und Zahlen in beliebiger Kombination.
○ Textbereich	Ermöglicht Benutzern die Eingabe von bis zu 255 Zeichen in verschiedenen Zeilen.
○ URL	Ermöglicht Benutzern die Eingabe einer gültigen Internetadresse. Wenn Benutzer auf dieses Feld klicken, wird der URL in einem separaten Browserfenster geöffnet.
○ Währung	Ermöglicht Benutzern die Eingabe eines Betrags in einer der verfügbaren Währungen, wobei das Feld automatisch als Währungsfeld formatiert wird. Dies ist besonders hilfreich, wenn Daten für die Verwendung in Excel oder einem anderen Tabellenkalkulationsprogramm exportiert werden.
○ Zahl	Ermöglicht Benutzern die Eingabe einer beliebigen Zahl. Vorangehende Nullen werden gelöscht.

BILD 7.11 Neuanlage von Feldern in salesforce.com

- Seitenlayouts
  Das Erstellen von benutzerdefinierten Layouts für die Eingabe- und Anzeigeseiten ist möglich. Zudem kann man die Zuordnung von Layouts zu Berechtigungs- und Zugangsprofilen vornehmen mit dem Ziel, unterschiedlichen Benutzern unterschiedliche „Sichten" auf die Daten an die Hand zu geben. Die komplette Freiheit bei der Gestaltung von Oberflächen erhält man durch den Einsatz von Visual Force.

- Validierungsregeln
  Validierungsregeln bestimmen, wie die Feldinhalte nach der Eingabe geprüft werden. Darunter kann man zum Beispiel zählen:

- Felder bedingt erforderlich machen, je nach dem Wert eines anderen Felds.

- Sicherstellen, dass die Zahlen in einem angegebenen Bereich liegen, beispielsweise, dass der Rabatt weniger als 30 % beträgt.

- Erzwingen, dass die Datumsfelder in der korrekten chronologischen Reihenfolge vorliegen, sodass beispielsweise das Startdatum vor dem Enddatum liegen muss.

- Workflows
Abläufe, Geschäftsregeln und Genehmigungsprozesse können selbst gestaltet und abhängig von Erstellung und Feldinhalten ausgeführt werden. Benachrichtigungsprozesse sind ebenso möglich.

- Berichte und Dashboards
Über alle Felder, die im System eingestellt sind, kann berichtet werden. Berichte können in Form von Dashboards grafisch visualisiert und mit Kennzahlen abgeglichen werden.

- Userverwaltung, Rollen, Rechte und Profile
Die Userverwaltung wird Ihnen komplett als Funktionalität vom System zur Verfügung gestellt – zusammen mit Rechten, Rollen und Profilen der User.

- Security und Access-Control
Auch hier gibt das System einen kompletten Baukasten vor, der Ihnen die Arbeit erleichtert und Sie wählen lässt, wie Sie die Sicherheit Ihres Systems gestalten wollen (Zugriffsbeschränkung, IP-Adressen bedingt, https etc.).

All diese Funktionen können Sie nutzen, um entweder eine Standardanwendung wie die salesforce.com CRM-Plattform an Ihre individuellen Bedürfnisse anzupassen oder um auf einer leeren Force.com-Plattform Ihr individuelles System aufzubauen.

7.3.3.3 Webservices zur Kommunikation

Der Zugriff auf die gespeicherten Daten ist auch mittels Webservices möglich. Ganz klar, SaaS und PaaS erzwingen ja geradezu diese Herangehensweise. Mit dieser Technik erhält man gleichzeitig die größtmögliche Freiheit beim Design und der Funktionalität von Anwendungen. Im Gegenzug muss natürlich speziell darauf geachtet werden, wie genau mit den gewonnenen Daten umgegangen wird. Man sollte hier mit einem Test-Account arbeiten oder zumindest eine Sicherung des Datenbestandes vornehmen.

Webservices werden im Wesentlichen durch eine Service-Schnittstelle (WSDL) und Nachrichten (SOAP, XML) beschrieben. Diese Technologie ermöglicht es uns, mit beliebigen Sprachen wie zum Beispiel Java, C# oder auch JavaScript auf eine Force.com-Instanz zuzugreifen.

LISTING 7.1 Anlegen eines neuen Kontakts

```
01  webService Id createContact(String a, Account acc) {
02    Contact c = new Contact(LastName = a, AccountId = acc.Id);
03    insert c;
04    commit;
05    return c.id;
06  }
```

zeigt das Anlegen eines neuen Kontakts in einem bestehenden Account. Dazu wird sowohl der Name des Kontaktes als auch ein Account-Objekt übergeben. Die in die Programmiersprache der Plattform integrierte Transaktionssteuerung wird benutzt, um den neuen Kontakt dauerhaft zu speichern. Aus der Funktion wird die Id des Kontaktes zurückgegeben.

LISTING 7.2 Anlegen eines neuen Kontakts

```
07  webService Id createContact(String a, Account acc) {
08      Contact c = new Contact(LastName = a, AccountId = acc.Id);
09      insert c;
10      commit;
11      return c.id;
12  }
```

Die Deklaration als Webservice ermöglicht den Zugriff von nahezu beliebigen Clients aus nahezu beliebigen Szenarien. So lassen sich Bibliotheken von wiederverwendbaren Artefakten schaffen, welche wiederum in beliebige Anwendungen integriert werden können.

7.3.3.4 Anwendungen für die Force.com-Plattform

Eine Force.com-Instanz bringt von Haus aus mehrere vorinstallierte Anwendungen mit. Bekannt geworden vor allem durch das Customer Relationship Management (CRM) enthält die Instanz aber normalerweise auch noch einen Service & Support-Bereich.

Die richtige Stärke spielt die Force.com-Plattform jedoch durch die Vielzahl von speziellen Anwendungen aus, welche von den Kunden entwickelt wurden – siehe Abbildung 7.12 [APPEX01].

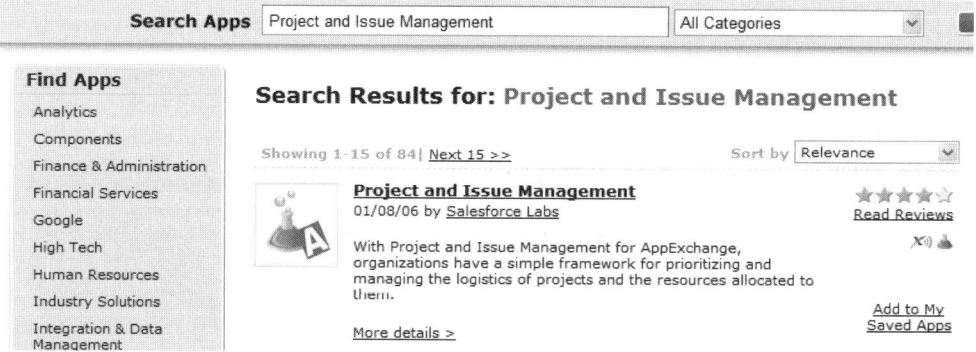

BILD 7.12 Finden und Installieren von Anwendungen in den eigenen Anwendungsbereich

Grundsätzlich können diese Anwendungen in eine von drei Kategorien eingeteilt werden.

▪ Native Anwendungen
Native Anwendungen werden ausschließlich mithilfe der Metadaten und dem Apex Builder entwickelt. Sie benutzen weder das interne API direkt noch haben sie Referenzen oder Links auf andere Anwendungen.

- Composite-Anwendungen
  Composite-Anwendungen bestehen aus einer Kombination von Metadaten und Low-Level-Funktionalität des Apex API. Solche Anwendungen ermöglichen zum Beispiel die Entwicklung von kundenspezifischen Oberflächen oder die Integration neuer Komponenten für das Benutzerinterface.
  Interessant ist diese Möglichkeit auch, wenn existierende On-Demand-Anwendungen nach Apex portiert werden. Externe Services oder auch externe Komponenten können weiter verwendet werden.

- Client-Anwendungen
  Die so bezeichneten Anwendungen nutzen exklusiv das Apex Client API und arbeiten außerhalb der Kontrolle von salesforce.com. Solche Anwendungen benutzen zum Beispiel das Web Service API und haben eine von salesforce.com getrennte Benutzeroberfläche.

7.3.4 Salesforce VMForce

VMForce [VMF01] ist eine der Cloud-Umgebungen, die sich direkt an die Java-Entwicklergemeinschaft wendet. Leider ist VM Force zur Drucklegung des Buches noch nicht für die breite Öffentlichkeit verfügbar, sodass wir uns an dieser Stelle für die Beschreibung einiger Eigenschaften beschränken werden. Der jetzt schon verfügbare Preview ist vielversprechend – ein Blick auf die finale Version wird sich mit Sicherheit lohnen.

Wie schon beschrieben richtet sich VMForce an die Java Enterprise-Entwickler. Bestehendes Wissen kann uneingeschränkt weiter genutzt werden. VMForce verfügt über die folgenden Eigenschaften:

- Standard Spring/Eclipse-basierte IDE
  Für die Entwicklung wird eine Eclipse-basierte IDE mit den entsprechenden Spring- und Enterprise-Plugins verwendet. Damit setzt VM Force auf ein reichhaltiges und erprobtes Set von Werkzeugen auf.

- Entwicklung mit Java, JSP und Servlets
  Anwendungen werden nicht mehr mit einer plattformeigenen Sprache und Technik entwickelt. Stattdessen werden Java, Plain Old Java Objects für den Datenzugriff (POJO), Java Server Pages (JSP) und Servlets unterstützt.

- One-Click-Veröffentlichung
  Anwendungen können mittels eines Clicks auf die VMForce-Plattform veröffentlicht werden.

Daraus ergibt sich laut des Herstellers salesforce.com [VMF01] für Anwender und Entwickler eine Menge an Vorteilen. Die drei wichtigsten sind:

- Einfach zu nutzen
  Wie bei vielen Plattformen brauchen wir uns nicht um Hardware, Software, Patches, Performance oder Verwaltung zu kümmern. VMForce-Anwendungen werden in der Eclipse IDE entwickelt und einfach per Drag und Drop auf der Plattform veröffentlicht. Java-Entwickler können zudem aus einer reichhaltigen Menge von vorgefertigten Komponenten auswählen, so zum Beispiel für die Kommunikation, mobile Entwicklung oder Datenanalyse.

- Offen und erweiterbar
  Jede Firma mit dem entsprechenden Wissen über Enterprise Java und Java Software Entwicklung kann jetzt an der Entwicklung von VMForce Cloud-Anwendungen teilnehmen. Die Anwendungen werden lokal entwickelt und später auf die Plattform geladen. VMForce unterstützt dabei die wichtigsten Standards wie Java, POJOs, JSP und Servlets, es existieren keine proprietären Konzepte mehr. Zusätzlich wird die Anwendungsentwicklung auf Basis des Spring-Frameworks unterstützt. Vorhandene Java-Anwendungen können nach VMForce migriert werden.

- Hohe Sicherheitsstandards
  VM Force basiert auf den reichhaltigen Erfahrungen im sicherheitstechnischen Bereich von VMware und salesforce.com. VMware liefert hierbei die Virtualisierungstechnik und salesforce.com die sichere Cloud-Plattform. Die auf VMForce veröffentlichen Java-Anwendungen leben in einer Umgebung, welche die höchsten Sicherheitszertifikate unterstützt, zum Beispiel ISO 27001, SysTrust und SAS70 Type II.

7.3.5 Google App Engine

Die Google App Engine [GO01] erlaubt die Ausführung von Webanwendungen auf der Rechenumgebung von Google. Dabei wird eine ganze Reihe von Programmiersprachen für die Entwicklung unterstützt. Eine Anwendung läuft jedoch entweder in einer Java-Umgebung (welche durch die Scripting-Natur weitere Sprachen unterstützt) oder einer Python-Umgebung. Im Unterschied zu anderen großen Plattformanbietern (Microsoft, salesforce.com) existieren jedoch weniger Basis-Services oder eine relationale Datenbank (dies ist jedoch in der Zukunft für Google App Engine für Business vorgesehen).

Eine interessante Eigenschaft von Google App Engine ist sicherlich das verwendete Lizenzmodell. Nach dem heutigen Stand (Drucklegung des Buches) sind Anwendungen bis zu einem Speicherplatz von 500 MByte und Rechenleistung sowie Bandbreite bis zu ungefähr 5 Millionen Page-Views kostenfrei. Erst darüber muss zu einem bezahlten Account gewechselt werden.

Im Folgenden finden Sie die wichtigsten Eigenschaften der Goggle App Engine sowie der darauf entwickelten Anwendungen:

- Basisfunktionalität der App-Engine-Umgebung
  Über die Webseiten lassen sich sehr einfach neue Anwendungen aufsetzen oder vorhandene Anwendungen administrieren. Auch umfangreiche Dokumentationen zu den verschiedensten Funktionalitäten sind dort vorhanden. Die freie Umgebung lässt sich zu einer bezahlten Umgebung erweitern, wenn mehr als die kostenlos verfügbaren Ressourcen benötigt werden.

- Sandbox für die Anwendung
  Anwendungen laufen in einer sicheren und abgeschirmten Umgebung, welche lediglich einen limitierten Zugriff auf das Basissystem bereitstellt. Diese Limitierung ermöglicht es, eine Anwendung unabhängig von Betriebssystem, Laufzeitumgebung oder verwendeter Hardware zu betreiben. Im Weiteren lassen sich so dynamisch benötigte Ressourcen zuschalten oder verringern.

- Java-Runtime-Umgebung
Diese Umgebung erlaubt uns die Entwicklung von Anwendungen primär in Java. Zurzeit werden die Versionen 5 und 6 von Java unterstützt. Über die Scripting-Fähigkeiten von Java lassen sich weitere Sprachen wie JavaScript, Ruby, Scala oder Groovy nutzen.

  Innerhalb der Java-Umgebung werden viele wichtige Enterprise APIs unterstützt. Dazu zählen Java Server Pages (JSP), Servlets oder auch die Java Persistence API (JPA) für den Datenzugriff.

- Python-Umgebung
Diese Umgebung erlaubt uns die Entwicklung von Anwendungen mittels der Programmiersprache Python. Aber nicht nur die Sprache an sich wird zur Verfügung gestellt, es finden sich auch noch ein ganzer Satz an unterstützenden Funktionen, Bibliotheken und Werkzeugen. Derzeit wird Python 2 unterstützt, die Unterstützung der Version 3 befindet sich in Vorbereitung.

- Datenspeicher
Für die Anwendungen wird ein verteilter und sicherer Datenspeicher bereitgestellt. Dieser ist nicht vergleichbar mit einem traditionellen relationalen Datenbanksystem. Vielmehr handelt es sich um einen Objektspeicher, bei dem die Datenobjekte unter einem vom Anwender definierten Schlüssel gespeichert werden.

- Accounts
Eine Anwendung auf der App Engine lässt sich mit Google Accounts integrieren. Somit lässt sich einfach eine Authentifikation des Benutzers realisieren. Auch ist der Zugriff auf Google Account bezogene Benutzerdaten möglich.

- Basisdienste
  - URL Fetch
  Ressourcen aus dem Internet können mit diesem Dienst angesprochen werden.

  - Mail
  Hiermit ist das Senden von Internet Mail über die Google-Infrastruktur möglich.

  - MemCache
  Der MemCache stellt die Persistenzlösung hinter der Anwendung dar. Daten können mittels eines Schlüssels dort hingelegt und anschließend wieder gefunden werden.

  - Image Manipulation
  Dieser Service ermöglicht die Veränderung von Bilddaten. Darunter ist zum Beispiel das Drehen, Zuschneiden oder Spiegeln von Bildern zu verstehen.

- Tasks und Timer
Anwendungen können bestimmte Funktionen zu einer bestimmten Zeit mithilfe dieser Funktionalität ausführen. Dieses Konzept ist vergleichbar mit den Cron-Jobs auf modernen Betriebssystemen.

8 Beispiele für Software-as-a-Service

Im privaten Bereich ist der Einsatz von Cloud Computing und Software-as-a-Service mittlerweile fester Bestandteil. Der Austausch und die Lagerung von Daten, als Kommunikationsmedium E-Mail und viele weitere Beispiele können angeführt werden. Der Autor und Blogger Sascha Lobo hat im Blog zur Webciety zur Cebit 2011 einmal aufgezeigt, welche Anwendungen aus dem Bereich Software-as-a-Service (SaaS) zum Einsatz kommen und in welchen Bereichen diese Anwendungen unterstützen. Er stellt darin Anwendungen aus dem Bereich der Kommunikation, Zusammenarbeit und der Arbeitsorganisation kurz vor und kommt zu dem Fazit: *„Mein digitales Ich ist stark vercloudet. Es fühlt sich nicht schlimm an oder so. Abhängigkeit ist ein Kennzeichen des digitalen Zeitalters. Wenn eine Festplatte runterfällt, komme ich an die Daten im Zweifel ungefähr so schwer und kostenaufwändig ran, als lägen sie in einem Bunker in New Mexico. Wenn Gmail oder Dropbox allerdings kaputtgehen oder geknackt werden, dann habe ich ein Problem, ungefähr vergleichbar mit einem Wohnungseinbruch."*

Dass seine privaten Daten in der Cloud liegen, ist für ihn ein „tolerierbares Risiko", da er in der Vergangenheit noch keine negativen Erfahrungen gemacht hat. Außerdem ist der Verlust von privaten Daten ggf. anders zu bewerten als von unternehmenskritischen Datenbeständen.

Aus diesem Anlass, der Tatsache, dass im privaten Bereich Cloud Computing bereits seit Jahren für viele eine akzeptierte Realität ist und das Risiko für das Individuum als bewert- und vertretbar erscheint, zeigen wir Ihnen in der Folge einige Beispiele von SaaS-Systemen aus den Bereichen Finance & ERP, CRM, Collaboration im Bereich B2B. Wir wollen mit der Auswahl der Systeme keine Empfehlung aussprechen, und die Auflistung ist auch bei weitem nicht vollständig. Es haben sich aber in den vergangenen Monaten Systeme am Markt etabliert, die über steigende Nutzerzahlen, große Nutzerzahl und ein gesteigertes Medienecho verfügen.

■ 8.1 Customer Relationship Management

„Customer Relationship Management (CRM) is the true business of every company: make customers, keep customers and maximize customer profitability." (Peter Drucker)

Systeme fürs Customer Relationship Management dienen der Verwaltung und Pflege von allen kundenrelevanten Daten eines Unternehmens. Zu den Funktionen gehören

- Adressverwaltung
- Kundenkontakthistorie
- Dokumentenverwaltung und Angebotserstellung
- Kundenbewertung und -analyse
- und weitere

8.1.1 salesforce.Com (Sales Cloud 2, Service Cloud 2)

salesforce.com wurde 1999 von Marc Benioff, einem ehemaligen Oracle-Mitarbeiter, gegründet und gilt als Software-as-a-Service-Pionier. Alle Anwendungen für Vertrieb, Kundendienst und unzählige Erweiterungen werden konsequent über das Internet zur Verfügung gestellt und können über die Force.com-Plattform um eigene Komponenten erweitert werden. Mit der 2. Generation der Sales und Service Cloud wird mit Chatter eine Plattform zur Kommunikation in Echtzeit integriert, die es ermöglicht, im geschäftlichen Kontext ähnlich wie mit Twitter und Facebook zu kommunizieren.

Sales Cloud

Die beliebte Lösung für Vertrieb und Marketing. Begeisterte Anwender, schnelle Erfolge.

Erfahren Sie mehr

Service Cloud

Über alle Kanäle: zufriedene Kunden, geringere Kosten. Das ist Service, neu definiert.

Erfahren Sie mehr

Force.com

Die Cloud Plattform für Anwendungsentwicklung. 5x schneller bei halben Kosten.

Erfahren Sie mehr

Chatter

Zusammenarbeit im Unternehmen in Echtzeit. Mit der Sicherheit von salesforce.com.

Erfahren Sie mehr

"Wir hatten eine Lösung gesucht, die mit dem Aufkommen an neuen Kontakten problemlos mithalten konnte – und sie mit Salesforce Sales Cloud TM gefunden."

"Mit Salesforce CRM können wir heute unsere Spender viel effizienter und besser informieren als früher. Auch die Projektabwicklung läuft jetzt transparent und übersichtlich."

"Wir haben in zwei Monaten ein System entwickelt, das unsere Anforderungen im Hinblick auf Kosten und Funktionalität vollkommen erfüllt hat. Force.com war der einzig richtige Weg."

"Chatter bringt mich wieder näher an unseren Vertrieb, da wir jederzeit sehen können an welchen Opportunities wir gerade arbeiten. Damit es ist sehr einfach und unkompliziert einem Vertriebsmitarbeiter in einer spezifischen Verkaufssituation Hilfe anzubieten."

BILD 8.1 salesforce.com – Überblick

Die Sales Cloud 2

In der Sales Cloud 2 sind alle wichtigen Funktionen für Marketing, Vertrieb und Kundendienst zusammengefasst.

Die Service Cloud 2

Der Schwerpunkt der Service Cloud 2 liegt bei Funktionen für die Kundenbetreuung auf unterschiedlichen Kanälen. Auch die Integration von Meldungen und Diskussionen aus Twitter und Facebook ist möglich.

Ergänzt wird das Angebot um den Online-Marktplatz für Erweiterungen Appexchange und weitere Plattformen wie Force.com, database.com und heroku. Die Erweiterungen können kostenfrei oder kostenpflichtig in die bestehende Unternehmensinstanz integriert werden.

8.1.2 Microsoft Dynamics CRM 2011

Microsoft stellt Microsoft Dynamics CRM 2011 als On-Demand- und On-Premise-Version zur Verfügung. Im Rahmen der Cloud-Services-Strategie ist Microsoft dabei bei fast allen XaaS-Varianten vertreten. Das CRM-System stellt Funktionen für den Vertrieb, den Kundendienst und das Marketing zur Verfügung. Zusätzlich können weitere Anwendungen über den Marktplatz „Marketplace" integriert werden.

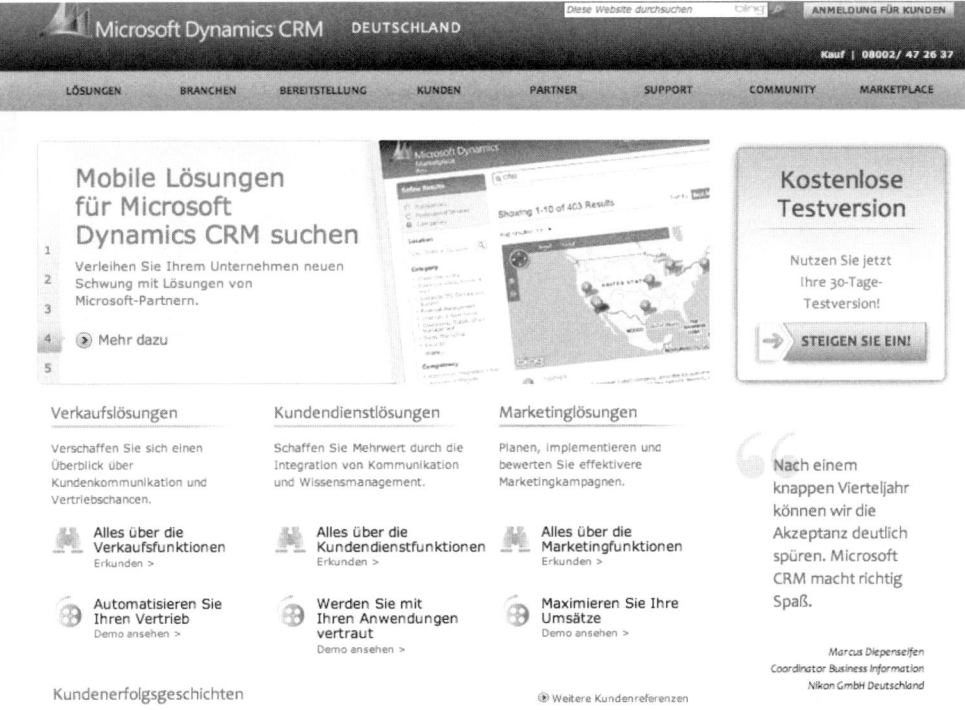

BILD 8.2 Microsoft Dynamics CRM – Überblick

8.1.3 Oracle on Demand

Mit der Siebel CRM Software stellt Oracle ein CRM-System für Unternehmen jeder Größe zur Verfügung. Siebel CRM ist sowohl als On-Premise- als auch On-Demand-Version erhältlich.

Die On-Demand-Version bietet Produkte und Services für die Bereiche Sales, Marketing, Callcenter, Analytics sowie Deal- und Partnermanagement und ist laut Hersteller für alle Branchen geeignet.

CRM ON DEMAND

THE WORLD'S MOST COMPREHENSIVE CRM ON DEMAND SOLUTION

* Easy to use
* Fast to deploy
* Powerful analytics
* Built-in contact center
* Pre-built industry solutions
* Embedded sales, marketing, and service best practices
* Seamless integrations

NEW FEATURES

* Integrated Sales and Marketing
* Business Planning and Objective Analytics
* VPN and Dedicated Circuit Support
* Database Vault
* HIPAA/HITECH Compliance
* Broker Profiles
* Insurance Producer Success Model
* Usage Tracking
* Expanded Teams
* PRM training, Certification, and Accreditation Support
* Customer Relationship Customization
* Expanded Oracle Migration Tool On Demand
* Attachment Objects
* More powerful Audit Trails

Get smarter, get more productive, and get the best value with Oracle CRM On Demand Release 18. Oracle CRM On Demand continues to be the most complete Software-as-a-Service (SaaS) CRM solution available. Now, with Release 18, organizations of all types and sizes benefit from an integrated enterprise sales and marketing solution as well as key enhancements in productivity, security, and ease of use – in an offering that provides unprecedented ROI.

Integrated Sales and Marketing

Oracle CRM On Demand Release 18 now offers a complete, integrated set of capabilities from early stage prospecting through lead management to closed revenue. As a result, organizations no longer need to endure siloed, separated sales and marketing pipelines. Instead, they can improve lead quality and increase selling time by analyzing a holistic sales and marketing revenue funnel.

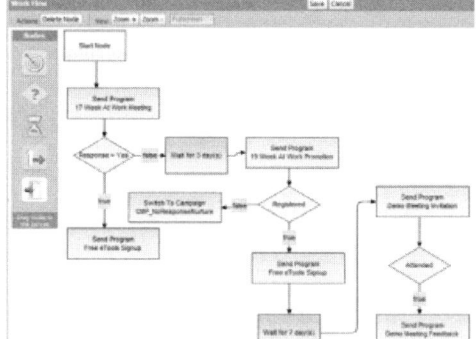

Figure 1 Graphical Workflow Editor Enables More Powerful Campaigns

New capabilities include:

BILD 8.3 Oracle On Demand

8.1.4 SAP Business ByDesign

Mit dem Einsteigerpaket CRM aus der Produktlinie Business ByDesign bietet SAP kleinen und mittelständischen Kunden ihre CRM-Plattform für Kunden- und Serviceprozesse aus der Cloud. Innerhalb kurzer Zeit und abhängig von unternehmensinternen individuellen Anforderungen sind die ersten Bausteine und Prozesse einsatzbereit, und es steht dem Kunden eine professionelle Unternehmenssoftware zur Verfügung. Ein späterer Umstieg bzw. eine Erweiterung für ERP-Software ist problemlos möglich.

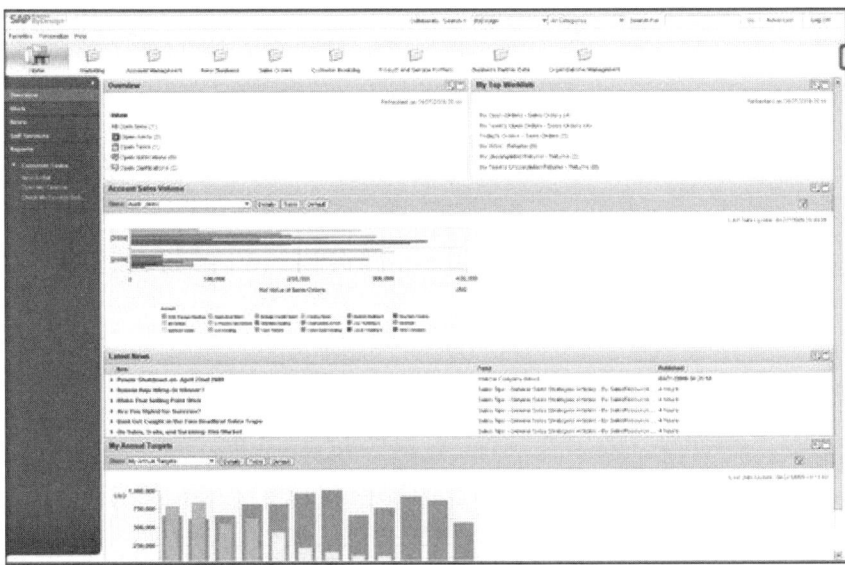

BILD 8.4 SAP Business ByDesign Screenshot zur Oberfläche

8.1.5 Update.revolution

Mit der Version update.revolution hat die österreichische Firma update Software AG im Jahr 2010 ein On-Demand-System ihrer erfolgreichen CRM-Software auf den Markt gebracht. Die Anwendungen sind auf unterschiedliche Branchen wie Industriegüter, Life Science und Finanzdienstleister und andere angepasst und können um weitere Produkte und Dienste ergänzt werden.

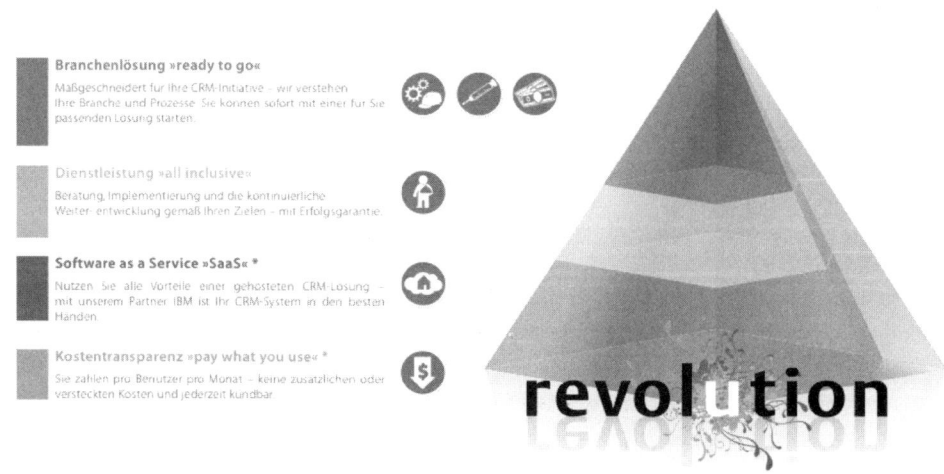

BILD 8.5 update.revolution

■ 8.2 Enterprise Resource Planning

Enterprise Resource Planning (ERP) ist die Planung über die Verwendung der Unternehmens-ressourcen. Dazu gehören Kapital, Betriebsmittel und Personal. Ein ERP-System stellt unter anderem Funktionen aus folgenden Bereichen zur Verfügung:

- Finanz- und Rechnungswesen
- Controlling
- Materialwirtschaft
- Produktion
- Stammdaten
- Vertrieb und Marketing
- Personalwesen

8.2.1 SAP Business ByDesign

Das Walldorfer Unternehmen SAP stellt mit seiner Produktlinie Business ByDesign kleinen und mittelständischen Unternehmen ein Einstiegspaket für ERP-Software zur Verfügung.

Auch auf mobilen Endgeräten haben Sie die wichtigsten Unternehmenskennzahlen verfügbar.

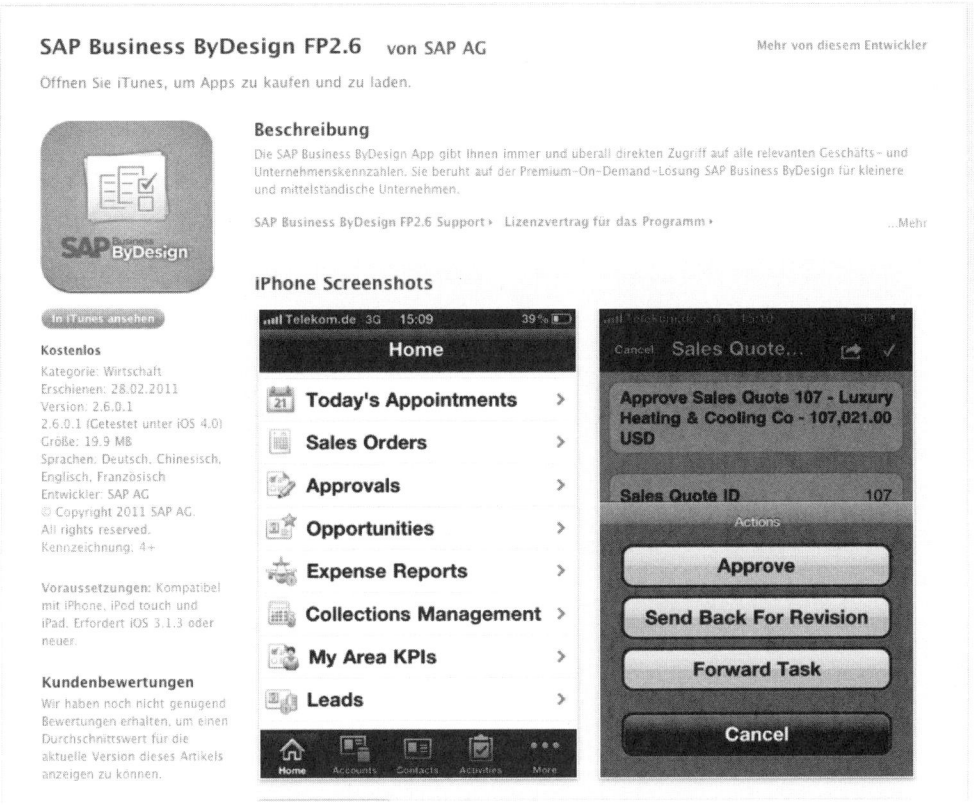

BILD 8.6 SAP Business ByDesign: iPhone-Anwendung für den mobilen Zugriff

Die On-Demand-Services können mit den On-Premise-Lösungen aus dem Portfolio der SAP integriert werden, sodass schon getätigte Investitionen geschützt werden.

8.2.2 NetSuite

NetSuite wurde 1998 von Evan Goldberg und Larry Ellison gegründet und ist ein führender Hersteller von Business Management System in der Cloud. NetSuite stellt Komponenten für ERP, CRM und E-Commerce zur Verfügung, die ähnlich wie bei anderen Mitbewerbern über eine eigene Plattform und einen Marktplatz erweitert werden können. NetSuite ermöglicht mit Real-Time-Dashboards die aktuelle Sicht auf alle unternehmensrelevanten Daten. NetSuite richtet sich an mittelgroße Unternehmen und an Einheiten von großen Unternehmen.

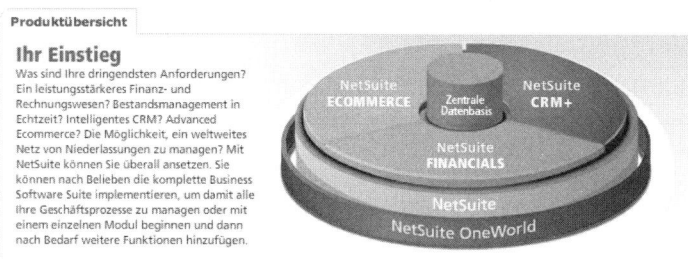

BILD 8.7 NetSuite – Webseite

NetSuite Financials

NetSuite Financials unterstützt die wichtigsten Prozesse im Backoffice und Rechnungswesen. Dazu gehören die Finanz- und Rechnungswesen, Warenwirtschaft, Auftragsverwaltung, Service Ressource Planning sowie die Personalwirtschaft.

Die Komponenten werden um Funktionen zur Business Intelligence und Analytics ergänzt.

NetSuite CRM+

Als NetSuite CRM+ werden mit Sales Force- und Marketingautomation, integrierter Auftragsabwicklung, Kundenservice und -support, Incentive Compensation Management und Analytics die wichtigsten Komponenten aus dem Bereich Customer Relationship Management zusammengefasst.

NetSuite Ecommerce

Mit NetSuite Ecommerce werden eine Webseite, ein Online-Shop und ein Online-Kundenbereich zur nahtlosen Integration in das Backoffice zur Verfügung gestellt.

■ 8.3 Kommunikation und Zusammenarbeit

Collaboration, die Kommunikation und Zusammenarbeit im Unternehmen ist gerade bei globalen Unternehmern ein wichtiger Bestandteil für den Unternehmenserfolg.

Zu den Kommunikationssystemen gehören neben Telefon (Festnetz und Mobil), E-Mail und Fax auch Möglichkeiten für Videokonferenzen. Die Zusammenarbeit bezieht sich eher auf den Austausch und das gemeinsame Bearbeiten von Dokumenten.

8.3.1 Microsoft Office Live 365 (inkl. Sharepoint)

Im Laufe des Jahren 2011 wird Microsoft seine bisherigen Service Office Web Apps auf Office Live 365 umstellen und bietet dann neben den Standard-Office-Anwendungen im Web auch die Applikationen Microsoft Office Professional Plus, Microsoft Exchange Server Online, Microsoft SharePoint Online und Microsoft Lync Online aus der Cloud an.

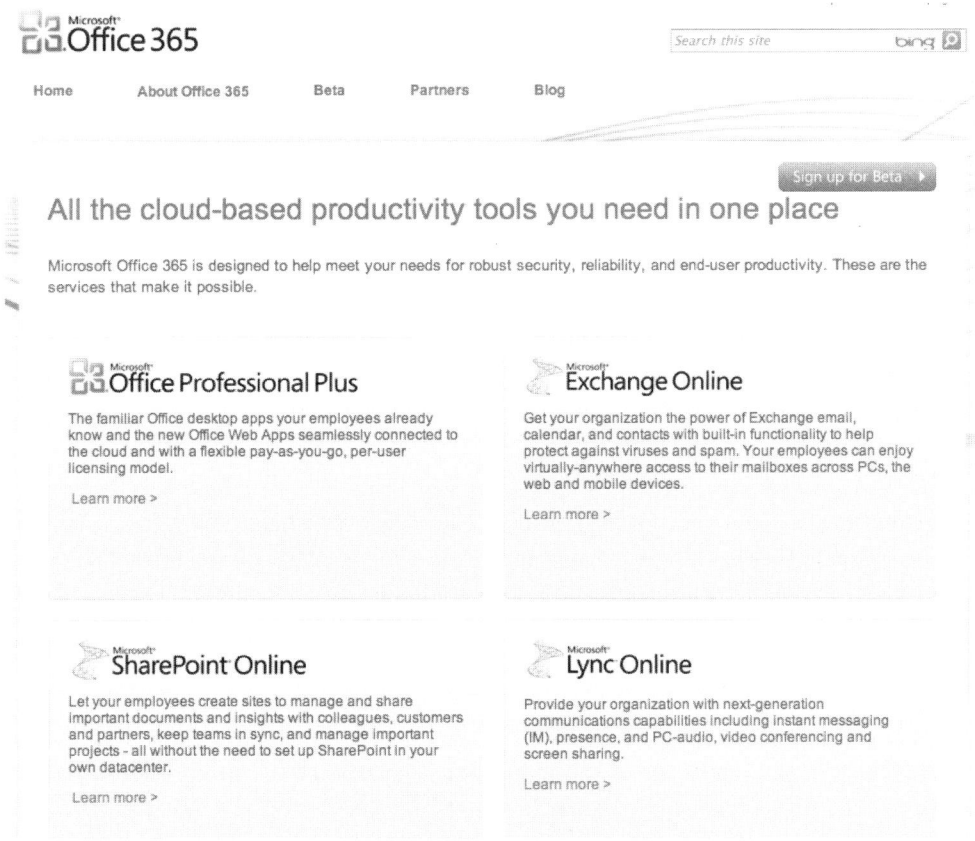

BILD 8.8 Office 365 im Überblick

Microsoft Office Professional Plus

Im Microsoft Office Professional Plus Paket werden die bekannten Programme wie Outlook, Word, Excel und PowerPoint als Office-Web-Anwendungen zur Verfügung gestellt. Die Abrechnung erfolgt auf Basis der lizenzierten Benutzer. Die Dokumente können auch gemeinsam bearbeitet werden.

Microsoft Exchange Server Online

Der Microsoft Exchange Server Online ist die Kommunikationsplattform für Unternehmen. Neben dem E-Mail-Server werden auch noch Kalender zur Zusammenarbeit zur Verfügung gestellt. Die komplette Administration wird dabei über eine Weboberfläche vorgenommen. Der Zugriff auf die E-Mails erfolgt über PC, Laptop oder mobile Endgeräte.

Microsoft SharePoint Online

Mit Microsoft SharePoint Online ist es möglich, Unternehmenswebseiten für den Austausch von Dokumenten und besseren Zusammenarbeit zur erstellen.

Microsoft Lync Online

Der Dienst Microsoft Lync Online stellt Dienste für Instant Messaging und Audio- und Videokonferenzen zur Verfügung.

Im März 2011 war es möglich, sich vorab zu einer Beta-Phase unter http://office365.microsoft.com/en-US/online-services.aspx anzumelden.

8.3.2 Google Apps

Google Apps stellt kleinen, mittleren und großen Unternehmen Anwendungen zur Produktivität und Zusammenarbeit zur Verfügung. Google Mail als eine der bereitgestellten Komponenten ist auch im Privatbereich sehr verbreitet.

Die folgenden Anwendungen werden zur Verfügung gestellt:

- Tools für einfache Kommunikation (E-Mail, Kalender, Voice- und Videochat)
- Tools zur Zusammenarbeit (Google Text und Tabellen sowie Google Sites)

Die Anwendungen sind auf unterschiedlichen Systemen und Plattformen lauffähig und werden durch weitere Services wie den Google Übersetzer ergänzt.

BILD 8.9 Google Apps: Überblick

Das Unternehmen hat die Möglichkeit, eine eigene Domain für E-Mail-Adressen zu nutzen, und kann auch das Erscheinungsbild der Google-Startseite für das Unternehmen anpassen.

Im Bereich der Zusammenarbeit kann auf ausgewählte Ressourcen auch der Zugriff für externe Mitarbeiter freigegeben werden.

Es stehen somit ohne Hard- und Softwareinvestitionen die wichtigsten Büroanwendungen zur Verfügung und können genutzt werden.

8.3.3 Skype

Skype ist vielen aus dem privaten Bereich bekannt. Die Grundfunktionen sind Sprach- und Videotelefonie auf unterschiedlichen Endgeräten. Der Client wird von Skype zur Verfügung gestellt, der Anwender benötigt neben einem Rechner oder Smartphone einzig eine Internetverbindung.

Zusätzlich zu dem kostenfreien Angebot gibt es auch ein Angebot für Unternehmen jeder Größe. Skype stellt dafür den Skype Manager TM zur Verfügung, mit dem sich Benutzerkonten und Abonnements einfach verwalten lassen. Im Funktionsumfang enthalten sind:

- Telefonie innerhalb Skype (kostenfrei), Festnetz und Mobilnetze (kostenpflichtig)
- Videoanrufe und Gruppen-Videoanrufe (kostenpflichtig)
- Instant Messaging, Textnachrichten, Datenübertragung
- Bildschirmfreigabe

Gerade für die Zusammenarbeit in Gruppen ermöglichen Funktionen wie Gruppenvideoanrufe (Bild 8.10) ein hohes Einsparpotenzial bei Reisekosten.

BILD 8.10 Gruppenvideoanrufe bei Skype

Zusätzlich zu dem kostenfreien Angebot gibt es auch ein Angebot für Unternehmen jeder Größe. Skype stellt dafür den Skype Manager TM zur Verfügung, mit dem Benutzerkonten und Abonnements einfach zu verwalten sind. Im Funktionsumfang enthalten sind:

- Telefonie innerhalb Skype (kostenfrei), Festnetz und Mobilnetze (kostenpflichtig)
- Videoanrufe und Gruppenvideoanrufe (kostenpflichtig)
- Instant Messaging, Textnachrichten, Datenübertragung
- Bildschirmfreigabe
- Zusätzlich dazu lässt sich Skype mittels Skype Connect auch in eine SIP-fähige Telefonanlage wie von Cisco, Avaya und Siemens integrieren und Einsparungen im Bereich der Kommunikationskosten erzielen.

 HINWEIS: Skype gibt auf seiner Webseite zusätzlich den Hinweis, dass Skype kein Ersatz für ein normales Telefon ist, da damit keine Notrufe möglich sind.

8.3.4 sipgate Team

Einen Schritt weiter zur kompletten Kommunikationslösung aus der Cloud geht die Lösung „sipgate Team" der Firma sipgate GmbH. *„sipgate team ist eine neuartige Telefonielösung für*

Teams und Unternehmen. Der webbasierte Dienst macht Telefonanlagen überflüssig. " lautet die Werbebotschaft.

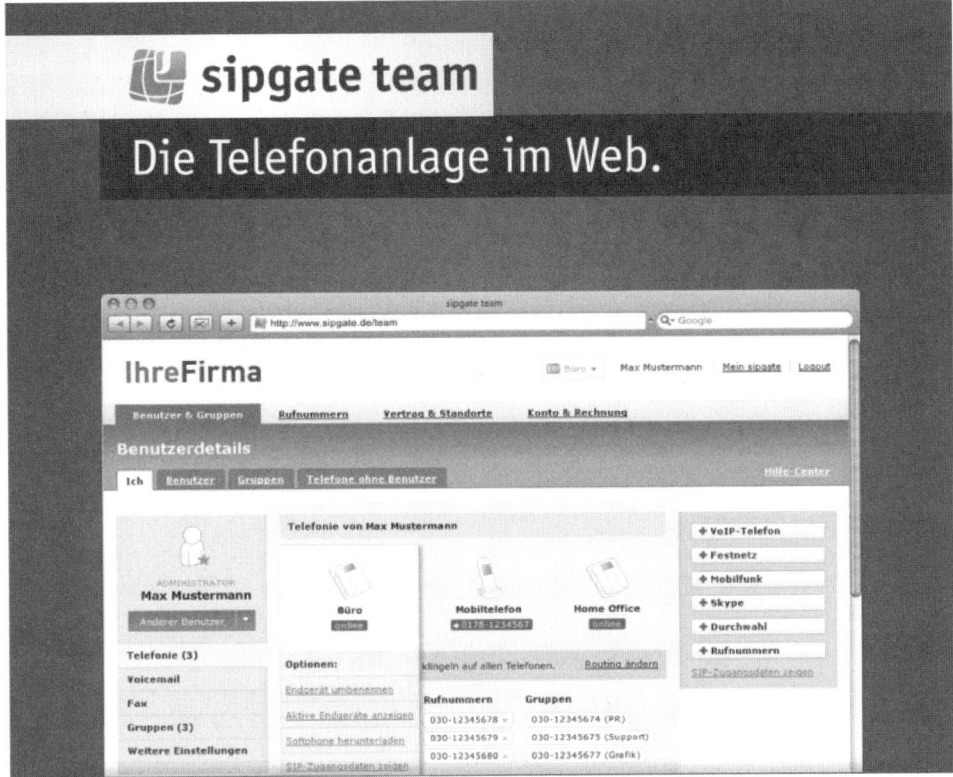

BILD 8.11 sipgate Team – Übersicht Unternehmenskonfiguration

Die komplette Infrastruktur und Services werden dabei dem Unternehmen über das Internet zur Verfügung gestellt und ersetzen Telefongesellschaft, Telefonanlage und Telefonleitung.

Für die Administration wird eine komfortable Benutzeroberfläche (Bild 1) zur Verfügung gestellt, in der die folgenden Funktionen verwaltet werden können:

- Telefonie
- SMS
- Voicemail
- Fax
- Inbox
- Gruppenfunktionen

Laut Herstellangaben ist mit einer 16 MBit DSL-Leitung das Führen von 10 Gesprächen gleichzeitig möglich.

Die Übernahme der bestehenden Rufnummern ist möglich, und auch weitere Rufnummern können hinzugebucht werden.

> **HINWEIS:** Sipgate-Empfehlung ist der Einsatz eines VoIP-fähigen Telefons am Arbeitsplatz, aber auch für das Apple iPhone gibt es eine App.

8.4 Weitere Business-Anwendungen

Die Anzahl der Business-Anwendungen ist in den vergangenen Jahren extrem gewachsen, und gerade durch den Hype seit 2010 kommen immer mehr Anbieter von SaaS-Systemen dazu.

Ein weiteres Beispiel ist die MaklerManager-Software von ImmobilienScout24. Das Besondere an diesem Beispiel ist, dass auf Basis der Plattform von salesforce.com (Force.com) eine CRM-Anwendungen in der Cloud für Immobilienmakler zur Verfügung gestellt.

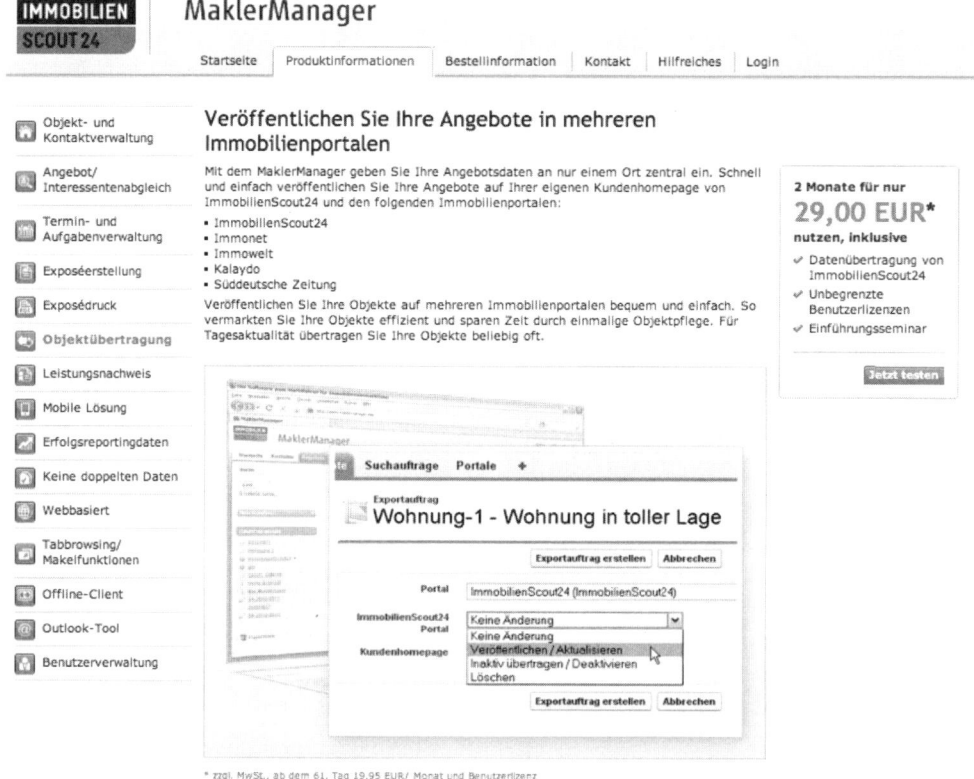

BILD 8.12 MaklerManager von ImmobilienScout24

■ 8.5 Informationen und Herstellerangaben

Weitere Informationen zu der vorgestellten Software und zu den Herstellern sind auf den jeweiligen Webseiten des Herstellers zu finden.

Mit unserer Auswahl zeigen wir nur einen kleinen Auszug von Anbietern und Herstellern. Wir wollen keine Empfehlung für einzelne Anbieter aussprechen. Die Beurteilung, welches System für den Einsatz in Ihrem Unternehmen geeignet ist, muss im Einzelfall noch durchgeführt werden.

- CRM
  - www.salesforce.com
  - www.microsoft.com/germany/dynamics
  - www.sap.de/businessbydesign
  - crmondemand.oracle.com/de/index.html
- ERP
  - www.sap.de/businessbydesign
  - www.netsuite.com
- Kommunikation und Zusammenarbeit
  - www.office365.com
  - www.google.de/apps
  - www.skype.de
  - www.sipgate.de
- Weitere Beispiele
  - www.maklermanager.de

9 Integration von Cloud Computing Anwendungen

■ 9.1 Überblick

Cloud Computing, genauer die beteiligten Technologien und Systeme, stellen sehr hohe Anforderungen an die Integration untereinander. Da stellt sich gleich die Frage, warum diese Integration eigentlich so enorm wichtig ist, warum wir also gerade beim Cloud Computing einen so hohen Wert darauf legen. Die Antwort ist eigentlich so trivial wie durchsichtig, nur wollen wir uns das noch einmal ins Gedächtnis rufen.

Innerhalb des Cloud Computing vernetzen wir eine Vielzahl unterschiedlicher Systeme mit ihren ganz speziellen Eigenschaften. Denken Sie zum Beispiel an den Amazon Elastic Compute Cloud EC2 [AWS01], den Amazon Storage Service S3 [AWS03], die Datenbank unter Microsoft Azure [MS01] oder auch die Plattform Force.com von salesforce.com [SFDC01]. Anders als in herkömmlichen Anwendungen befindet sich ein Großteil unseres Systems nicht mehr im eigenen Haus oder sogar in der Anwendung selbst. Wir sind also von eher monolithischen Inhouse-Anwendungen zu offenen verteilten Systemen migriert. Einen prinzipiellen Überblick über ein solches System und dessen Architektur finden Sie in Bild 9.1.

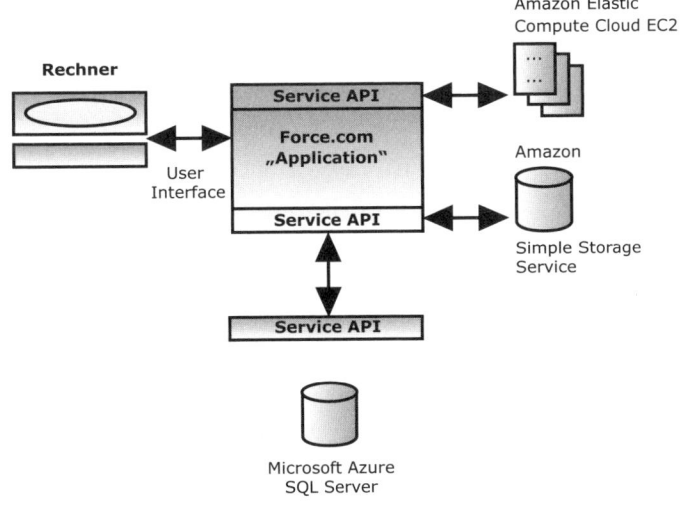

BILD 9.1 Kundenanwendung in der Cloud aus Schnittstellensicht

Wie man aus Bild 9.1 schön sieht, bedienen wir uns aus einer Menge von vorgefertigten Services. Diese Menge stellt einen der wichtigsten Vorteile einer Architektur in der Cloud dar. Es ist – etwas zugespitzt formuliert – alles an gewünschter Grundfunktionalität irgendwo vorhanden, und wir müssen es nur zu unserer gewünschten Anwendung zusammenbauen.

In diesem Kapitel werden wir uns mit den modernen Schnittstellen und Möglichkeiten zur Integration und Konnektivität der verschiedensten Teilsysteme beschäftigen.

■ 9.2 Technologien und Architekturen von Integrationsschnittstellen

9.2.1 Abgrenzung

Bei der Integration von Teilsystemen in einer Cloud-Architektur wird man sich als Erstes immer die Frage stellen: Wie schnell müssen die einzelnen Teile miteinander interagieren? Man betrachtet also die **zeitliche Anforderung**, in welcher eine bestimmte Information (Datensatz) einer festgelegten Anzahl von Teilsystemen in der Cloud zur Verfügung steht. Hier unterscheiden wir die periodische und die Echtzeitintegration.

Zur Verdeutlichung können wir das Szenario aus Bild 9.2 heranziehen. Der Anwender gibt über sein mobiles Endgerät eine Bestellung ab (1). Sofort, noch während der Eingabe, wird im Lager überprüft, ob die gewünschte Menge des Artikels verfügbar ist, und ggf. eine Reservierung der Artikelmenge zum aktuellen Preis vorgenommen (2). Beide Aktionen passieren sofort und parallel, sodass wir hier von einem Echtzeitszenario (engl. *neartime, realtime*) ausgehen können. Anders können wir das tatsächliche Versenden der Artikel handhaben. Hier reicht es aus, einmal in der Nacht alle aufgelaufenen Bestellungen anzusehen und den Versendeprozess auszulösen (3). Damit haben wir die periodische Integration (engl. *batch*) beschrieben.

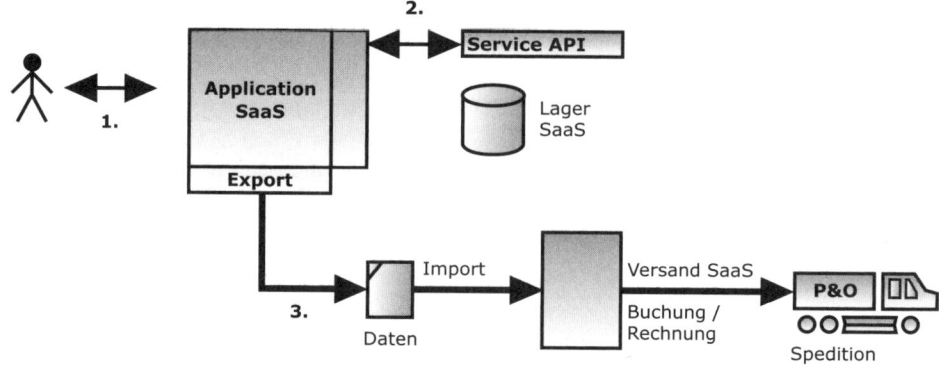

BILD 9.2 Integration nach zeitlicher Anforderung der Informationsweitergabe

9.2.2 Periodische Integration (Batch)

Die periodische Integration (Batch-Verarbeitung) ist eine Methode, um große Datenmengen zwischen einzelnen Teilsystemen einer Cloud abzugleichen. Dabei spielt vor allem die zeitliche Komponente, also wann welche Daten in welchem Teilsystem vorliegen müssen, eine untergeordnete Rolle. Einen Überblick über die periodische Integration zeigt Bild 9.3.

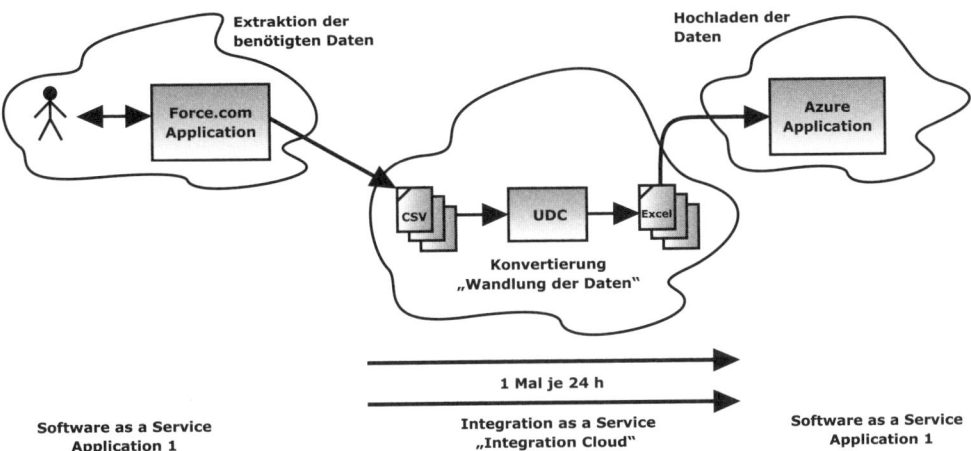

BILD 9.3 Periodische Integration im Überblick

Die Batch-Verarbeitung ist durch folgende Charakteristiken gekennzeichnet:

- Zeitlich unproblematisch
  Zu welcher Zeit ein Datenabgleich zwischen verschiedenen Teilsystemen stattfindet, ist unkritisch. So ist der Integrationslauf einmal am Tage nicht ungewöhnlich (Anm. aus der Erfahrung der Autoren).

- Hohe Dateninkonsistenz
  Durch den relativ langen Zeitraum zwischen dem Datenabgleich der beteiligten Teilsysteme ist die Wahrscheinlichkeit der Dateninkonsistenz zwischen diesen sehr hoch. Das führende Teilsystem, also dort, wo die Daten erfasst werden, wird in jedem Fall neuere Informationen als alle anderen abzugleichenden Teilsysteme haben.

- Komplexe Integrationen
  Komplexe Integrationsaufgaben sind einfach zu lösen. Es steht ausreichend Zeit zur Verfügung, um alle benötigten Informationen aus dem führenden Teilsystem zu extrahieren, zu verknüpfen, zu wandeln und dann in weitere Teilsysteme zu schreiben. Im Gegensatz dazu neigt die Echtzeitintegration eher zur Integration von verwandten Daten ohne zu komplexe Zusammenhänge.

- Technische Schnittstelle
  Die technische Implementierung der Schnittstelle und das gelieferte Datenformat ist eher von untergeordneter Bedeutung. Bei dieser Form der Integration müssen wir ja lediglich an unsere Daten herankommen. Wie das geschieht und in welchem Format die Daten sind, ist

in weitem Rahmen veränderbar. Gängige Datenformate sind hier CSV (Comma Separated Value) oder einfach Microsoft Excel-Tabellen.

▪ Datenmengen
Aufgrund des Prinzips sehr gut für große Datenmengen geeignet.

9.2.3 Echtzeitintegration/Webservices (Neartime, Realtime)

Bei der Echtzeitintegration kommt es darauf an, eine Information (Daten) so schnell wie möglich zum Zielsystem zu transportieren. Genau wie bei der ursprünglichen Definition der Echtzeit liegt hier implizit eine zeitliche Obergrenze zugrunde. Zum Beispiel wird der Anwender beim Bestätigen einer Dateneingabe in der Benutzeroberfläche nur eine bestimmte Zeit warten. Wird diese Zeit überschritten, können unvorhersehbare Aktionen passieren. Unser Anwender könnte zum Beispiel die Anwendung als untauglich ablehnen.

Gerade beim Cloud Computing, wo die Vernetzung der verschiedensten Informationsquellen und -senken eine zentrale Rolle spielt, müssen wir uns über die Echtzeitintegration besondere Gedanken machen. Ein Überblick über die Echtzeitintegration zeigt Bild 9.4.

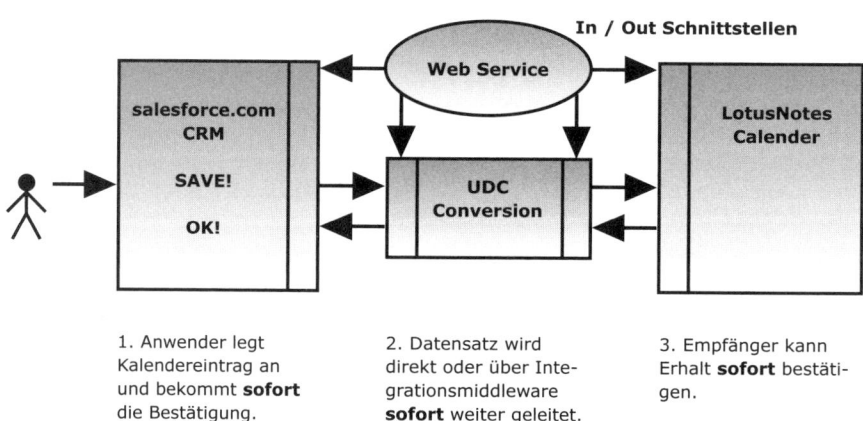

BILD 9.4 Echtzeitintegration im Überblick

Die Echtzeitintegration ist durch folgende Charakteristika gekennzeichnet:

▪ Zeitlich problematisch
Der Datenabgleich zwischen verschiedenen Teilsystemen muss möglichst schnell, jedoch mindestens im Rahmen der gestellten zeitlichen Obergrenze, stattfinden.

▪ Hohe Datenkonsistenz
Es werden jeweils nur eine oder wenige Informationen, dafür aber sehr oft, zwischen den Teilsystemen ausgetauscht. Dadurch ist die Wahrscheinlichkeit der Dateninkonsistenz zwischen verschiedenen Teilsystemen sehr gering. Das führende Teilsystem (also dort, wo die Daten erfasst werden) hat zwar in jedem Fall neuere Informationen, gibt diese aber in möglichst kurzer Zeit an alle anderen Teilsysteme weiter.

- Komplexe Integrationen
  Komplexe Integrationsaufgaben sind eher schwieriger zu lösen. Es steht einerseits nicht ausreichend Zeit zur Verfügung, um alle benötigten Informationen aus dem führenden Teilsystem zu extrahieren, zu verknüpfen, zu wandeln und dann in weitere Teilsysteme zu schreiben. Auf der anderen Seite lassen sich verwandte Daten (also zum Beispiel ein Kalendereintrag auf Teilsystem 1 mit einem Kalendereintrag auf Teilsystem 2) sehr viel besser zwischen zwei Teilsystemen austauschen.

- Technische Schnittstelle
  Die technische Implementierung der Schnittstelle und das gelieferte Datenformat ist von hoher Bedeutung. Solche Schnittstellen müssen direkt mit den Interna des Teilsystems kommunizieren und Daten manipulieren. Eine langwierige Extraktion, gefolgt vom Hochladen unter Verwendung eines Zwischenspeichers, ist meistens nicht möglich. Die heute am weitesten akzeptierte Form einer solchen Schnittstelle sind die Webservices.

- Datenmengen
  Sehr gut für einzelne Datensätze und kleine Datenmengen geeignet.

■ 9.3 Technische Implementierungen von Integrationsschnittstellen

Nach all der Theorie wird es Zeit, etwas in reale Implementierungen hineinzuschauen. Dabei bedienen wir uns exemplarisch der einen oder andern Plattform. Obwohl eventuell der Zugriff auf die Daten mittels Benutzerschnittstelle zwischen den Clouds variiert, sind doch die Grundprinzipien dieselben.

Eine kurzer Hinweis jedoch vorweg: Wir wollen hier nicht detailliert in die Technik und Programmierung einsteigen, sondern werden an der Oberfläche bleiben. Für die technisch interessierten Leser unter Ihnen befinden sich in den einzelnen Abschnitten entsprechende Literaturverweise. Dort finden sich tiefere technische Informationen und Implementierungsdetails.

9.3.1 Batch-Verarbeitung

9.3.1.1 Architektur und Technologie

Die Batch-Verarbeitung genügt am ehesten noch dem auch als ETL bezeichneten Prinzip. Dabei steht ETL für Extract, Transformation und Load (vergleiche auch Bild 9.5). Das bedeutet nun nichts weiter, als dass von einer Datenquelle (hier unsere Cloud-Anwendung) die minimal benötigte Menge an Informationen extrahiert (Extract) wird. Diese Datenmenge erhalten wir dann im Anschluss in einer durch Konvertierungswerkzeuge lesbaren Dateiform, also meistens CSV- oder Excel-Dateien. Nach der Bearbeitung der Daten (Transformation) wird diese Datei in die Datensenke (Load) hochgeladen. Neben Werkzeugen, welche eine Benutzerschnittstelle zum Ausführen der Konvertierungen anbieten, lassen sich auch viele ohne diese betreiben, was nächtliche Verarbeitungsläufe erst wirklich spannend macht.

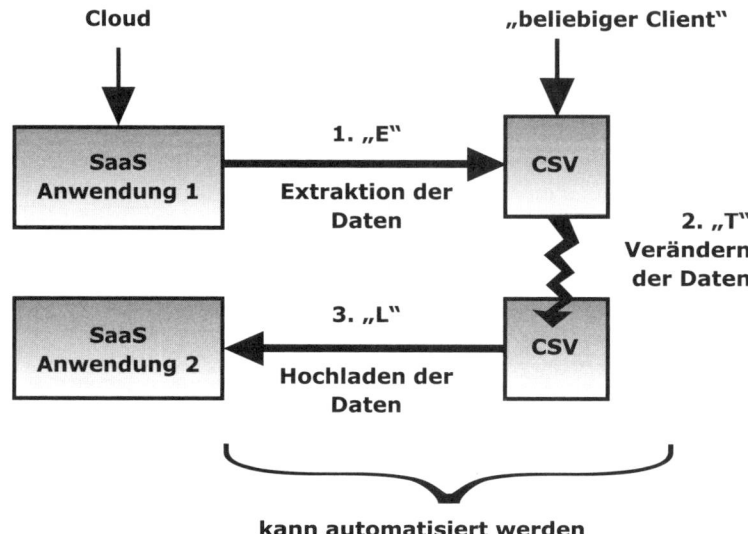

BILD 9.5 Batch-Verarbeitung

Die Batch-Verarbeitung kommt sehr gut mit riesigen Mengen an Daten klar, ist dafür aber nicht für eine Echtzeitintegration geeignet.

9.3.1.2 Beispiel

Für unser Beispiel werden wir die Force.com-Plattform und den zugehörigen Apex Data Loader verwenden [SFDC04]. Obwohl im folgenden Beispiel alles über eine Benutzeroberfläche durchgeführt wird, lassen sich die Schritte auch automatisieren. Wir werden nichts weiter machen als die Menge aller Account-Objekte in eine Datei zu extrahieren, diese verändern und wieder zurückschreiben. Zugegeben, nicht die spannendste Aufgabe, aber sie zeigt das Prinzip der Batch-Verarbeitung recht deutlich. Natürlich sollte man beachten, dass hier die verschiedensten Werkzeuge der jeweiligen Cloud-Plattformen zum Einsatz kommen.

Account-Objekte aus der Plattform in eine Datei schreiben

Nach dem Start des Apex Data Loader lässt sich das Force.com-Objekt auswählen, von welchem alle Datensätze extrahiert werden sollen (Bild 9.6).

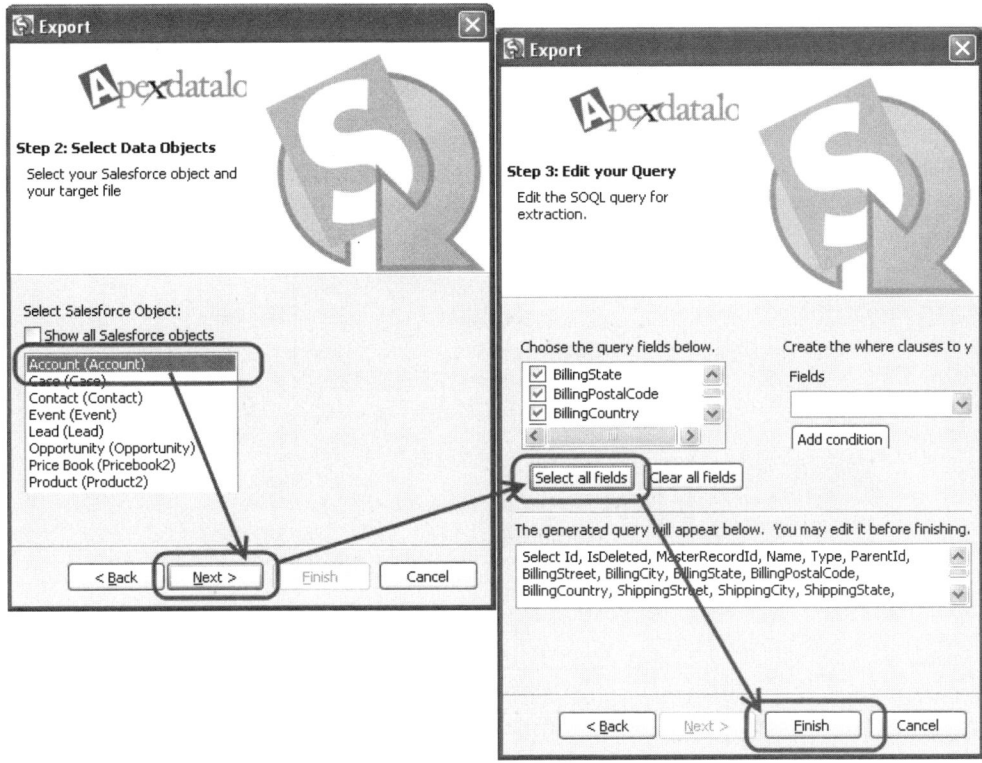

BILD 9.6 Auswahl des zu extrahierenden Account-Objekts und Start der Extraktion

Je nach Anzahl der Datensätze vergeht einige Zeit, und als Resultat bekommen wir das Ergebnis präsentiert (Bild 9.7).

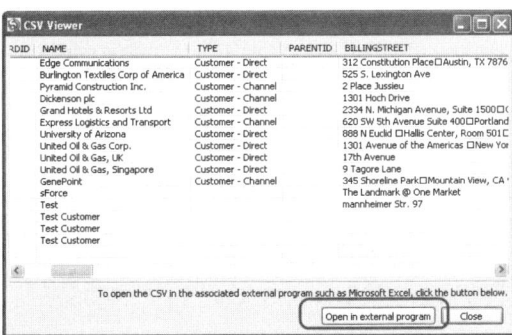

BILD 9.7 Extrahierte Datensätze

Account-Objekte bearbeiten

Die extrahierten Objekte lassen sich jetzt mit jedem beliebigen Texteditor oder auch Transformationswerkzeug (wie zum Beispiel [ARL01]) bearbeiten. Natürlich können Sie auch direkt Microsoft Excel verwenden.

Account-Objekte hochladen

Nach dem Bearbeiten der Objekte, oder besser gesagt der Textdatei, lässt diese sich mit den entsprechenden Werkzeugen in die Plattform laden (Bild 9.8).

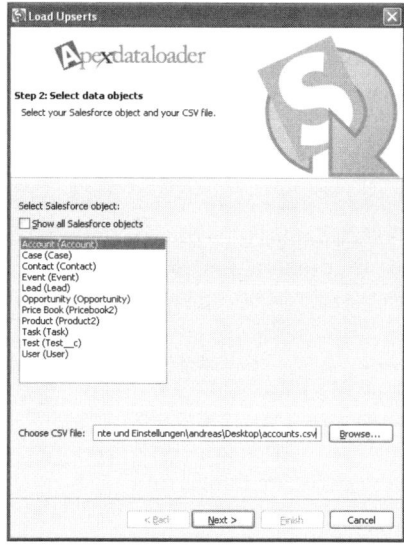

BILD 9.8   Bearbeitete Account-Objekte in die Plattform laden

Mit Beendigung dieses Schrittes haben wir einen vollständigen Turn-Around für unsere Daten durchgeführt

9.3.2 Web Services (WSDL und SOAP)

Betrachtet man sich die unglaubliche Menge an Programmiersprachen, Hardware- und Software sowie die daraus resultierende Menge an verschiedenen Clouds (aus Sicht eines Entwicklers), dann braucht es schon etwas mehr, um das alles zu integrieren. Glücklicherweise wurde am 15. März 2001 von Aruba, IBM und Microsoft der Grundstein für eine hersteller- und systemunabhängige Kommunikationsmöglichkcit übcr alle Grenzen hinweg gelegt. An diesem Tag wurde die Web Service Description Language (WSDL) in der Version 1.1 vorgestellt. Diese ermöglichte es seither, eine Schnittstelle zwischen zwei oder mehreren Systemen zu definieren, die von fast allen vorhandenen Programmiersprachen aus angesprochen werden kann. Nachdem die Beschreibung der Schnittstelle geklärt war, musste noch ein einheitliches Format der Nachrichten her: SOAP.

SOAP[1] bezeichnet eine definierte Art der Nachrichtenform und der Informationsmenge. Hierbei wird alles sehr genau spezifiziert, z.B. wie Nachricht aussieht, welche Datentypen verwendet werden oder auch, welche Informationen in der Nachricht enthalten sind.

---

[1] Die Abkürzung SOAP wird nicht mehr ausgesprochen, da das zugrunde liegende System seit der ersten Definition stark ausgebaut wurde und heute nicht mehr zu der ausgesprochenen Abkürzung passen würde.

9.3.2.1 Architektur und Technologie

Ein Service stellt innerhalb einer serviceorientierten Architektur (SOA) den kleinsten fachlich wiederverwendbaren Bestandteil dar. Also zum Beispiel „Eine Buchung durchführen" oder „Kreditkartendaten prüfen". Technisch werden diese Services durch die Webservice-Technologie umgesetzt. Interessant ist, dass sich diese Technologie nicht nur für die fachlichen Services, sondern auch für die Entwicklung der Schnittstellen einsetzen lässt. Damit verlassen wir zwar den reinen SOA-Gedanken, sind aber offen für die restliche Welt. Weitere technische Informationen lassen sich unter [HeuHol01] finden.

Im Prinzip können wir uns einen Webservice als eine Schnittstelle mit unbekannter Implementierung vorstellen. An diese Schnittstelle werden Nachrichten in Form von kleinen XML-Dokumenten gesendet, und von dieser Schnittstelle werden Antworten in gleicher Form zurückgegeben. Da sowohl die Beschreibung der Schnittstelle als auch die Nachrichten in XML vorliegen, können sie von nahezu allen Anwendungen verstanden werden. Bild 9.9 verdeutlicht das Prinzip.

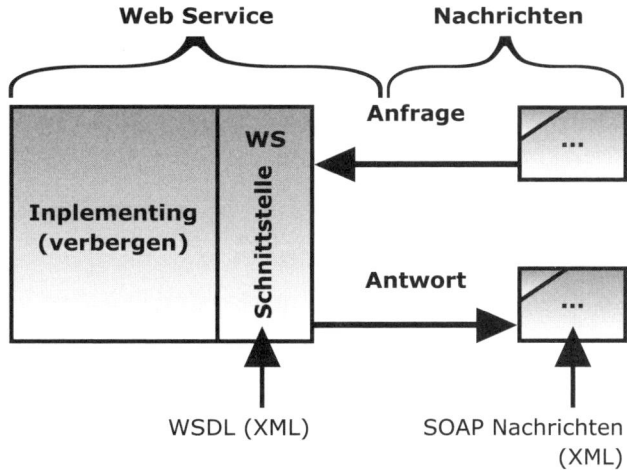

BILD 9.9 Webservice im Überblick

Nachdem wir uns jetzt einen Webservice näher angesehen haben, können wir das Ganze auf eine Cloud-Infrastruktur übertragen. Man kann sich darunter eine Menge in Echtzeit vernetzter Teilsysteme vorstellen. Alle sind kompatibel zueinander, da die Schnittstellen von jedem Teilsystem verstanden werden. Alle können Informationen in kürzester Zeit transportieren, da über die Webservices sehr direkt mit dem eigentlichen Teilsystem kommuniziert wird. In Bild 9.10 ist der zugrunde liegende architektonische Gedanke verdeutlicht.

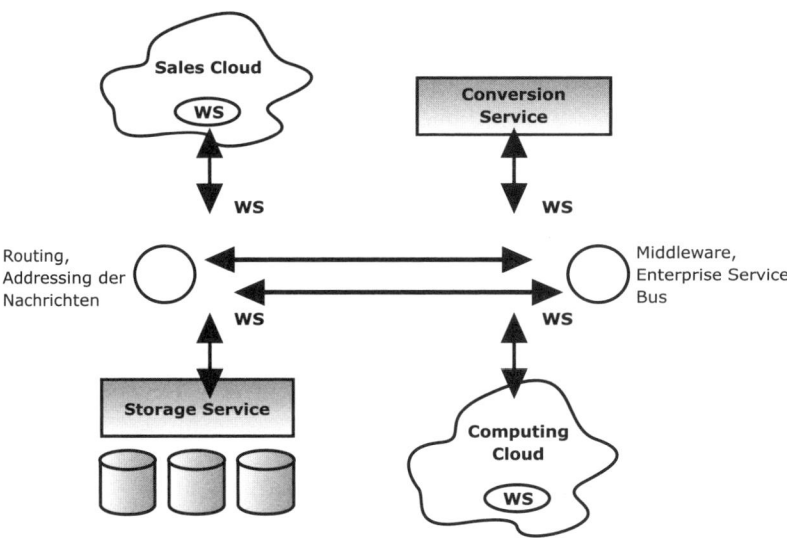

BILD 9.10 Vernetztes System mithilfe von Webservices

Dabei werden in der Praxis die einzelnen Webservices meistens nicht direkt miteinander in Bezug gebracht. Vielfach wird ein zentraler Bus (Enterprise Service Bus) oder spezielle Middleware zur Vermittlung dazwischen gelegt.

9.3.2.2 Webservice-Beschreibung – WSDL

Die Web Service Description Language (WSDL) ist eine XML-Datei, mit der ein Webservice vollständig beschrieben werden kann. Dazu zählen sowohl die sichtbaren Elemente wie Name, Datentypen und Methoden des Webservice als auch nicht sofort sichtbare Elemente wie Ausführungsort im World Wide Web oder das verwendete Nachrichtenprotokoll. Zusammengefasst finden Sie in einer WSDL-Datei jedoch alle benötigten Informationen, um auf den Webservice zugreifen zu können. In Bild 9.11 sehen Sie noch einmal alle Bestandteile einer WSDL.

BILD 9.11 Web Service Description Language V1.1 – Bestandteile

Da schließt sich natürlich gleich eine Frage gleich an: Woher bekommt man eigentlich die WSDL für einen Webservice? Prinzipiell existieren zwei hauptsächliche Möglichkeiten: über eine Registry (Bild 9.10) oder über den direkten Weg (Bild 9.11). Das bedeutet, der Webservice wird ohne den Umweg einer Registry angesprochen, es wird eine Point-to-Point-Verbindung aufgebaut.

In einer Registry sind alle Informationen zum Webservice und die dazugehörige WSDL-Datei abzulegen. Entwickler können somit über einen genau bekannten Eintrittspunkt alle Informationen zu allen dort bekannten Webservices abfragen. Stellen Sie sich das einfach wie ein Telefonbuch vor (siehe Bild 9.12).

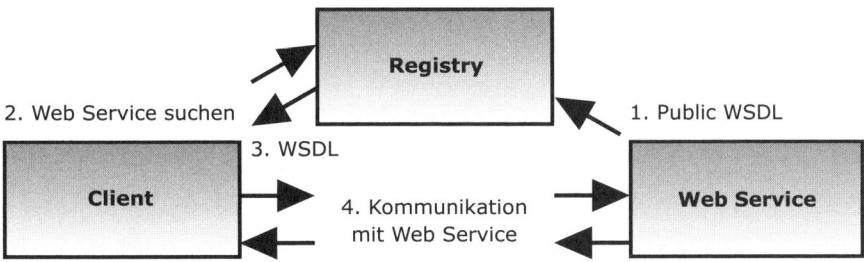

BILD 9.12 Prinzip einer Web Service Registry

Wird der direkte Weg zum Webservice gewählt, erhalten Sie von irgendwoher die Information, wo das WSDL zu finden ist. Leider lässt sich das nicht genauer spezifizieren, da das von Anbieter zu Anbieter unterschiedlich umgesetzt ist. In Bild 9.13 sehen Sie beispielhaft den Weg zur Schnittstellenbeschreibung des Amazon Simple Storage Service (S3) [AWS03] sowie der salesforce.com CRM Software-as-a-Service-Anwendung [SFDC05].

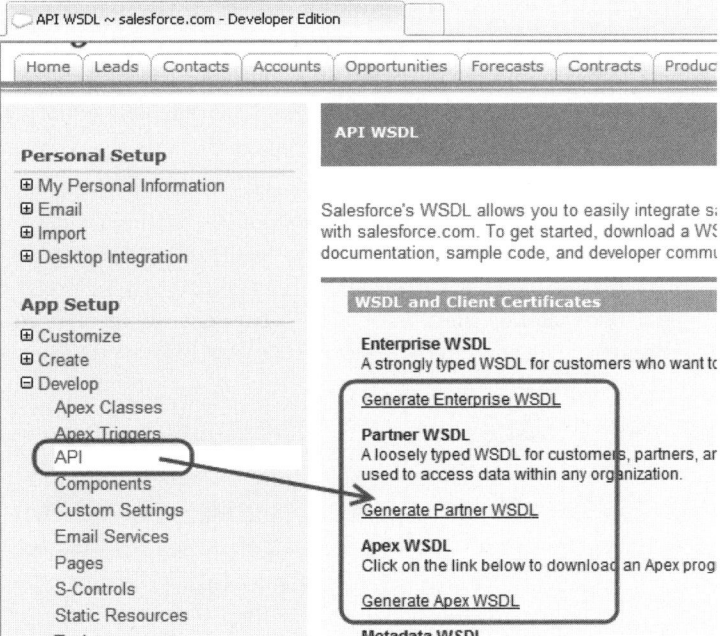

BILD 9.13 WSDL für Web Services der Cloud ermitteln; Beispiel: salesforce.com WSDL

BILD 9.13 (Fortsetzung) WSDL für Web Services der Cloud ermitteln; Beispiel: Amazon S3 WSDL

9.3.2.3 Beispiel

Im folgenden Beispiel verwenden wir die CRM-Cloud von salesforce.com. Hier werden wir über die Webservice-Schnittstelle einen neuen Account anlegen. Dabei werden wir nur das Vorgehen prototypisch darstellen, da es sonst den Rahmen dieses Buches sprengen würde. Für einen detaillierten technischen Einblick empfehlen wir die Entwicklerseiten von Force.com.

Benötigte Artefakte für den Client erzeugen

Ausgangspunkt ist die Beschreibung des Webservice im WSDL-Format. Mit dieser Datei erhalten wir jedoch noch keinen direkten Zugriff auf die bei salesforce.com liegenden Daten. Dazu muss das WSDL in eine Programmiersprache übersetzt werden, die von uns direkt genutzt werden kann.

Wenn man von salesforce.com auf einen fremden Webservice zugreift (zum Beispiel den Amazon Storage Service), wird man die WSDL nach APEX übersetzen. Wir möchten jedoch an dieser Stelle von einer Java-Anwendung aus ein neues Account-Objekt erzeugen. Also müssen wir die salesforce.com CRM-Cloud WSDL nach Java übersetzen. Bild 9.14 zeigt noch mal den ersten Schritt jeder Entwicklung mit Webservices – übrigens nennt man dieses Vorgehen auch Contract-First-Ansatz, da wir von der Beschreibung des Webservice ausgehen.

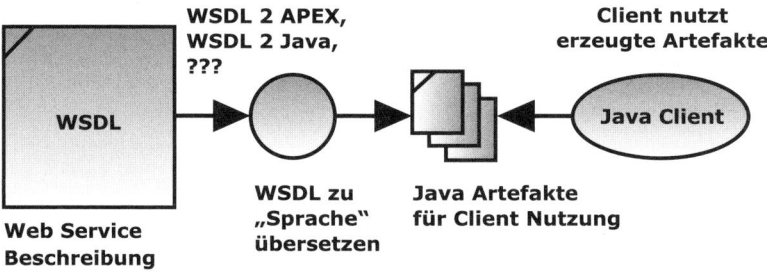

BILD 9.14 Übersetzen der WSDL zur Zielsprache

Einen neuen Account erzeugen

Mit dem Übersetzen der salesforce.com WSDL nach Java werden dringend benötigte Java-Artefakte wie LoginResult, SforceServiceLocator oder auch der Account erzeugt. Nachdem dies getan ist, wenden wir uns der eigentlichen Client-Entwicklung zu. Im folgenden Quelltext-Fragment wird in Echtzeit ein neuer Account innerhalb einer salesforce.com-Organisation angelegt. Die eigentliche Organisation wird durch den Login bestimmt, genauso wie beim Login in die Software-as-a-Service-Anwendung über die Weboberfläche.

```
01  // zuerst in die SFDC Org einwählen
02  LoginResult loginResult=null;
03  SoapBindingStub sfdc=null;
04  sfdc = (SoapBindingStub) new SforceServiceLocator().getSoap();
05  loginResult = sfdc.login(„username",“password");
06
07  // einen Account temporär erzeugen
08  Account account = new Account();
09  account.setAccountNumber(„012345012345");
10  account.setName(„SaaS Buch");
11  account.setBillingCity(„Frankfurt am Main")
12
13
14  SObject[] sObjects = new SObject[1];
15  sObjects[0] = account;
16
17  // den temporären Account in der Plattform ablegen
18  sfdc.create(sObjects);
```

Wenn Sie jetzt in Ihre salesforce.com-Organisation schauen, wird dort ein neuer Account mit dem Namen „SaaS Buch" vorhanden sein.

9.4 Sicherheit

Eine der wichtigsten Forderungen an Webservices, wenn nicht sogar die wichtigste, betrifft die Sicherheit derselben. Aus der Natur der Sache heraus ist ein Webservice von überall in der Welt über das World Wide Web erreichbar. Um es noch einmal deutlich zu formulieren: Nach dem Freigeben Ihres Webservices kann jeder der Millionen von Webnutzern darauf zugreifen!

Das erfordert von uns eine ganz spezielle Denkweise, ausgerichtet an den Sicherheitsanforderungen. Dabei hilft uns eine Menge von bewährten und erprobten Techniken, die von fast allen Plattformen und Cloud Computing-Umgebungen beachtet werden. Wir werden hier zwei der wichtigsten Techniken kurz vorstellen: die Sicherheit auf Transportebene und die Sicherheit mittels Credentials und Authentifizierung. Beide werden in Kombination miteinander eingesetzt und sind ein bewährtes Mittel der Absicherung vor unerlaubtem Zugriff.

Sicherheit auf Transportebene

Als Standard kann heute die Verschlüsselung der Datenübertragung auf der Transportebene angesehen werde. Dazu wird das SSL-Protokoll (Secure Socket Layer) genutzt. Meist ist das eher implizit zu sehen, zum Beispiel an der HTTPS-Verbindung anstelle von HTTP. Bei dieser Verbindungsform wird als Erstes ein Zertifikat vom Server des Webservices zum Client übertragen und geprüft. Die Zertifikate werden von speziell registrierten Firmen ausgestellt und können anhand ihres internen Aufbaus identifiziert und einer Firma zugeordnet werden. Wenn bei der Prüfung des Zertifikates alles okay war, wird eine gesicherte und verschlüsselte Verbindung zwischen Webservice und Client aufgebaut, die auch Point-to-Point-Verbindung genannt wird. Diese bleibt während der gesamten Kommunikationszeit bestehen. Bild 9.15 zeigt ein solches Szenario noch einmal im Überblick.

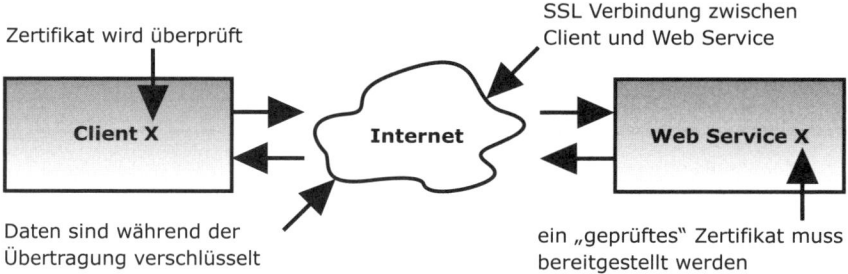

BILD 9.15 Sichere Datenübertragung mit SSL

Authentifizierung/Anmeldung beim Webservice

Mit der Sicherung der Datenübertragung ist ein erster wichtiger Schritt getan. Jedoch können immer noch alle möglichen Anwender auf den Webservice zugreifen. Deshalb ist eine Authentifizierung notwendig: der Login-Prozess. Hier werden die Benutzerdaten (engl. *credentials*) gegenüber einer internen Benutzerdatenbank geprüft. Im Anschluss wird ein Token produziert, mit dem man sich gegenüber dem Webservice ausweisen kann. Authentifizierung am Webservice16 zeigt eine solche Sequenz von Aufrufen.

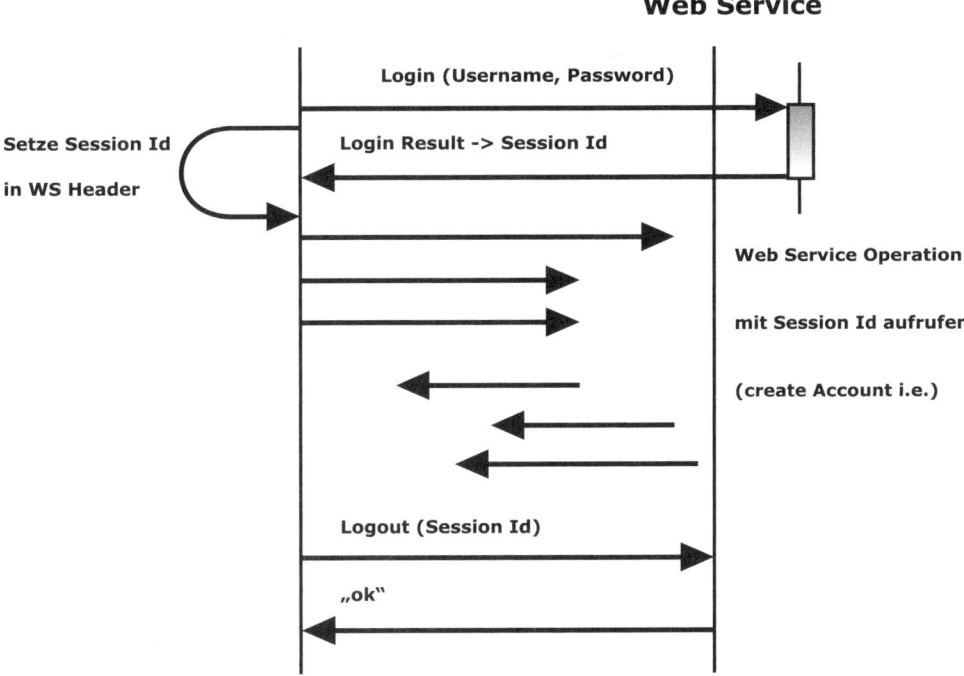

Web Service

Login (Username, Password)

Setze Session Id

Login Result -> Session Id

in WS Header

Web Service Operation

mit Session Id aufrufen

(create Account i.e.)

Logout (Session Id)

„ok"

BILD 9.16 Authentifizierung am Webservice

■ 9.5 Zusammenfassung

In diesem Kapitel haben wir die zwei wichtigsten Möglichkeiten der Integration von Teilsystemen in einer Cloud untersucht, bewertet und exemplarisch vorgestellt. Dabei ist die entscheidende Frage, nämlich die nach dem Zeitpunkt, zu dem die Daten ausgetauscht werden, untersucht worden. Je nach gewünschtem Ergebnis kann zwischen Batch- und Echtzeitverarbeitung
unterschieden werden.

Als technisch ausgereifte und zuverlässige Integrationsmöglichkeit können die Webservices
gelten. Mit dieser Technologie lassen sich Teilsysteme verknüpfen, ohne dass die beteiligten
Programmiersprachen, Betriebssysteme oder Hardware bekannt sind. Dies stellt nicht nur
eine enorme Erleichterung bei der Entwicklung dar, sondern ist im besonderen Maße auch
offen für die Zukunft. Neue oder auch Legacy-Entwicklungen lassen sich somit problemlos in
vorhandene Architekturen einbauen. Es ist zudem der deutliche Trend sichtbar, dass immer
mehr Teilkomponenten von Haus aus mit Webservice-Schnittstellen ausgestattet werden.

10 Erfolgreiche Cloud-Projekte

Im Spannungsfeld der dynamischen Märkte verändert sich auch die Zusammenarbeit im Unternehmen zwischen Fachabteilungen und der IT. Die Fachabteilungen fordern schnelle und flexible IT-Systeme – kurze Entwicklungszeiten, niedrige Umsetzungskosten und maximale Stabilität und Verfügbarkeit. Die IT-Abteilungen benötigen genau spezifizierte Anforderungen, müssen den zuverlässigen Betrieb sichern und haben sich in den vergangenen Jahren weiter professionalisiert, um den Anforderungen aus dem Fachbereich gerecht zu werden. Allerdings führt dies aus Sicht des Fachbereichs genau zum Gegenteil: Die bereitgestellte Hardware ist überdimensioniert und für weiteres Wachstum ausgelegt, dadurch sind die Systeme weniger flexibel und verursachen mehr administrativen Aufwand. Zudem sind IT-Systeme in vielen Unternehmen nicht die Kernkompetenz des Unternehmens und werden teilweise stiefmütterlich behandelt. Cloud Computing hilft dabei, diese Gegensätze aufzulösen und den IT-Abteilungen Mittel an die Hand zu geben, wie sie die Anforderungen aus den Fachbereichen erfüllen und zusätzlich den Betrieb und die Stabilität der Systeme absichern.

In den vorhergehenden Kapiteln haben wir uns ausführlich mit Cloud-Technologien und Systemen beschäftigt. In diesem Kapitel gehen wir davon aus, dass eine Entscheidung für den Einsatz einer Cloud (dazu mehr in Kapitel 6) bereits getroffen wurde, auch wenn in den ersten Phasen des Projektes (Initiierung und Analyse) eigentlich noch lösungsfrei an das Projekt herangegangen werden sollte.

■ 10.1 Überblick

Dieses Kapitel soll Ihnen einen Überblick über die Erfahrungen bei der Einführung einer Cloud-Applikation anhand der klassischen Projektphasen Initiierung, Analyse, Durchführung und Betrieb (Bild 10.1) geben und Ihnen aufzeigen, wie im Rahmen der Einführung, aber auch der Entwicklung, von Cloud-Systemen vorgegangen werden kann und was im Einzelnen einer näheren Betrachtung wert sein sollte. Dabei werden die einzelnen Handlungsfelder kurz vorgestellt und dann durch weitere praktische Beispiele und Erfahrungsberichte ergänzt.

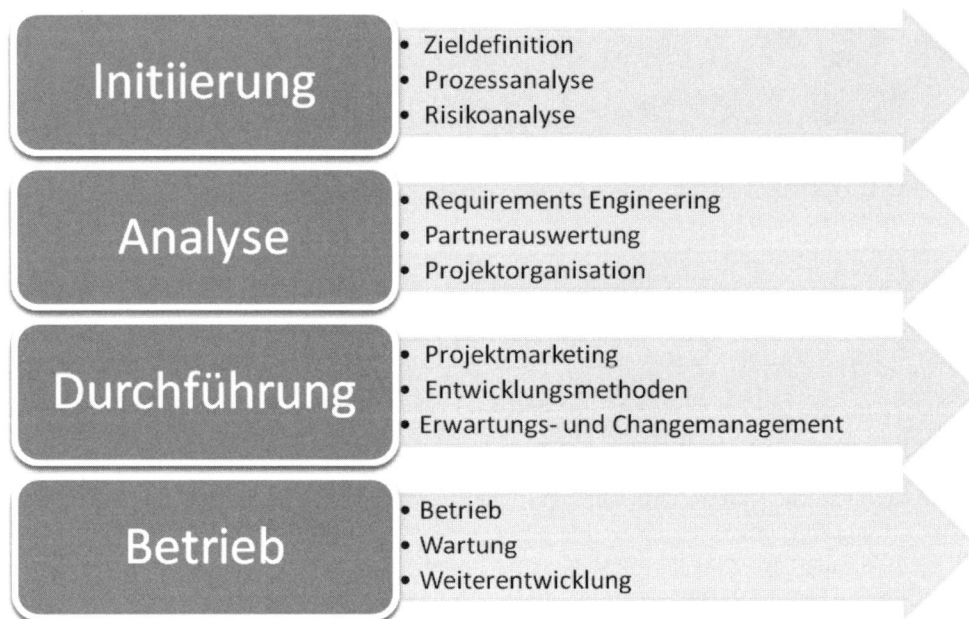

BILD 10.1 Projektphasen und Handlungsfelder

■ 10.2 Initiierung

Während der Initiierungsphase eines Projektes werden die Ziele, die Rahmenbedingungen, die Beteiligten und weitere Ressourcen festgelegt und im Unternehmen abgestimmt. In dieser Phase ist die Umsetzung der Anforderungen meistens noch frei von technologischen Lösungen. Hierbei ist es wichtig, einen möglichst breiten Blick für Lösungen und Vorgehensweisen zu haben. In Bezug auf Cloud-Technologien ist es wichtig, die Widerstände im Unternehmen frühzeitig zu identifizieren und Ängste abzubauen (vergleiche Abschnitt 10.2.3 und zur intensiven Betrachtung das Kapitel 4). Das Ergebnis dieser Phase sollte eine Entscheidung für ein System oder eine Lösungsarchitektur ermöglichen.

10.2.1 Zieldefinition

Die Zieldefinition ist erst einmal unabhängig von der Art eines Projekts oder Softwaresystems. Dennoch sollten Sie sich von Anfang an Gedanken über die Ziele machen, die Sie mit dem System oder der Plattform erreichen wollen. Die Technologie „Cloud" ist dann ein Mittel, um definierte Ziele zu erreichen.

PRAXISTIPP: Ein Ziel beim Einsatz von Cloud-Technologie ist die Auslagerung von Rechenlast und Ressourcen an einen externen Anbieter, der die entsprechenden zugesicherten Ressourcen dann jederzeit zur Verfügung stellt. Betrachtet man die vier unterschiedlichen Zielperspektiven (siehe unten), so können Ziele wie die Reduzierung der internen Ressourcen im Bereich Hardware- und Softwarelizenzen mit aufgenommen werden. ∎

Formulieren Sie Ihre Ziele s.m.a.r.t.:

- S – Spezifisch: Spezifisch bedeutet, dass Ziele eindeutig definiert sein (nicht vage, sondern so präzise wie möglich) müssen.
- M – Messbar: Ziele müssen messbar sein, und es müssen Messbarkeitskriterien festgelegt sein.
- A – Akzeptiert: Der Empfänger muss Ziele akzeptieren.
- R – Realistisch: Realistisch bedeutet, dass Ziele erreichbar sein müssen.
- T – Terminiert: Ziele müssen eine Terminvorgabe erhalten, wann sie erreicht werden.

 HINWEIS: In der Praxis erlebt man häufig eine gewisse Angst, Ziele konkret zu formulieren. Vielfach werden Ziele aufgeweicht, damit eine Messung und Kontrolle nach dem Projekt nicht möglich ist. Das ist bei Cloud-Projekten nicht anders, aber genauso wichtig.

Wenn Sie Ihre Ziele klar definieren und im Unternehmen abstimmen, haben Sie immer eine Vorgabe, in welche Richtung Ihr Projekt gehen muss, und können nach dem Projektabschluss den Erfolg oder auch Misserfolg klar darstellen. ∎

Betrachten Sie dabei immer unterschiedliche Zielperspektiven. Was bringt das neue System, die Technologie für Vorteile

- für unsere Kunden,
- das Unternehmen,
- die Benutzer und
- die Systemverantwortlichen?

HINWEIS: Hier ein Beispiel für Zielformulierung bei der Einführung eines CRM-Systems auf Basis von salesforce.com:

- Wir wissen zu jedem Zeitpunkt, was wir mit unserem Kunden gerade machen: 360° Kundensicht für alle Mitarbeiter
- Steigerung des Umsatzes um 12 %
- Steigerung der Produktivität der Mitarbeiter um 15 % zum Ende des kommenden Jahres
- 40 % Reduzierung der externen Entwicklungskosten, des Betreuungsaufwandes etc.

10.2.2 Prozessanalyse

Wenn wir an Prozesse denken, verbinden wir diesen Begriff häufig mit starren Regeln und Großkonzernen. Bei vielen von uns ist dieser Begriff inzwischen negativ belegt. Eine Prozessanalyse bietet uns aber die Möglichkeit, die einzelnen Schritte und Tätigkeiten auf ihre Notwendigkeit für unser Geschäft zu hinterfragen, und zeigt uns Optimierungspotenzial im Unternehmen auf.

Die Prozessanalyse lässt sich auf verschiedenen Wegen durchführen. Klassischerweise untersuchen Sie erst die IST-Prozesse, identifizieren das Optimierungspotenzial und leiten daraus die SOLL-Prozesse ab.

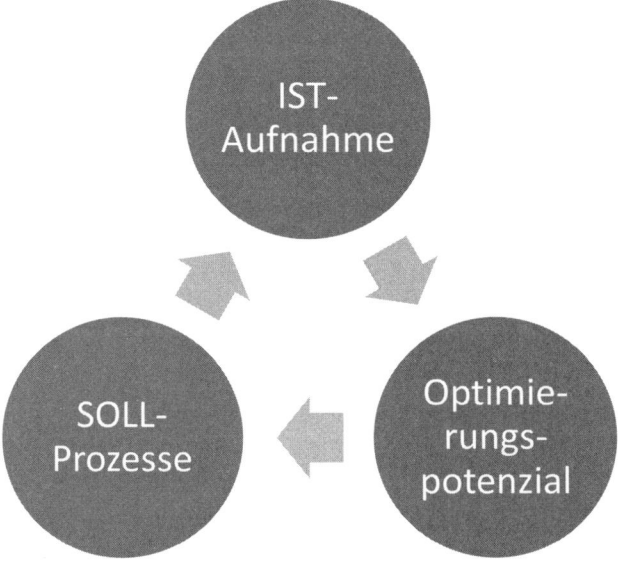

BILD 10.2 Vorgehensweise bei der Prozessanalyse "klassisch"

Fertige Lösungen im Bereich Software-as-a-Service haben bereits Standardprozesse und branchenübliche Anpassungen integriert oder bieten entsprechende Vorlagen. Wenn Sie so vorgehen, sollten Sie eher prüfen, wie der vorgegebene Prozess auf Ihr Unternehmen angewendet werden kann, welche Prozesse in Ihrem Unternehmen bereits implementiert sind, welche Abweichungen (Delta-Analyse) daraus entstehen (siehe Bild 10.3).

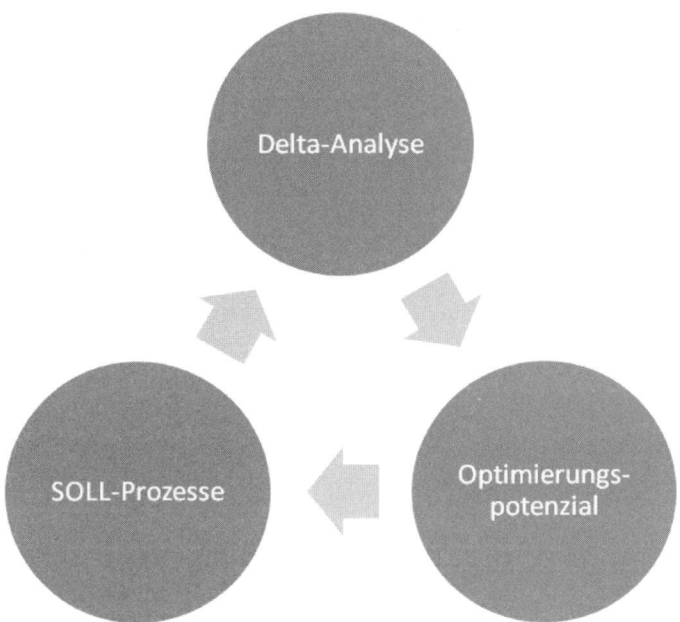

BILD 10.3 Veränderte Vorgehensweise bei XaaS-Systemen

Die Ergebnisse aus der Analyse müssen Sie dann bewerten und dabei identifizieren, wo weitere Anpassungen notwendig sind, wo zusätzliche Komponenten notwendig sind oder wo der vorgegebene Standardprozess eingesetzt werden soll.

10.2.2.1 Aufnahme der IST-Prozesse

Für die Aufnahme der IST-Prozesse eignen sich Interviews oder Workshops mit dem Fachanwender. Wichtig ist es, dabei zu hinterfragen, warum ein Prozessschritt auf diese Weise durchgeführt wird. Dadurch erhält man die notwendigen Informationen für die Wichtigkeit des Prozessschrittes. Einige der Prozessschritte sind vielleicht aus historischen Gründen, durch die Einschränkungen des vorherigen oder anderer Unternehmenssysteme notwendig. All dies sollte in einem Prozessflussdiagramm integriert werden. Dafür gibt es viele Werkzeuge, u.a. Microsoft PowerPoint, Microsoft Visio, ARIS, ARIS Express und viele weitere.

HINWEIS: In salesforce.com ist seit dem Winterrelease 11 der Visual Process Designer [SFDC06] integriert. Aber auch BPM-Tools wie der Signavio Process Editor [SIGNAVIO] gibt es als Software-as-a-Service.

10.2.2.2 Delta-Analyse

Der Einsatz von Cloud-Systemen im Bereich SaaS ermöglicht den Start mit fertigen Prozessen. Im Rahmen einer Delta-Analyse vergleichen Sie jetzt die vorhandenen Prozesse mit den ermittelten Prozessen, können unkompliziert den Unterschied (das Delta) ermitteln und haben einen einfachen Überblick über weitere notwendige Anpassungen.

10.2.2.3 Optimierungspotenzial

Ihre Experten kennen die Schwachstellen in den Prozessen und den Arbeitsweisen der letzten Jahre häufig ziemlich genau. Sie können direkt mit ihren Erfahrungen das neue System austesten und überprüfen, welche Optimierungen sich mit dem System durchführen lassen.

 PRAXISTIPP: Lassen Sie sich helfen! Auch wenn Sie am besten wissen, wie Ihr Geschäft funktioniert, ist Input von außen, z.B. von einem vergleichbaren Unternehmen aus einer anderen Branche oder einem Experten aus einem Beratungs- oder Implementierungsunternehmen, sehr sinnvoll.

Viele Anbieter und Dienstleister bringen dafür ihre Kunden immer wieder zu Veranstaltungen und Workshops zusammen. Nutzen auch Sie diese Gelegenheit.

10.2.2.4 Beschreibung der SOLL-Prozesse

SOLL-Prozesse leiten sich aus den Rahmenbedingungen des Systems und der Umgebung, dem identifizierten Optimierungspotenzial und den „Wünschen" der Fachanwender ab. Sie sollten jedoch die Prozesse immer so allgemein und systemunabhängig wie möglich definieren, da Sie sich so die Möglichkeit erhalten, die Umsetzung später auch in anderen Systemen zu bewerten.

 PRAXISTIPP: Bei der Modellierung der SOLL-Prozesse sollten Sie einen Systemexperten hinzuziehen. So erhalten Sie frühzeitig Informationen zur Machbarkeit im System und möglichen Lösungsszenarien.

HINWEIS: Haben Sie eine fertige Software aus der Cloud im Einsatz, setzen Sie die Prozesse, soweit möglich, schnell im System um. So haben Sie die Möglichkeit, kurzfristig Feedback von den Prozess-Ownern einzuholen, die Machbarkeit zu überprüfen und gleich die Usability zu testen. Ein Prototyp hilft mehr beim Verständnis von Prozessabläufen als Diagramme oder Beschreibungen.

10.2.3 Risikoanalyse

Widerstand von eigenen Kollegen, Angst um die wichtigsten Firmendaten, unbekannte Technologien im Datenaustausch, kleine Implementierungspartner, keine eigenen Erfahrungswerte zur Systemverfügbarkeit und der Systemwiederherstellungszeit im Notfall, diese und eine Vielzahl weiterer Faktoren lassen uns den neuen Technologien skeptisch gegenübertreten. Wir haben noch kein ausreichendes Vertrauen aufgebaut und werden durch regelmäßig erscheinende Nachrichten zu Datenmissbrauch und Sicherheitslecks weiter verunsichert.

Wird die Idee ins Unternehmen getragen, Software aus der Cloud in Betracht zu ziehen, gibt es erfahrungsgemäß von Seiten der IT und auch aus anderen Bereichen sofort eine Vielzahl von Bedenken, die auf den ersten Blick den Einsatz von Cloud-Software unmöglich erscheinen lassen. Deshalb ist es besonders wichtig, diese Bedenken aufzunehmen, zu bewerten, mögliche Maßnahmen oder detaillierte Informationen vom Anbieter einzufordern, in einer gemeinsamen Runde auf diese Bedenken einzugehen und diese in eine Entscheidungsvorlage einfließen zu lassen. Geeignetes Mittel dafür ist die Risikoanalyse.

Die Risiken im Zusammenhang mit dem Einsatz von Cloud-Technologien können in die folgenden Kategorien (siehe Bild 10.4, nächste Seite) eingeordnet werden:

Daten
- Datensicherheit
  - Wie sicher sind die unternehmenseigenen Daten? Wie sind sie vor unbefugtem Zugriff intern/extern und auch durch den Staat abgesichert?
- Datenschutz
  - Welche Vorgaben zum Datenschutz werden erfüllt?
- Backup und Datenwiederherstellung
  - Wie und in welchem Zyklus werden Daten gesichert und wie und wie schnell können die Daten wieder hergestellt werden?

Das Thema Datensicherheit und Datenschutz wird in Kapitel 4 ausführlicher behandelt.

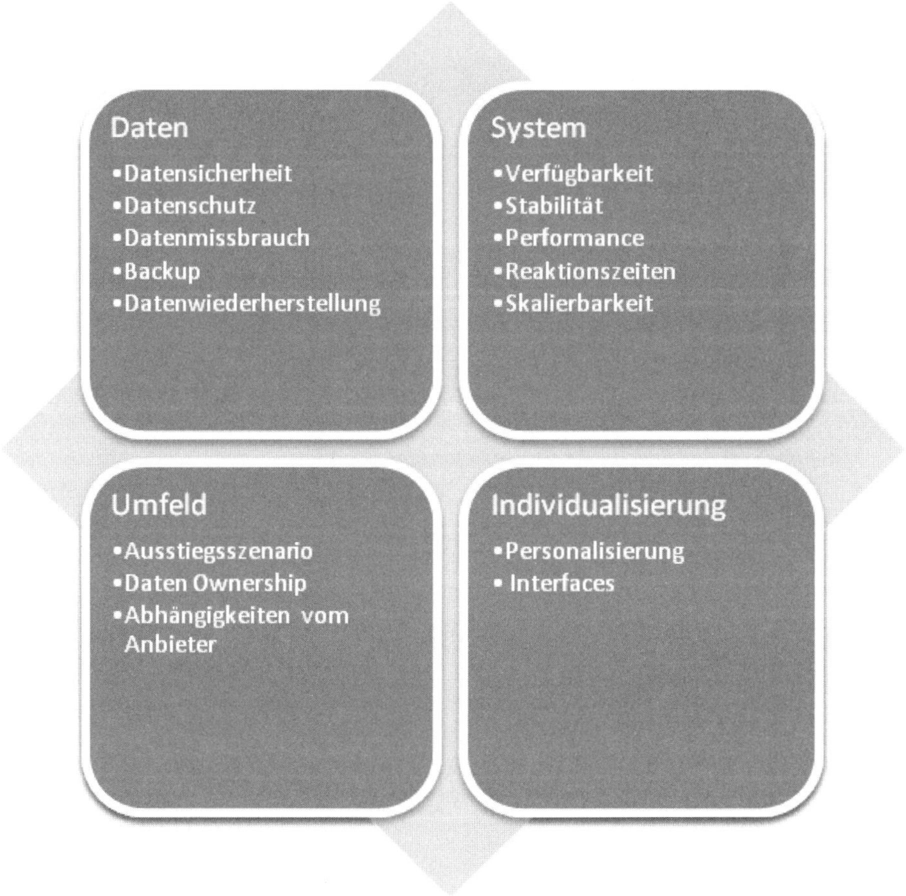

Daten
- Datensicherheit
- Datenschutz
- Datenmissbrauch
- Backup
- Datenwiederherstellung

System
- Verfügbarkeit
- Stabilität
- Performance
- Reaktionszeiten
- Skalierbarkeit

Umfeld
- Ausstiegsszenario
- Daten Ownership
- Abhängigkeiten vom Anbieter

Individualisierung
- Personalisierung
- Interfaces

BILD 10.4 Risikocluster

System

- Verfügbarkeit
  - Wie ist die Verfügbarkeit des Systems und wo kann diese regelmäßig eingesehen werden?
- Performance
  - Welche Performance bei unternehmenskritischen Prozessen wird garantiert und wie können diese Werte vertraglich abgesichert werden?
- Reaktionszeiten
  - Welche Reaktionszeiten werden vom Anbieter und/oder Partner garantiert und wie können sie bei Bedarf vertraglich abgesichert und/oder verbessert werden?
- Skalierbarkeit
  - Wie kann ich die Applikation schnell und einfach skalieren?

Umfeld

- Ausstiegsszenario
  - Welche Möglichkeit gibt es für einen Ausstieg aus dem laufenden Vertrag und wie können die eigenen Daten schnell über ein anderes System im Tagesgeschäft genutzt werden?
- Daten-Ownership
  - Gehören die Daten nur dem eigenen Unternehmen oder werden auch dem Anbieter Rechte auf die Daten (zum Beispiel für Auswertungen) eingeräumt?
- Abhängigkeiten vom Anbieter
  - Welche weiteren Abhängigkeiten können vom Anbieter noch identifiziert werden?
  - Änderungen im Vertragsverhältnis bei Übernahme durch ein anderes Unternehmen
  - Welche Auswirkungen hätte der Kauf durch einen Wettbewerber auf das eigene Unternehmen und die eigenen Daten?

Individualisierung

- Personalisierung
  - Welche Grenzen sind bei der Individualisierung der Software zu identifizieren und welche Auswirkungen haben Personalisierungen auf neue Releases?
- Interfaces
  - Wie und mit welchem Aufwand können die eigenen Systeme angebunden werden und Daten mit der Cloud-Applikation austauschen?
- Eigene Entwicklungen
  - Wie lassen sich die eigenen Entwicklungen in die Releaseplanung des Anbieters integrieren und die Investition sichern?

■ 10.3 Analyse

Während der Analysephase sollten Sie die Anforderungen definieren, die Lösungsansätze im System festlegen und auf Basis der gesammelten Informationen auswerten und (wenn bisher noch nicht geschehen) einen Partner auswählen. Nachdem also in der Initiierung die Ziele und Prozesse klar definiert wurden, werden die in Frage kommenden Lösungen in der Analysephase genauer untersucht. Sehr hilfreich dabei ist die Durchführung eines Proof of Concept, bei dem zum Beispiel mit einer Auswahl von Use Cases offene Fragen geklärt werden können. Sie sollten dabei den Fokus des Proof of Concept von Anfang an klar definieren. Möglich ist, den Fokus auf eine Anwendergruppe oder eine Prozessabfolge zu legen. Auch können Sie beispielsweise bei der Integration von Schnittstellen eine einfache und eine sehr komplizierte auswählen. Letztendlich sollten Sie hinterher die offenen Fragen geklärt, Lösungsansätze definiert und ein gutes Gefühl für die Applikation und einen Dienstleister haben.

 PRAXISTIPP: Aus unserer Sicht ergibt sich der folgende Fragenkatalog beim Einsatz von Cloud-Technologien. Nicht für jeden Anwendungsfalls sind alle Fragen anzuwenden.

- Welche Möglichkeit der Abbildung der Prozesse gibt es?
- Wie wird die Bedienerfreundlichkeit bewertet?
- Welche technischen Aspekte sind zu berücksichtigen (Hardwareanforderungen, Technologien, Programmiersprachen)?
- Wie flexibel ist das System in Bezug auf die Integration externer Systeme?
- Wie häufig werden Release-Wechsel durchgeführt und wie ist die Kommunikation im Vorfeld dazu?
- Welche Möglichkeiten für das Customizing existieren?
- Welche mobilen Clients werden unterstützt?
- Welche Kosten werden durch das System verursacht und wie wird abgerechnet (Transaktionsbasiert, nach Verbrauch, *all inclusive*)?
- Welche Server (inkl. Backup) sind im Einsatz und wie ist die Verfügbarkeit und die Kommunikation bei Störungen?
- Wie ist das Lizenzmodell gestaltet (nach Benutzer, nach Transaktionen, Speicherbelegung) und was kann wie erweitert werden?
- Welche zusätzlichen Module können gemietet werden?
- Werden zusätzliche Komponenten benötigt (auf Client und Serverseite) und wie werden diese aktualisiert?
- Mit welchen Werkzeugen und wie werden eigene Softwaremodule implementiert?
- Art der Nutzung: kontinuierlich, Peaks, Art der Abrechnung (minutengenau?)
- Welche Zukunft hat der Anbieter und auch der Implementierungspartner?
- Wie ist die technologische Weiterentwicklung?
- Welche Erfahrungen hat der Implementierungspartner?

10.3.1 Requirements Engineering

Requirements Engineering (Anforderungserhebung) ist ein wichtiger Bestandteil im Systementwicklungsprozess. Ziel ist es die Anforderungen an ein System zu ermitteln, zu strukturieren und abzustimmen sowie diese zu priorisieren und zu bewerten. Die gesammelten Anforderungen sind Grundlage für ein Pflichtenheft und wesentlicher Bestandteil einer Ausschreibung.

PRAXISTIPP: In der Praxis hat sich die Durchführung von Workshops zur Aufnahme von Prozessen und Anforderungen etabliert. Achten Sie darauf, die richtige Mischung der Teilnehmer einzuladen. Hilfreich ist es, wenn bei Diskussionen ein Entscheider die weitere Richtung vorgibt.

Die Erfolgsfaktoren für einen guten Workshops sind:

- Richtiger Teilnehmerkreis
- Die Anwesenheit eines Entscheiders
- Gute Vorbereitung des Moderators und der Analysten
- Prozesse und Anforderungen hinterfragen

Das Format der Anforderung kann dabei variieren. In einigen Bereichen wird die Unified Modeling Language (UML) zur Beschreibung von Anforderungen eingesetzt, in anderen werden Anforderungen in Prosa formuliert.

Die SOPHISTen [SOPHIST] haben dazu ein Regelwerk erstellt, welches die Beschreibung von Anforderungen vereinheitlicht und die weiteren Bearbeitungsschritte vereinfacht.

 HINWEIS: Lernen Sie von anderen. Auch wenn wir im festen Glauben sind, dass wir alles besser machen als alle anderen Unternehmen auf dieser Welt. Ist die Cloud-Applikation nicht Ihr Kerngeschäft, sondern ein unterstützendes System, sollten Sie noch mehr als bei anderen Systemen von fertigen, auch kostenpflichtigen Applikationen oder existierenden Lösungen Ihres Partners oder des Anbieters profitieren.

Diese Applikationen sind z.B. bei Salesforce auf der Force.com-Plattform. Ein großer Vorteil besteht in der schnellen Bereitstellung der Applikation in der Cloud und der Möglichkeit, diese ausgiebig zu testen und erste Erfahrungen damit zu sammeln. Viele Anbieter bieten aktiv ihre Unterstützung während der Testphase an.

10.3.2 Partnerauswahl

Mit der Auswahl des Partners steht und fällt der Erfolg eines Projektes. Anders als bei vielen klassischen Systemen gibt es derzeit noch wenig etablierte Cloud-Partner, und auch die Anzahl der Mitarbeiter bei den Partnern ist nicht besonders groß. Auch bei den großen Beratungshäusern ist man derzeit noch im Aufbau der Ressourcen. Umso wichtiger ist es, den Partner aus unterschiedlichen Blickwinkeln zu betrachten, da beide noch nicht über den Reifegrad der Projekte verfügen und somit das Risiko für eine Verzögerung im Projekt steigen kann.

Stellen Sie sich eine Checkliste zur Bewertung möglicher Partner auf. Es ist außerordentlich hilfreich, neben dem eigentlichen Anforderungskatalog auch diese Fragestellungen in der Auswahl nach Wichtigkeit für das Projekt oder Produkt zu bewerten.

Wichtige Punkte sind:

- **Auftritt des Unternehmens**
  - Form und Qualität der Angebotsunterlagen
  - Präsentation des Unternehmens
  - Vorgespräche zum Angebot und Lastenheft
  - Kooperation/fundierte Rückfragen an den Auftraggeber
- **Technisches/fachliches Know-how**
  - Referenz (Anzahl, Komplexität, Firmengröße)
  - Projektspezifische Referenzen (Technologie, Business-Know-how, Applikation)
- **Qualität der Mitarbeiter**
  - Anzahl der Experten mit Zertifizierung
  - Qualität der Experten (Berufserfahrung)
- **Unternehmen**
  - Größe/Anzahl der Mitarbeiter
  - Technologische Partnerschaften
  - Rechtsform/Finanzierung
  - Dienstsitz/Büro in der Stadt des Auftraggebers
- **Dienstleistungsangebot**
  - Wie ist die Expertise im Bereich Cloud Computing?
  - Welche Cloud-Projekte wurden in der Vergangenheit durchgeführt?
  - Wie ist die fachliche Expertise?
  - Welche Beratungskompetenz (Strategie, Prozess, Implementierung)?
  - Welche Technologiekompetenz (Amazon, Oracle, Microsoft)?
  - Welche Support-Lösung/Qualität wird geboten –> Outsourcing Partner?
  - Mit welchen Methoden wird gearbeitet?
- **Projektbezogene Fragestellung**
  - Welche Qualität haben die angebotenen Mitarbeiter für das Projekt (CV)?
  - Bekommen Sie für den Support einen qualifizierten Mitarbeiter zugesichert?
  - Qualität des Angebotes (hat der Dienstleister verstanden, was Sie wollen)?
  - Wie verfügbar sind die Mitarbeiterressourcen für die Umsetzung?
  - In welcher Zeit/Mitarbeiterstärke kann das Projekt umgesetzt werden?
  - Welche Krisen wurden in anderen Projekten erlebt?

PRAXISTIPP: Nutzen Sie die Chance, Referenzgespräche mit Kunden des Partners zu führen. Überprüfen Sie, ob der Kunde vor einer ähnlichen Fragestellung stand, und wie er den Partner in das Projekt eingebunden hat. Auch bei der Frage nach den größten Problemen bei der Einführung der Software können Sie viel für Ihr Projekt lernen und den Anbieter und Partner besser kennenlernen. ∎

10.3.3 Projektorganisation

Je nach Komplexität des Systems, dem Stand der Prozesse, den fachlichen Anforderungen, der Wichtigkeit des Projekts im Unternehmen und auch der eigenen Systemlandschaft ist es wichtig, besonderen Wert auf die Auswahl der Projektbeteiligten zu legen und das Projekt mit den notwendigen Ressourcen auszustatten und auch aus dem Management zu unterstützen. Bild 10.5 zeigt auf, wie ein Projekt organisiert werden sollte.

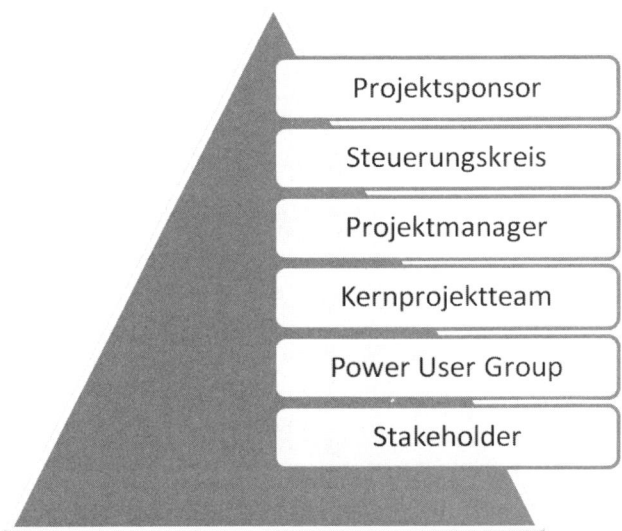

BILD 10.5 Pyramide zur Projektorganisation

▪ **Projektsponsor**: Wie auch bei allen anderen Projekten ist die Unterstützung im Unternehmen ein wichtiger Baustein für den Projekterfolg. Mit einem Projektsponsor aus dem obersten Management des Unternehmens zeigt das Unternehmen die Wichtigkeit des Projektes und kann bei möglichen Schwierigkeiten gute Unterstützung geben.

 PRAXISTIPP: Der Projektsponsor muss im Management die Vorteile der Cloud klar kommunizieren und gegebenenfalls auch verteidigen. ∎

- **Steuerungskreis**: Der Steuerungskreis (auch Lenkungsausschuss) hat die Aufgabe, Entscheidungen im Projekt zu treffen, Probleme zwischen Auftraggeber und Auftragnehmer zu klären und die Zwischenergebnisse abzunehmen. Es ist die letzte Entscheidungsinstanz im Projekt.

- **Projektmanager**: Im operativen Tagesgeschäft ist der Projektmanager der Vertreter des Steuerungskreises und sollte durch seine fachliche Expertise und entsprechendes Projektmanagement-Know-how das Projekt wie ein Pilot sein Flugzeug steuern. Er steht dabei zwischen den Fronten des Managements und dem Projektteam.

 PRAXISTIPP: Für den Projektmanager wird es wichtig, die Stimmungen gegen die Cloud frühzeitig zu erkennen und durch entsprechendes Projektmarketing (siehe Abschnitt 10.4.1) gegenzusteuern.

- **Kernprojektmanagement**: Das Kernprojektteam führt die im Projekt notwendigen Aufgaben und Arbeitspakete durch. Auch hier empfiehlt es sich, Experten aus dem Unternehmen einzusetzen.

- **Power User Group**: Die Power User Group ist ein guter Multiplikator und kann wertvolle Anregungen aus dem Tagesgeschäft geben. Sie sollte aus den unterschiedlichen Anwendergruppen bestehen und regelmäßig über den Projektfortschritt informiert werden.

 PRAXISTIPP: Die Power User Group kann sehr gut als Überträger von positiven Projektergebnissen genutzt werden. Wenn Sie in Ihrem Unternehmen auf viele Bedenkenträger treffen, nutzen Sie die Power User, um die Bedenken mittels zwischenmenschlicher Kommunikation zu klären.

- **Stakeholder**: Identifizieren Sie gleich am Anfang des Projekts die Stakeholder, also alle Personen aus dem Unternehmen, die in irgendeiner Weise mit dem System in Berührung kommen. Ordnen Sie die Personen in Cluster und identifizieren Sie, ob die Personen dem Projekt eher positiv oder negativ gegenüberstehen.

 PRAXISTIPP: Durch die Identifikation der Stakeholder und ihre Meinung gegenüber dem Projekt können Sie entsprechende Kommunikationsmaßnahmen (Newsletter, Meeting, persönliches Gespräch) ableiten Auch hier kann Projektmarketing (Abschnitt 10.4.1) ein gutes Mittel sein, Personen für die Cloud oder ihr Projekt zu begeistern.

■ 10.4 Durchführung

Jetzt kann es wirklich losgehen. Das Projekt geht in die wichtige Phase der Durchführung. In den folgenden Abschnitten erhalten Sie einige Informationen zum Projektmarketing, Entwicklungsmethoden, dem Qualitätsmanagement, Projektmarketing und zwei weiteren wichtigen Elementen: dem Erwartungs- und Changemanagement.

10.4.1 Projektmarketing

„Tu Gutes und rede darüber" Dieser Ausspruch von Walter Fisch gilt immer mehr auch für Projekte, die man in einem Unternehmen durchführt. Projektmarketing ist ein wichtiger Bestandteil eines Projektes und wird leider viel zu häufig vernachlässigt. Unsere Erfahrung zeigt, dass gerade in Cloud-Projekten, bei denen man von Anfang an auf viel Ablehnung trifft, Erfolge, aber auch negative Erfahrungen im Unternehmen publiziert werden sollten, um die Ängste und Sorgen abzubauen. Die „Cloud" etabliert sich dadurch im Unternehmen, und die Kommunikation ist weniger emotional getrieben.

Hier ein paar Anregungen:

- **Projektname und -logo**: Machen Sie Ihr Projekt zu einer Marke. Nutzen Sie einen aussagekräftigen Projektnamen, entwickeln Sie ein Logo. Emotionalisieren Sie das Projekt.

- **Projektseite** (Blog, SharePoint, Wiki, Twitter): Eine Projektseite gibt Ihnen die Möglichkeit, die Informationen für alle Interessierten an einer Stelle zu sammeln und zu publizieren. Wenn Ihr Unternehmen schon Erfahrungen mit neuen Formen der Zusammenarbeit hat, können Sie ja einmal Twitter oder Jive austesten. Als Salesforce-User können Sie auch in Salesforce eine Chatter-Gruppe anlegen.

- **Newsletter**: Versenden Sie regelmäßig einen Newsletter, so schaffen Sie es, den Projektstatus und aktuelle Entwicklungen breit zu streuen. Die Stakeholder fühlen sich in den meisten Fällen dadurch besonders gut informiert.

- **Projektraum mit Projektwand**: Idealerweise haben Sie einen Projektraum zur Verfügung, der Ihnen während der kompletten Projektlaufzeit zur Verfügung steht. Jeder Mitarbeiter weiß, wo er Sie und das Team erreicht. Suchen Sie sich eine zentrale Stelle im Unternehmen. Im Projektraum sollten Sie Ihre Ziele, wichtige Informationen zum Projektplan, den aktuellen Status und das ein oder andere auflockernde Element als Wandzeitung aufhängen. Dann haben auch Besucher, wenn Sie einmal nicht im Raum sind, schnell einen Überblick über das Projekt.

PRAXISTIPP: Sehen Sie in dem neuen System oder Projekt ein Produkt, das es wert ist, es zu vermarkten, und tun Sie es auch.

Bauen Sie einen Spannungsbogen vor der Systemeinführung auf. Zeigen Sie die wichtigsten Veränderungen und machen Sie die Ziele deutlich. Gerade die Neugier sorgt für steigendes Interesse und die Beschäftigung mit dem neuen System und erleichtert den Umstellungs- und Lernprozess [VESTER]

10.4.2 Entwicklungsmethoden

Beim Einsatz von SaaS-Systemen oder der Bereitstellung einer Cloud-Plattform kann es eigentlich schon losgehen. Wichtig an dieser Stelle sind schnelle Entscheidungen, wie das System genutzt werden soll. Bleibt man im angebotenen Standard oder entwickelt man einzelne Funktionen oder Module neu, um sie seinen Bedürfnissen entsprechend zu gestalten? In beiden Fällen sollte man sich relativ zügig für ein Vorgehen bei der Softwareentwicklung entscheiden. Zur Auswahl stehen hier viele klassische Modelle, die wasserfallartig, also Schritt für Schritt, die Entwicklung vorgeben, oder agile Vorgehensweisen wie Scrum, die den Schwerpunkt darauf legen, möglichst schnell vorzeigbare Ergebnisse zu erzeugen.

„Klassische" Modelle sollten Sie dann nutzen, wenn Sie folgende Voraussetzungen haben:

- Die Software muss noch komplett auf Cloud-Technologie entwickelt werden.

- Anforderungen und Prozesse sind im Unternehmen noch nicht klar definiert und abgestimmt.

- Viele unterschiedliche Entwicklungspartner bzw. verteilte Teams und Technologien sind im Einsatz.

- Viele Stakeholder müssen im Projekt integriert werden.

Dagegen eignen sich agile, iterative Methoden unter diesen Voraussetzungen:

- Out-of-the-box-Software kommt zum Einsatz und wird auch die eigenen Bedürfnisse angepasst.

- Es soll schnell ein Feedback zu den Fortschritten eingeholt werden.

- Agile Methoden sind im Unternehmen bereits im Einsatz.

- Entscheidungsträger sind im Projektteam und stehen während der gesamten Projektlaufzeit zur Verfügung.

- Prozesse und Business-Know-how liegen ausreichend vor.

PRAXISTIPP: Der Vorteil von Cloud-Applikationen ist es, dass das System von Anfang an zur Verfügung steht und dann an die eigenen Bedürfnisse angepasst werden kann. Dies sollte man sich für kleine Entwicklungsschritte zunutze machen, den Power Usern immer wieder Zwischenergebnisse präsentieren und sie die Ergebnisse testen und bewerten lassen.

10.4.3 Erwartungsmanagement

„Das ist alles gar kein Problem", „Natürlich geht das" – wurde die Fachabteilung von der Euphorie des Partners oder Technologiedienstleisters angesteckt, sind die Erwartungen an den Erfolg des Projektes und den Einsatz der neuen Software von Beginn an sehr hoch. Gerade beim Einsatz von Cloud Computing, egal ob Infrastruktur oder fertiger Software, ist die Euphorie besonders hoch. Viele „Irrtümer" wie „Es wird keine IT benötigt" oder „Man muss sich keine Sorgen um Ressourcen machen", die auch von einigen Anbietern propagiert werden, hinterlassen den Eindruck, mit Cloud wäre alles möglich. Dies überträgt sich sehr schnell auf alle Projektbeteiligten, und es kann sehr leicht passieren, dass mit dem System Erwartungen verknüpft werden, die eigentlich gar nicht Bestandteil des Projektes sind oder nie ausgesprochen wurden. Es besteht auch die Gefahr, dass sich bei den späteren Benutzern der Grundgedanke „Das kann das System von ganz alleine" verfestigt und dadurch die Erwartungen ins Unermessliche steigen. Deshalb ist es wichtig, von Anfang an aufzuzeigen,

- was wirklich mit dem System möglich sein wird,
- was im ersten Schritt während der Einführung möglich sein wird,
- dass auch viele kleine Anforderungen ihre Zeit in der Umsetzung benötigen,
- dass es externe Abhängigkeiten (andere Systeme, andere Lieferanten) gibt.

 HINWEIS: In Anforderungsworkshops läuft man häufig Gefahr, alle Wünsche unreflektiert einzusammeln. Wichtig ist, immer wieder auch auf die Limitierungen im Rahmen des Projektes und der Applikation hinzuweisen.

Nutzen Sie das Cloud-System und lassen Sie die Teilnehmer erleben, wie man das System nutzen kann. Auch so können Sie die Erwartung der Teilnehmer entsprechend lenken.

10.4.4 Change Management

Neue Softwaresysteme verändern den Alltag der Mitarbeiter. Gelerntes und Gewohntes, das in der Vergangenheit den Mitarbeiter ein sicheres Gefühl gab, wird durch Neues und Ungewohntes abgelöst. Wichtig ist es jetzt, die Mitarbeiter abzuholen und auf den bevorstehenden Wechsel in den Prozessen und auch in der Technologie zu schulen und zu sensibilisieren.

Wir durchlaufen im Allgemeinen bei neuen Aufgaben oder Projekten folgende Phasen (siehe Bild 10.6):

- Start der Aufgabe mit hoher **Motivation** und ersten Erfolgserlebnissen
- Kleiner Abschwung
- Erste Krise, es geht nicht mehr reibungslos weiter
- **Tal der Tränen**
- Aufschwung zum Plateau
- **Aufschwung**

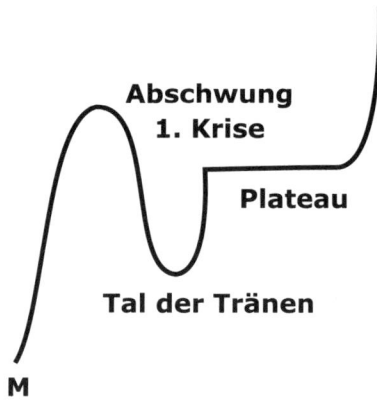

BILD 10.6 Motivationskurve

Ziel ist es, den Fall ins Tal der Tränen, das zeitlich in den ersten Tagen nach der Einführung des neuen Systems liegt, so gering wie möglich zu halten.

 PRAXISTIPP: Bieten Sie nach der Systemeinführung Coaching für einzelne Benutzer oder ganze Gruppen an. Power User oder Mitglieder des Kernprojektteams können nach den Systemschulungen Rede und Antwort stehen, und die Sicherheit der Nutzung des Systems und der vorgesehenen Prozesse ist für die Benutzer leichter, sodass sie schnell wieder zur alten Sicherheit im Umgang mit dem System kommen.

■ 10.5 Betrieb, Wartung und Weiterentwicklung

Noch vor der erfolgreichen Einführung der Cloud-Software in Ihrem Unternehmen muss der Betrieb, die Wartung und auch die Weiterentwicklung der Software wie in jedem „klassischen" Software- oder Infrastrukturprojekt geklärt werden.

Dabei kann die Komplexität je nach Anzahl der zu integrierenden Systeme genauso groß werden wie bei „klassischer" Software.

 PRAXISTIPP: Definieren Sie gleich am Anfang die Verantwortlichkeiten für das System und die Systemkomponenten. Das erste Problem kommt meistens sehr überraschend, und so können Sie die Beteiligten sehr schnell zusammenrufen und das Problem angehen.

10.5.1 Betrieb

Auch wenn Ihnen einige Hersteller versprechen, dass Sie keine interne IT mehr benötigen oder dass keine Software einführen brauchen, muss Ihnen bewusst sein, dass durch die unterschiedlichen Schnittstellen in Ihrem Unternehmen Fragestellung zu internen Verantwortlichkeiten dringend zu klären sind, damit ein reibungsloser Betrieb der kompletten Systemlandschaft gewährleistet werden kann.

Beispielhaft sind hier die folgenden internen Systeme aufgeführt:

- Schnittstellen zu anderen Systemen:
  Welche Möglichkeiten bestehen, um die weiteren internen Systeme mit dem Cloud-System zu verbinden? Welche Schnittstellen und Technologien stehen zur Verfügung? In welchen Abständen müssen Daten ausgetauscht werden? Müssen Massendaten oder einzelne Datensätze übertragen werden?

- Kommunikationssysteme (E-Mail, Telefon, Fax)
  Sind die Kommunikationssysteme in dem neuen System einfach zu integrieren? Wird eine weitere Middleware benötigt? Wie sind die Zugriffsrechte geregelt?

- Dokumentenablage und Archivierungssysteme
  Wie sind die Zugriffsrechte geregelt? Wann wird der Speicherplatz im Cloud-System, wann die lokale oder zentrale Dokumentenablage genutzt?

An dieser Stelle müssen Sie sich auch noch einmal Gedanken über die entsprechende Infrastruktur für Entwicklungs-, Trainings- und Testsysteme sowie den Abgleich zwischen den Systemen machen.

HINWEIS: Viele Cloud-Anbieter bieten Ihnen zusätzlich zur produktiven Plattform Sandboxes an. Diese gibt es in unterschiedlichen Ausführungen zum Beispiel für komplexe Testszenarien mit vollem Datenbestand oder auch einfache
Versionen, die sich für Entwickler eignen.

Wichtig für den Betrieb ist auch das Monitoring der einzelnen Komponenten. Es gibt bei einigen Anbietern entsprechende Webseiten, die einen aktuellen Überblick über die Verfügbarkeit der einzelnen Services ermöglichen. Bei salesforce.com ist der Service unter der URL
http://trust.salesforce.com (siehe Bild 10.7) erreichbar.

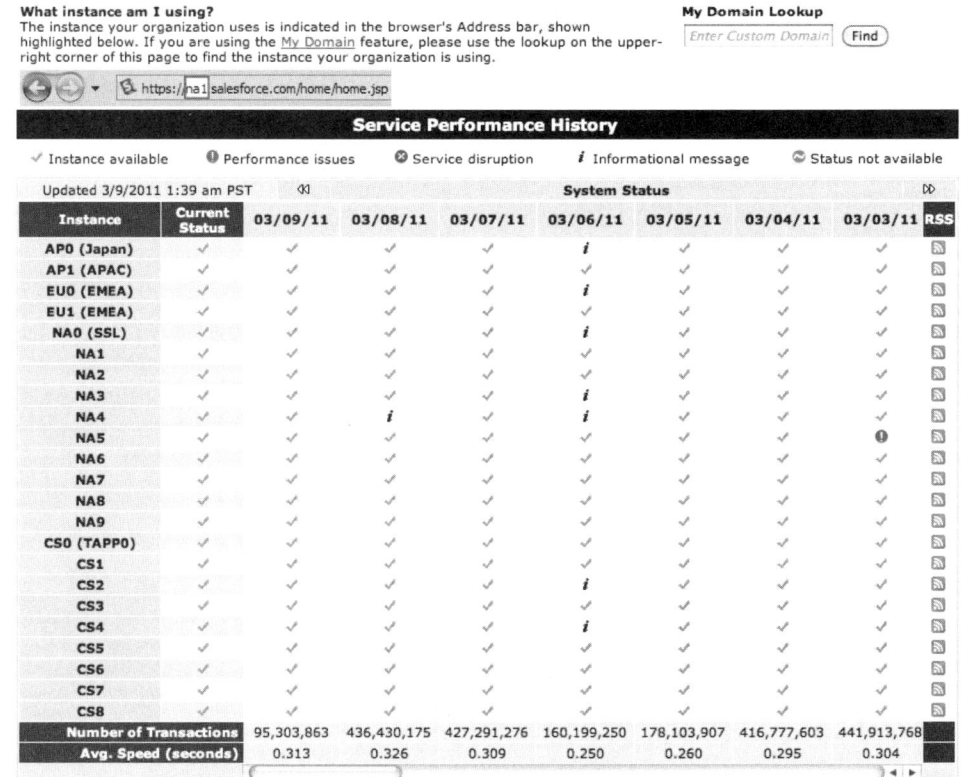

BILD 10.7 Monitoring der Verfügbarkeit der salesforce.com-Plattform

10.5.2 Wartung

Mit Abschluss eines Softwareentwicklungsprojekts sollten Sie gleich auch die spätere Sup-
port- und Wartungsphase mit dem Partner oder Anbieter vertraglich absichern.

Hierbei stoßen Sie bei dem ein oder anderen Anbieter sicherlich an Grenzen, was alles verhandelbar ist. Der Verhandlungsspielraum bei Google.com bezüglich Service-Level-Vereinbarungen ist sehr gering, wenn nicht sogar gar nicht vorhanden.

 HINWEIS: Identifizieren Sie die Systeme, bei denen Sie die betriebliche Verantwortung haben (z.B. spezieller Webservice zur Ermittlung der Kundennummer, eigener Fileserver), und beziehen Sie diese Dienste in die komplette Berechnung der Service-Level-Zeiten mit ein.

10.5.3 Weiterentwicklung

Cloud-Systeme und Technologien verändern an vielen Stellen die Organisation. Innovation und kurze Release-Zyklen werden von den Herstellern unterstützt, und neben der eigenen Planung, das System zu verbessern, gibt es bei den Herstellern eine große Community, die Ideen einstellt, die zusätzlich umgesetzt werden bzw. neue Möglichkeiten bieten.

 HINWEIS: salesforce.com stellt seit vier Jahren seinen Kunden die Idea Exchange-Plattform zur Verfügung. In den vergangenen Jahren wurden von Kunden weltweit über 15.000 Ideen eingestellt, und mehr als 700 davon wurden bereits in den letzten Releases umgesetzt.

■ 10.6 Praktisches Beispiel: SaaS-Anwendung

Ein junges Startup-Unternehmen suchte eine Software zur übersichtlichen Verwaltung der Kundendaten und Aktivitäten. Das Unternehmen wollte neben dem eigenen Vertrieb und später auch dem Kundenservice externe Callcenter anbinden und diese mit dem System arbeiten lassen. Nach einer Analysephase wurde die Entscheidung für die Software salesforce.com getroffen. Ausschlaggebend waren:

- Das System bietet Funktionen für den Vertrieb und Kundendienst.
- Der Zugriff ist über das Internet von überall möglich.
- Es musste keine eigene Systemlandschaft aufgebaut werden.
- Die Erweiterung durch Komponenten ist einfach möglich.
- Gestartet wurde mit der Bestellung eines Testaccounts.

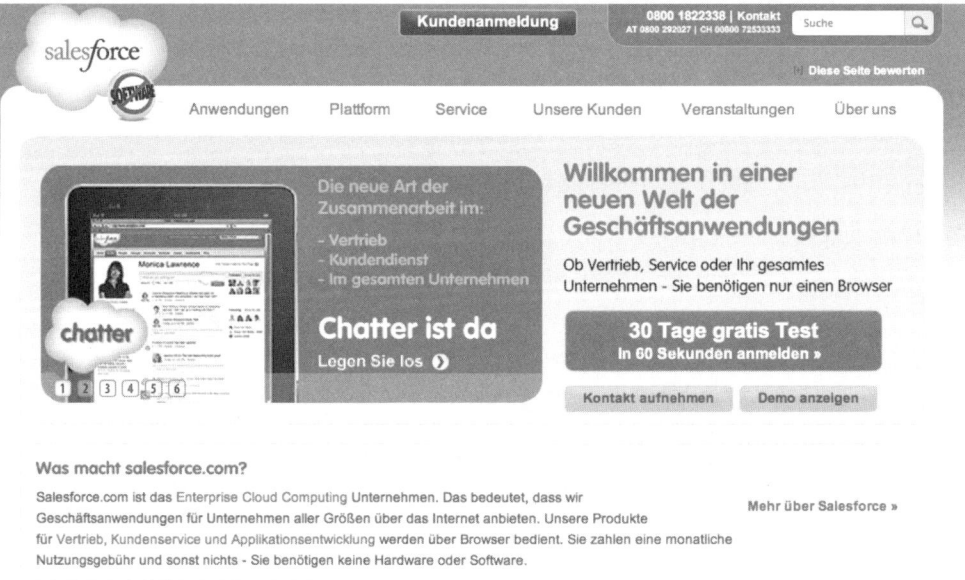

BILD 10.8 Anmeldung bei salesforce.com

10.6.1 Der Start

Die Anmeldung zum Service ist sehr einfach. Es gibt unterschiedliche Editionen, die sich im Leistungsumfang unterscheiden. Allen gemein ist im ersten Schritt eine kostenfreie Testzeit von 30 Tagen.

Nach dem erfolgreichen Login mussten nur noch die Unternehmensdaten eingepflegt werden, und es konnte losgehen.

10.6.2 Datenimport

Im einfachsten Fall importieren Sie Ihre Daten aus einer Datenquelle wie Microsoft Outlook, Lotus Notes oder einer CSV-Datei. Das Mapping der Felder können Sie mithilfe des Importassistenten durchführen. Für die vorliegenden komplexeren Aufgaben gibt es etablierte Komponenten, die neben dem Mapping noch weitere Funktionen zur Synchronisation, Replikation der Daten sowie der zeitgesteuerten Übertragung enthalten.

10.6.3 Systemintegration

Da hier zusätzlich zwei weitere Systeme angebunden (ein System für die Steuerung der Leistungserbringung und ein ERP-System) werden sollten, und Salesforce.com über eine API Webservices zur Verfügung stellt, entschied man sich, diese Systeme über eine Middleware-Komponente bzw. ein Integrationswerkzeug miteinander kommunizieren zu lassen.

Es gibt einige Integrationswerkzeuge mit vorgefertigten Schnittstellen zu Salesforce. Die Wahl fiel hier auf den arlanis Universal Data Converter [ARL01], der neben der Transformation der Daten auch für den Batch-Betrieb für nächtliche Sicherungsläufe eingesetzt wurde.

 HINWEIS: Der arlanis Universal Data Converter ermöglicht die Integration verschiedenster Systeme. Dabei wird der Designer als Cockpit für Entwurf, Test und Dokumentation der Konvertierungen genutzt. Eine Integrationsplattform, Bestandteil der UDC-Distribution, ermöglicht eine Ausführung der Integrationsaufgaben in einer privaten oder öffentlichen Cloud. Konvertierungen können sowohl in Echtzeit als auch im Batch-Betrieb ausgeführt werden.

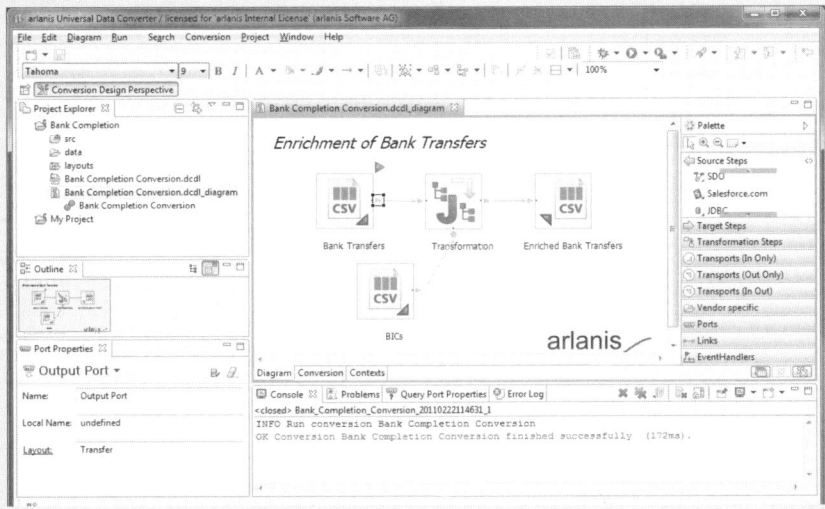

BILD 10.9 arlanis Universal Data Converter

 PRAXISTIPP: Wenn Sie sich für ein Integrationswerkzeug entscheiden, nutzen Sie doch die Möglichkeit, in einer lokalen Datenbank ein Backup von allen salesforce.com-Daten abzulegen. So haben Sie immer Zugriff auf Ihre Daten und können zusätzlich Berechnungen und Transformationen auf Ihrem lokalen Datenbestand ausführen.

10.6.4 Arbeiten mit dem System

Das System war vom Start an einsatzbereit. Bei einer Neueinführung kann man sicherlich den ein oder anderen Workflow während der produktiven Nutzung entwickeln. Bei der Ablösung eines bestehenden Systems sollten die Prozesse definiert und im System angepasst werden.

10.6.5 Erweiterungen

salesforce.com bietet mit der AppExchange einen Marktplatz für kostenpflichtige und -freie Erweiterungen. Das System der Apps ist dem Benutzer mittlerweile durch Apples iPhone und Google Android vertraut. Die Anwendungen lassen sich mit einigen Klicks und wenig Konfigurationsaufwand in die bestehende salesforce.com-Plattform integrieren und ebenfalls gleich nutzen.

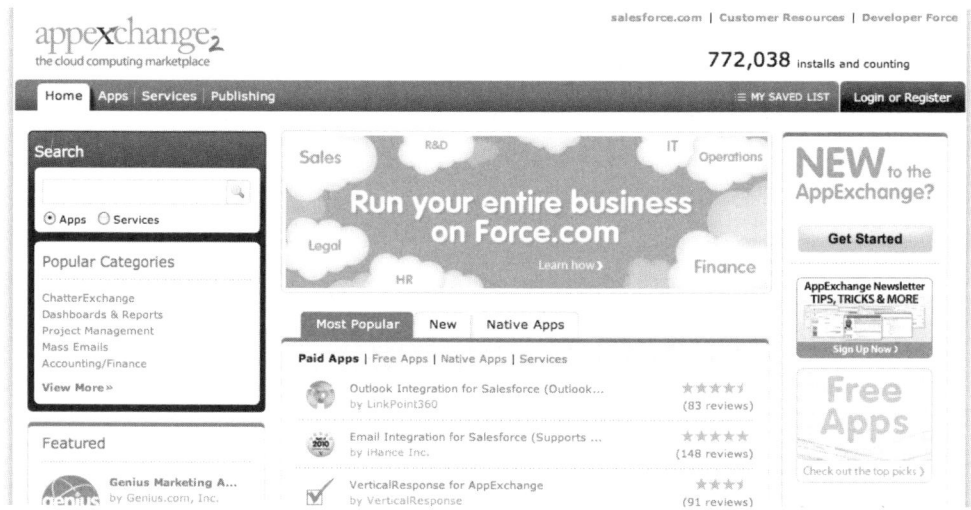

BILD 10.10 AppExchange

 PRAXISTIPP: Achten Sie bei einer Salesforce-Applikation auf folgende Aspekte:

- Ist die Applikation nur für den amerikanischen Markt gedacht?
- Liegt die Applikation auch in meiner Sprache vor?
- Wie viele Custom Objects oder Tabs werden angelegt?

Die Editionen sehen unterschiedliche Erweiterungsmöglichkeiten vor, und man kann hier dann schnell an seine Grenzen stoßen.

10.6.6 Datenqualitätsmanagement

Datenbereinigung im Bereich der Adressverwaltung ist ein wesentlicher Faktor für eine gute Datenqualität. Es gibt auf dem Markt viele unterschiedliche Anbieter, die sich auf die Bereinigung und Anreicherung von Daten spezialisiert haben.

 PRAXISTIPP: Im Bereich der Datenbereinigung gibt es immer mehr Anbieter, die ihre Services ebenfalls in der Cloud anbieten und voll integrierte Lösungen für unterschiedliche Systeme entwickelt haben.

Das Unternehmen entschied sich für Integration des Produktes der Firma uniserv aus der AppExchange. Die Entscheidungskriterien waren:

- Die Adressprüfung ist für 240 Länder verfügbar.
- Die Adressprüfung erfolgt während der Eingabe von neuen Daten.

Die Firma uniserv [UNISERV] bietet einen On Demand Quality Service für alle größeren CRM-Systeme an. Der große Vorteil: Die Daten werden zum Zeitpunkt der Eingabe auf ihre Korrektheit (Adressüberprüfung, Dublettencheck) überprüft, spätere aufwendige Bereinigungsläufe sind nicht mehr nötig.

BILD 10.11 Uniserv Data Quality on Demand

10.6.7 Konfiguration

Nach der Klärung der technischen Komponenten und der Systemlandschaft konnten in den weiteren Workshops die Arbeitsprozesse und die Darstellung der Kundendaten und Informationen abgestimmt werden. Diese wurden unter anderem nach Objekten, Account, Kontakt, Opportunity und Kundenvorgängen organisiert und durchgeführt. Die Anpassungen konnten in dieser Phase direkt im System durchgeführt und von den Anwendern getestet werden.

10.6.8 Rollout

Die wichtigsten Anforderungen aus fachlicher Sicht waren erfüllt, und das System konnte innerhalb von acht Wochen erfolgreich in den produktiven Betrieb genommen werden. Die Mitarbeiter haben sich über die erste Einführung in salesforce.com aus dem Bereich Hilfe und Schulung gemeinsam in das System eingearbeitet, und die Vertriebs- und Serviceprozesse lagen dokumentiert für alle vor.

10.6.9 Zusammenfassung

Bei der Einführung eines Softwaresystems kann Software aus der Cloud ein erfolgreiches Modell sein. Sie müssen aber auch weiterhin Ihre Arbeitsprozesse und deren Anforderungen kennen und umsetzen.

HINWEIS: Erfolgsfaktoren
- Das System war vom ersten Tag an verfügbar.
- Die vorliegenden Prozesse wurden als Grundlage genutzt und nur an einzelnen Stellen unternehmensspezifisch angepasst.
- Bei größeren Anpassungswünschen wurde auf fertige Lösungen und Produkte zurückzugreifen.

■ 10.7 Praktisches Beispiel: Force.com/ AmazonS3, EC2/Silverlight

Im Rahmen dieses Praxisbeispiels soll die Entwicklung eines Portals auf der Force.com-Platt-form mit Anbindung an die Amazon Web Services betrachtet werden, ohne hiermit eine Wertung oder Präferenz gegenüber den beiden genannten Plattformen zum Ausdruck bringen zu wollen. Als Oberflächentechnologie wird einerseits Microsoft Silverlight, für performance-kritische Darstellungen als auch Visualforce mit JavaScript für Standardoberflächen eingesetzt. Dabei beruhen die hier aufgezeigten Techniken auf realen Erfahrungen eines realen Projektes [QUENTRY01] und werden lediglich aus Gründen des Datenschutzes nicht bis ins Kleinste erläutert.

10.7.1 Ausgangssituation

Die Brainlab AG [BRAINLAB01] ist eines der führenden Unternehmen in der Entwicklung integrierter medizinischer Softwaresysteme. Als CRM-Lösung setzt die Brainlab AG an ihren Standorten bereits salesforce.com ein und möchte nun auf dieser Basis für Ärzte, speziell Neurochirurgen, ein exklusives Portal zum fachlichen Erfahrungsaustausch schaffen, das ähnlich wie ein soziales Netzwerk funktioniert (siehe Bild 10.12).

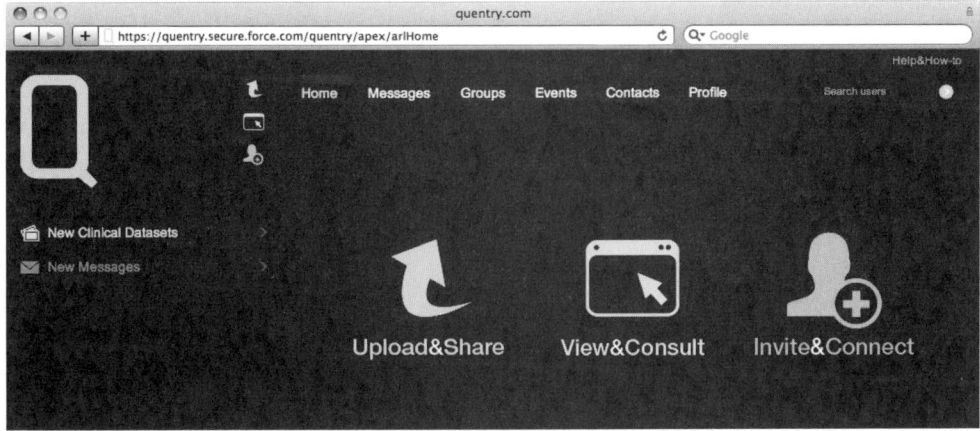

BILD 10.12 Startbildschirm nach dem erfolgreichen Login eines Arztes

Die Nutzung des Portals wird für Ärzte in der Community Edition kostenfrei sein. Die weitere Planung betrifft eine kostenpflichtige Variante, soll dafür aber auch den Austausch ganzer Bilddaten im Rahmen fachlicher Diskussionen zulassen. Da salesforce.com für die Verwaltung der Benutzer und deren Rechte standardmäßig zwar gut geeignet ist, bei der Verarbeitung der großen medizinischen Bilddatensätze jedoch schwächelt, werden Amazons Simple Storage Services (S3) und Amazon Elastic Cloud Computing (EC2) für diesen Teilaspekt hinzugezogen. Für die Integration der beiden Plattformen in demselben Projekt ist die Einbindung einer Microsoft Silverlight-Komponente in die Force.com-Plattform vorgesehen. Silverlight wiederum soll dann durch Austausch von SOAP-Messages mit S3 kommunizieren und Darstellung sowie Verarbeitung der Bildsequenzen übernehmen.

Die Architektur eines solchen Systems können wir Bild 10.13 entnehmen.

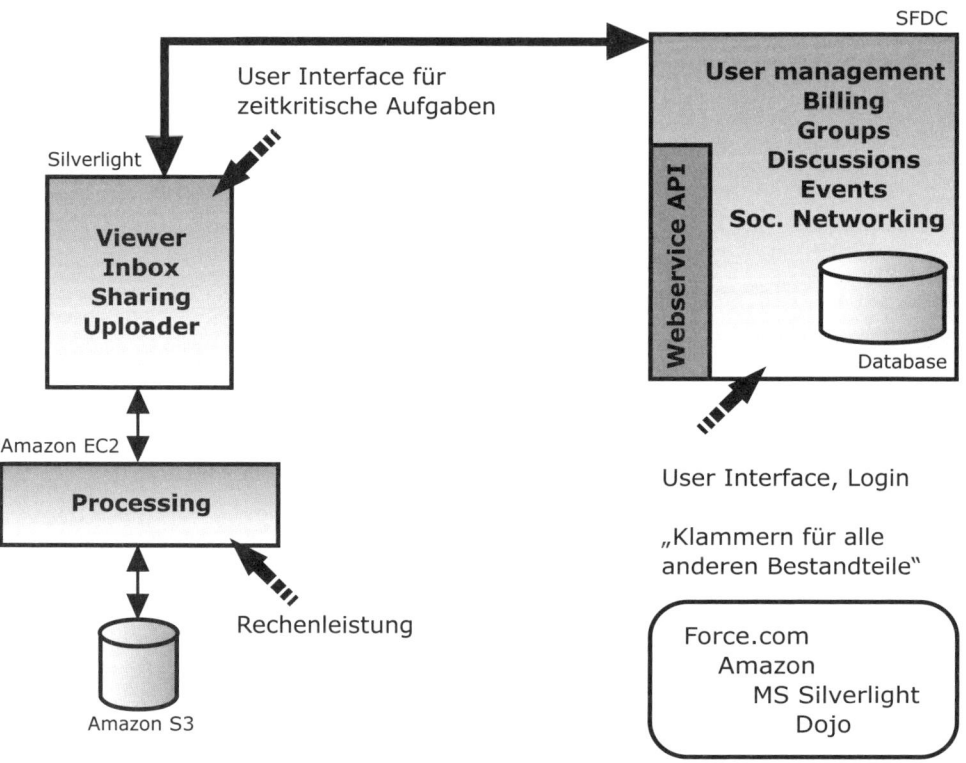

BILD 10.13 Grobarchitektur des Projektes: Community für Ärzte

10.7.2 Die Force.com-Plattform als Klammer für alle Bestandteile

Nach dem Einrichten des Force.com-Plattformbereiches für unsere Anwendung bestehen die ersten Schritte in Richtung Portal darin, Force.com-Sites und Customer Portal zu aktivieren, damit sich Benutzer auf der neu zu schaffenden Plattform anmelden können (vgl. Bild 10.14). Ferner wird für Plattformbenutzer ein eigenes Profil definiert, über das die Zugriffsrechte dieser Benutzergruppe auf die Daten geregelt wird. Die weitere Entwicklung auf der Force.com-Plattform folgt dem MVC-Pattern.

BILD 10.14 Konfiguration von Sites und Customer Portal mit Profil

Das Datenmodell wird dabei entweder über die „Setup"-Funktion der Weboberfläche von sa-
lesforce.com oder unter Verwendung der „Metadata-API" definiert. Da die Community für
Ärzte es registrierten Benutzern erlauben soll, andere registrierte Benutzer im gegenseitigen
Einvernehmen zu kontaktieren und auf dieser Basis einen Nachrichtenaustausch innerhalb
des Portals zu ermöglichen, sind auf der Datenbank einige spezielle Tabellen – „Custom Objects" im salesforce.com-Jargon – zu definieren, etwa „User_Contact__c" und „Message_
new__c". Dabei sollen „User_Contact__c"-Datensätze immer paarweise existieren, wobei der
einzelne Datensatz die Beziehung »der Datensatzeigentümer kennt „Target_User__c" als Kontakt und gewährt diesem die spezifizierten Zugriffsrechte auf sein Benutzerprofil« (vgl. Bild
10.15), enthält; ein „Message_new__c"-Datensatz speichert eine einzelne Nachricht zwischen
zwei Portalbenutzern.

BILD 10.15 Ansicht der Datenstruktur der beiden Custom Objects im salesforce.com-Setup

Zur Gestaltung der Benutzeroberfläche in Visualforce und der zugehörigen Controller in der Apex-Programmiersprache wird die auf der eclipse-Plattform aufbauende Force.com-IDE genutzt. Durch den geschickten Einsatz von Visualforce-Templates und -Komponenten (siehe Bild 10.16 und Bild 10.17) und die Möglichkeit, die Metadaten des Systems über die IDE zu manipulieren, wird die Implementierung auf Basis der Force.com-Plattform so flexibel gehalten, dass sowohl Änderungen am Datenmodell als auch an der Präsentationsschicht ohne allzu großen Entwicklungsaufwand möglich bleiben.

BILD 10.16 Visualforce für die Benutzeroberfläche

```
arlMessagesController.cls
public without sharing class arlMessagesController {


    public String selectedInboxMessage {get; set;}
    public String selectedSentMessage {get; set;}
    public String selectedDraftMessage {get; set;}
    public List<Message__c> inMessages {get; set;}
    public List<Message__c> draftMessages {get; set;}
    public List<Message__c> outMessages {get; set;}
    public Message__c currentMessage {get; set;}
    public Boolean viewDetail {get; set;}
    public Boolean modeEdit {get; set;}
    public Boolean showModalUserSelection {get; set;}
    public User_Contact__c userSelectionResult {get; set;}
    private Map<ID,Message__c> messages;


    /**
     * Default constructor for this class is invoked during initial loading of the associated component.
     */
    public arlMessagesController() {
        selectedInboxMessage = '';
        selectedSentMessage = '';
        selectedDraftMessage = '';
        currentMessage = null;
        showModalUserSelection = false;
        userSelectionResult = null;
        initialize();
    }


    /**
     * Helper method to initialize the class' fields; used from constructor and some action methods.
     */
    private void initialize() {
        try {
            messages = new Map<ID,Message__c>();
            inMessages = [SELECT Id,Subject__c,SendDate__c,Recipient__c,Recipient__r.Name__c,Sender__c,Sender__r.Name__c,
                    MessageBody__c,Status__c,Type__c,PriorityRequest__c,Recipient_Marked_Deleted__c,Sender_Marked_Deleted__c,Parent_Message__c
                    FROM Message__c WHERE SendDate__c != NULL AND Type__c = 'Message' AND Recipient__c = :UserInfo.getUserId() AND Recipient_Marked_Deleted__c = FALSE
                    ORDER BY PriorityRequest__c DESC, SendDate__c DESC];
            for (Message__c message : inMessages) {
                messages.put(message.Id, message);
            }
            outMessages = [SELECT Id,Subject__c,SendDate__c,Recipient__c,Recipient__r.Name__c,Sender__c,Sender__r.Name__c,
```

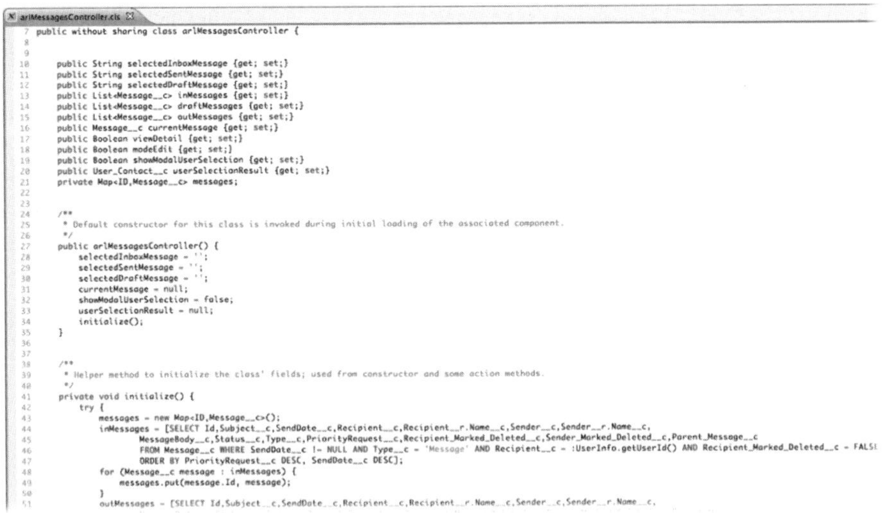

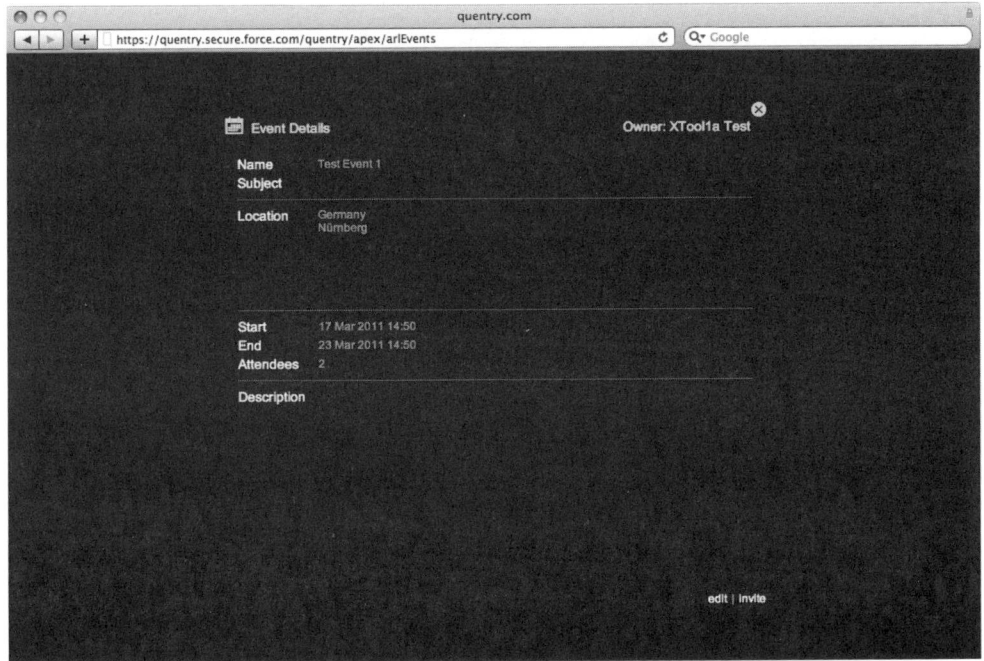

BILD 10.17 Apex für die Business-Logik

Dieser Ansatz erlaubt die schnelle Fertigung eines Prototyps, der dann durch Iterationen in das fertige Produkt der Community für Ärzte überführt wird. Diese iterative Arbeitsweise ist eines der Merkmale, das die Entwicklung im „as a Service“-Universum von klassischer IT-Projektarbeit unterscheidet. Ein weiteres Merkmal ist der Aspekt der entfernten Entwicklung. Ein Ausschnitt aus der fertigen Benutzeroberfläche ist im Bild 10.18 zu finden.

BILD 10.18 Beispiel aus der fertigen Anwendung

Mithilfe der vorgestellten Technologien ist es schon gut möglich, eine Community-Site mit den nötigen Funktionen für die Zusammenarbeit aufzubauen. Bleibt jedoch der performance-kritische Teil übrig. Im beschriebenen Projekt ist dies der Austausch von Bildinformationen zu einem Patienten. Diese müssen nicht nur sicher (was sich von selbst versteht), sondern auch noch performant übertragen und bearbeitet werden. Dafür ist die Amazon EC2 und S3 Infrastruktur sehr gut geeignet (siehe auch Kapitel 7). Ein weiteres Augenmerk muss auf die Visualisierung der Bilddaten gelegt werden – immerhin möchte der Arzt diese auch flüssig ansehen. Zum Einsatz kam hierbei eine spezielle Visualisierungskomponente, realisiert vom Brainlab-Entwicklungsteam, auf Basis von Microsoft Silverlight. Diese greift über die allseits bekannten WebserviceSchnittstellen sowohl auf die Amazon- als auch die Force.com-Dienste zu. Um eine Vorstellung vom Ergebnis der ganzen Mühen zu bekommen, können wir uns einmal Bild 10.19 anschauen.

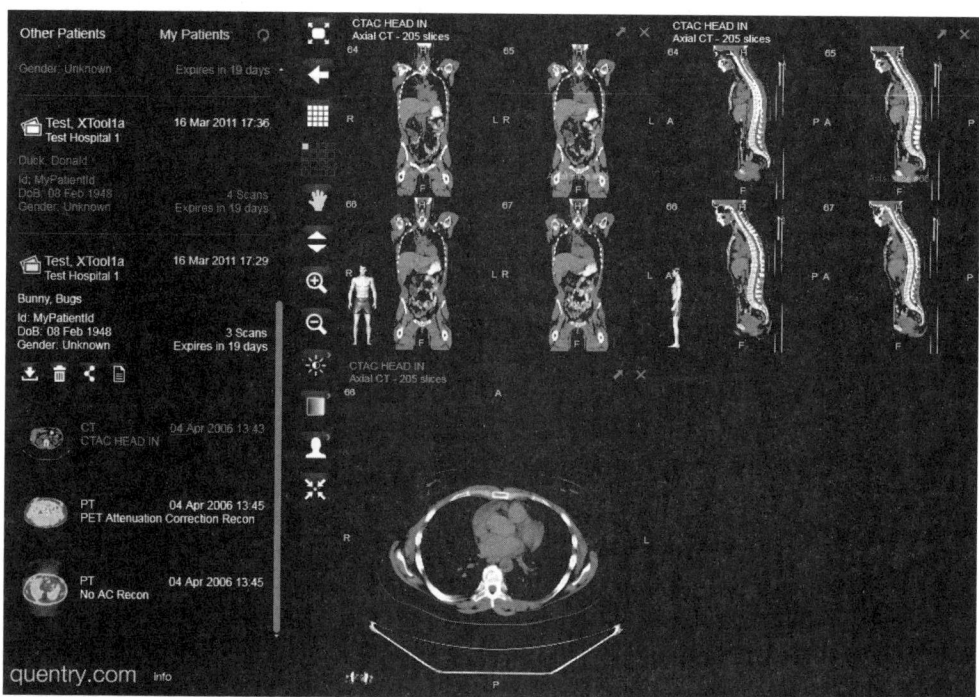

BILD 10.19 Betrachtung der Bilddaten zu einem Patienten

10.7.3 Anpassung der Entwicklung an die Plattformeigenschaften

Zwar wird die Force.com-IDE wie das klassische Eclipse lokal auf dem Entwicklungsrechner installiert, die IDE kann jedoch nicht (wie man es etwa aus dem Java-Umfeld gewohnt ist) lokal auf einen Compiler oder Debugger zugreifen. Vielmehr erfordert jede noch so kleine Änderung am Code ein direktes Deployment auf die Plattform, wo dann der Compiler seine Arbeit verrichtet; ferner verlangt eine Policy von Force.com, dass der überwiegende Teil des Codes durch Unit-Tests abzudecken ist, die in Form von „testMethods" direkt in den Code eingebunden werden. Ein Deployment kann nur dann erfolgreich abgeschlossen werden, wenn der serverseitige Compiler den übermittelten Code als fehlerfrei befindet und zusätzlich auch die Ausführung aller Testmethoden erfolgreich ist. Für umfangreiche Projekte verursacht ein Deployment dementsprechend eine merkliche Wartezeit; zudem erweist sich die Eigenheit der Testmethoden, einerseits umfangreiche Abdeckung zu verlangen und sich andererseits immer auf den gesamten Code zu beziehen, als hinderlich insbesondere im Zusammenhang mit iterativen Anpassungen des Datenmodells. Nach einem aufgrund von Fehlern fehlgeschlagenen Deployment bleibt es die Aufgabe des Entwicklers, den lokal gespeicherten Eclipse-Workspace wieder mit dem auf Force.com hinterlegten Code zu synchronisieren.

Die Kooperation mehrerer Entwickler an demselben Projekt lässt sich derzeit nur durch strikte Trennung der Aufgabenbereiche auf unterschiedliche Dateien bewerkstelligen, da auf der Plattform keine zuverlässige Versionsverwaltung zur Verfügung steht. Ebenso muss man als Entwickler derzeit noch gänzlich auf den Debugger verzichten; zur Fehlersuche stehen ausschließliche textuelle Ausgaben im „Debug-Log" zur Verfügung.

Damit mutet die entfernte Entwicklung augenblicklich sowohl vom Komfort als auch von der Geschwindigkeit wie ein Rückschritt über mehrere Dekaden in die Kindertage der Programmierung an. Die Probleme sind allerdings erkannt und sollen nach Bekunden von salesforce.com mit den zukünftigen Versionen der Force.com-Plattform Stück für Stück behoben werden. Zeigt der Entwickler Bereitschaft, seine Arbeitsweise an die genannten Einschränkungen anzupassen, sind die Ergebnisse, die sich bei der Arbeit mit der Plattform erzielen lassen, recht beachtlich und erreichen dank der umfangreichen Unterstützung durch die Funktionen der Force.com-Plattform auch schnell produktives Niveau.

HINWEIS: Erfolgsfaktoren

- Mehrere Clouds zusammen geschaltet
- Separation of Concerns
- Schnelles Prototyping
- Einfache Vernetzung der Systeme
- Kopplung über Webservices
- Nutzung von vorhandenen Features und Erweiterung um Custom Development

■ 10.8 Zusammenfassung

Wenn Sie in der Vergangenheit erfolgreich Softwareprojekte durchgeführt haben, müssen Sie sich auch nicht von Cloud-Projekten abschrecken lassen. Der große Vorteil liegt zumeist in der sofortigen Verfügbarkeit der Systeme und somit dem schnellen Start. Binden Sie alle Beteiligten frühzeitig mit ein und überzeugen Sie Ihre Kollegen von den Vorteilen der Cloud.

11 Fazit – Management Summary

Cloud Computing ist aktuell (Stand Frühjahr 2011) ein großer Hype. Ist das richtig? Was steckt dahinter? Betrifft mich das? Und falls es mich betrifft, wie und warum? Das waren die Fragen, mit denen wir ins Buch gestartet sind. Hier fassen wir sie nun zusammen und geben einen Ausblick.

Als sicher gilt: Cloud Computing ist eine Revolution und wahrscheinlich der wichtigste Trend in der IT-Branche seit Ablösung der Mainframe-Technologie durch das Client-Server-Modell in den 80er Jahren. Cloud Computing definiert die technologischen Grenzen neu und nutzt das Internet als Verbreitungsplattform von Produkten und Dienstleistungen.

Soll ich mich mit Cloud Computing befassen, obwohl ich kein IT-Mitarbeiter bin?

Ja, wenn Sie ein Entscheider sind und wenn es für Sie wichtig ist, dass die von Ihnen benötigten Geschäftsprozesse, um Ihren Job optimal zu unterstützen (und dazu gehören immer auch Anteile von IT!), schnell und flexibel umgesetzt werden können. Denn dabei kann Ihnen das, was sich hinter Cloud Computing verbirgt, helfen.

11.1 Ausgangslage – Vision

Fragen wir heute Unternehmen, worin sie für sich den primären Einsatz und den Nutzen der Informationstechnologie sehen, verliert sich die Diskussion über diesen Nutzen zumeist in Themen wie Infrastruktur, Software und Komplexität der Anwendungen. Der Nutzen der IT wird also nicht nur oder vor allem in der Unterstützung der Kernprozesse gesehen, sondern auch als notwendiges Übel bzw. als Infrastruktur empfunden, die für die Aufrechterhaltung des Betriebs benötigt wird. Ein direkter Nutzen ist für viele Entscheider nicht ableitbar – wie auch bei Begriffen wie Infrastruktur und Komplexität? Warum ist das so? Und wie könnte es besser sein? Warum kann man nicht die Anwendungen dann beziehen, wenn man sie braucht, und eben nicht im Vorfeld eine große Infrastruktur aufbauen? Sie nur so abändern, wie sie sich optimal in die eigenen Prozesse einbinden lassen und dies ohne einen riesigen Verwaltungs- und Betriebsaufwand?

Um ein Beispiel zu nehmen: Warum können bestimmte Dienstleistungen im IT-Bereich nicht so einfach beziehbar sein wie Storm aus der Steckdose? Man muss nicht selbst ein Kraftwerk betreiben, um Strom zu erzeugen. Das ist heute in keinem Unternehmen mehr so (noch vor 100 Jahren war das in der Industrie durchaus anders!). Keiner will mehr das Know-how im Hause haben, wie sich Strom erzeugen lässt. Nutzen wollen ihn hingegen alle. Sicherlich ist das ein sehr weitreichendes Beispiel, aber der Vision sollen hier bewusst keine Grenzen gesetzt werden.

These:

Durch den konsequenten Einsatz von Cloud Computing-Technologien wird sich in Zukunft

- **Software zu Service**
- **Infrastruktur zu Innovation** und
- **Komplexität zu Einfachheit**

wandeln.

◼ 11.2 Was gibt es heute?

Wir haben in diesem Buch gezeigt, dass es keine Frage ist, ob man heute schon mit Cloud Computing beginnen kann. Es geht vielmehr darum, was heute schon vorhanden ist, was verfügbar ist und womit man beginnen will.

Aus unserer Sicht ist beim Cloud Computing heute Folgendes verfügbar:

- Die zugrunde liegende Technik ist da, sie ist getestet und kann genutzt werden. Es geht nicht mehr um ein **Wenn-dann**-Szenario!
- Die Softwarelösungen sind bereits vielfältig, und es entstehen ständig neue Lösungen für unterschiedliche Unternehmensbereiche.
- Die Plattformen für die Eigenentwicklungen sind im Entstehen, ständig kommen neue hinzu. Auch hier gilt: Wer will, kann heute beginnen.
- Die Liefermodelle für die Infrastruktur sind reichhaltig vorhanden. Viele wurden im Consumer-Bereich seit Jahren getestet und können nun auch im B2B-Bereich mit Erfolg genutzt werden.

Wir befinden uns also nicht an dem Punkt, da man sich fragt: Kann ich schon oder ist das alles noch sehr neu? Sondern wir sind über den Punkt des nur Neuen und nur Riskanten bei Weitem hinaus.

11.3 Zielsetzung

Was ist dann der Grund, dass viele Unternehmen trotzdem noch Bedenken gegen den Einsatz von Cloud Computing-Lösungen haben?

Einer der Gründe ist sicherlich das hochemotionale Thema Datensicherheit, Datenzugriff und Datenspeicherort, dem viele Unternehmen und potenzielle Kunden mit Bedenken begegnen. Und es ist berechtigt, dass man sich diese Fragen stellt. Denn hier bieten nicht alle Cloud-Anbieter das, was man sich bei diesem sensiblen Thema erwartet. Wir empfehlen Ihnen hierzu einen Blick in Kapitel 4, das diese Fragen ausgiebig erläutert.

Und trotz der Bedenken sollten Sie sich nicht von den unten aufgeführten Zielen, die sich erreichen lassen, abbringen lassen. Ist das Thema für sich geklärt, so steht der Erreichung der Ziele nichts mehr im Wege.

- Verbesserung der **Wirtschaftlichkeit** gegenüber einer herkömmlichen Lösung
- **Flexibilitätsgewinn** bei Prozessänderungen oder Unternehmenssteuerung
- **Servicevorteil** durch den Betrieb der Hard- und Software bei einem Cloud-Anbieter
- Erhöhte **Umsetzungsgeschwindigkeit** von Änderungen (Change Management)

Wenn diese Punkte Ihre Ziele sind, dann ist Cloud Computing für Sie der richtige Weg!

11.4 Empfehlung

Unsere Empfehlung lautet: Prüfen Sie den Einsatz einer Cloud-Lösung bei allen Projekten, die Sie angehen. Für viele Kernprozesse wie CRM, ERP, Enterprise Collaboration, Projektmanagement und weitere gibt es bereits Cloud-basierte Anwendungen, und der Markt wächst weiter. Grundsätzlich ist zu sagen, dass die Vorteile der verschiedenen Cloud Computing-Lösungen zum Teil stark von der zugrunde liegenden Architektur abhängen. Daher ist immer eine detaillierte Betrachtung nötig. Bei der Überprüfung vergleichen Sie genau, ob sich die Vorteile erzielen lassen:

- Prüfung der Wirtschaftlichkeit, da sie einen der größten erreichbaren Vorteile darstellt
- Prüfung des Flexibilitätsgewinns
- Prüfung des Servicevorteils durch den Betrieb bei einem Cloud-Anbieter
- Prüfung der Umsetzungsgeschwindigkeit

Rapid Prototyping ermöglicht häufig schnelle Tests und Vergleiche. Fragen Sie bei den Anbietern nach, wie schnell er etwas für Sie umsetzen kann. Cloud Computing-Lösungen können Ihnen hier bereits während der Evaluierung erhebliche Vorteile durch den entstehenden Zeitgewinn verschaffen.

Vorsichtig sein sollte man, ob in der angebotenen Cloud-Lösung wirkliche eine Cloud drin ist! Prüfen Sie, ob es sich beim Label Cloud nur um eine Marketingmaßnahme handelt oder ob der Anbieter wirklich Cloud anbietet.

Und seien Sie kreativ bei Ihren Anforderungen, lassen Sie sich nicht immer von Systemen in Ihrer Flexibilität beschränken. Unsere Erfahrung zeigt, dass es viel mehr Möglichkeiten gibt, als man landläufig denkt.

■ 11.5 Ausblick

Unserer Auffassung nach, und so haben wir es in diesem Buch beschrieben, kann sich der Einsatz von Cloud Computing bzw. Cloud-Anwendungen für Unternehmen jeder Größe und für viele Anwendungsgebiete lohnen, zum Teil in einem erheblichen Maße. Außerdem lässt sich auch die Flexibilität in der Gestaltung der Unternehmensprozesse hierdurch deutlich erhöhen. Da bleibt nun noch die Frage zu klären:

Was wird als Nächstes kommen?

Selten ist es dabei geblieben, dass ein Trend – wie wir ihn heute beim Cloud Computing sehen – einfach so gekommen und dann schnell wieder gegangen ist. Das Client Server Computing beispielsweise war ein ähnlicher Meilenstein, der heute noch weit verbreitet und für viele On-Premise-Applikationen nach wie vor der De-facto-Standard ist. Auch dies war einmal eine Revolution, die dann Allgemeingut wurde. Heute redet kaum einer mehr davon, und die Begrifflichkeit "Client Server Computing" klingt beinahe altmodisch. Häufig werden heute für die gleiche Funktionalität ganz andere Begriffe verwendet als "Client Server Computing".

Und hier sind wir wieder bei einer Gemeinsamkeit angekommen; wir glauben, dass der Begriff "Cloud Computing" sich in einigen Jahren abgenutzt haben wird. Es wird Diversifizierungen einzelner Teile der Technologien geben, Ausarbeitungen von Teilaspekten, die dann hochgespielt werden, oder neue Begriffe aus den Marketingabteilungen der Anbieter, um sich vom Massenmarkt abzuheben.

Der dahinter liegende Gedanke, dass Software genauso wie Infrastruktur oder Entwicklungsplattformen als ein Service genutzt werden kann, der wird bleiben. Das ist der Teil, der die Revolution ausgemacht hat und der auch in Zukunft die IT-Landschaft mitbestimmen wird. Wie das dann heißen wird, das ist heute noch nicht vorherzusagen.

Quellen

Literatur

[BfDI1] Der Bundesbeauftragte für den Datenschutz und die Informationsfreiheit, BfDI-Info 1, Bundesdatenschutzgesetz – Text und Erläuterung -; 15. Auflage, Januar 2011.

[BfDI4] Der Bundesbeauftragte für den Datenschutz und die Informationsfreiheit, BfDI-Info 4, Die Datenschutzbeauftragten in Behörde und Betrieb; 8. Auflage, Mai 2010.

[GRID1] Ian Foster, Carl Kesselman: "The Grid: Blueprint for a New Computing Infrastructure", Morgan Kaufmann Publishers 2005

[CARR01] Nicholas Carr: "The Big Switch: Rewiring the World, from Edison to Google, Norton, 2008"

[MEHOL01] Christian Metzger, Andreas Holubek: „Das salesforce.com Entwicklerhandbuch", entwickler.press, 2007

[SIR01] Holger Sirtl: Cloud Computing mit der Windows Azure Platform; Microsoft Press; 2010

[HeuHol01] – Oliver Heuser, Andreas Holubek: "Java Web Services in der Praxis" dpunkt. verlag 2010

[SOPHIST] Chris Rupp: "Requirements Engineering und Management", Hanser Fachbuchverlag 2004

[VESTER] Frederic Vester: "Denken, Lernen, Vergessen.", Deutscher Taschenbuch-Verlag, 1999

[BAUN2009] Christian Baun, Marcel Kunze, Jens Nimis und Stefan Tai: "Cloud Computing: Web-basierte dynamische IT-Services (Informatik Im Fokus)", Springer Verlag, 2009

Internet

[ACCENTURE] Definition von Cloud Computing nach Accenture http://www.accenture.com/SiteCollectionDocuments/PDF/Accenture_CloudComputing.pdf

[APPEX01] AppExchange (http://www.salesforce.com/appexchange)

[ARL01] – http://www.arlanis.de/software-loesungen.html

[AWS01] Amazon Web Services (http://aws.amazon.com)

[AWS02] Amazon Simple Storage Service (https://aws.amazon.com/s3)

[AWS03] Amazon Elastic Cloud Computing (https://aws.amazon.com/ec2)

[BRAINLAB1] Brainlab AG (http://www.brainlab.com)

[DCOM] Netzwerkdatenbank Database.com (http://www.database.com)

[DELOITTE]   http://www.deloitte.com/view/de_DE/de/branchen/technology-media-telecommunications/technologyfast50/47a8f3a12ed9d210VgnVCM3000001c56f00aRCRD.htm

[FCCS] Iryna Tsvihun, Philipp Stephanow und Dr. Werner Streitberger, Vergleich der Sicherheit traditioneller IT-Systeme und Public Cloud Computing Systeme; Fraunhofer SIT, Juli 2010

[GARTNER1] "Gartner Says Worldwide Cloud Services Market to Surpass $68 Billion in 2010", http://www.gartner.com/it/page.jsp?id=1389313

[GARTNER2] Forecast: Sizing the Cloud; Understanding the Opportunities in Cloud Services, http://www.lesechos.fr/medias/2009/0519//300350239.pdf"

[GO01] Google App Engine (http://appengine.google.com)

[IDC1] IDC Directions: Cloud Computing 2010 auf http://www.idc.de/press/presse_cloud-computing2010.jsp

[LIFE2] „LIFE 2 – Vernetztes Arbeiten in Wirtschaft und Gesellschaft": LMU & Prof. Kretschmer, September 2010, http://www.studie-life.de/dtag/cms/content/LIFE/de/935888

[NIST] Definition von Cloud Computing nach National Institute of Standards and Technology: http://csrc.nist.gov/groups/SNS/cloud-computing/index.html.

[MS01] Windows Azure-Plattform (http://www.microsoft.com/windowsazure)

[MS03] SQL Azure-Architektur (http://msdn.microsoft.com – SQL Azure Architecture)

[QUENTRY1] Quentry – Community für Ärzte (http://www.quentry.com)

[R217A] Resolution 217A (III) der Generalversammlung der vereinten Nationen, http://www.ohchr.org/EN/UDHR/Documents/UDHR_Translations/ger.pdf

[REMEDY] Remedyforce (http://www.salesforce.com/eu/remedyforce)

[SFDC01] salesforce.com CRM (http:// salesforce.com/de/products)

[SFDC02] Force.com Platform (http://force.com)

[SFDC03] salesforce.com (http://salesforce.com)

[SFDC04] – http://wiki.developerforce.com/index.php/Data_Loader

[SFDC05] – http://www.salesforce.com/crm/

[SFDC06] Salesforce.com force.com White Paper.pdf 2008

[SFDC07] http://www.salesforce.com/assets/pdf/datasheets/Visual_Process_Manager_Data-Sheet.pdf

[SHFF] Chris Connolly, Safe Harbor – Fact or Fiction, http://www.galexia.com/public/research/assets/safe_harbor_fact_or_fiction_2008/safe_harbor_fact_or_fiction.pdf

[SHP] „Safe Harbor Principles" des US-Handelsministeriums, http://www.export.gov/safeharbor/

[SIGNAVIO] http://www.signavio.com/

[ULD] Unabhängiges Landeszentrum für Datenschutz Schleswig-Holstein, Pressemitteilung vom 23.07.2010, „10 Jahre Safe Harbor – viele Gründe zum Handeln, kein Grund zum Feiern", https://www.datenschutzzentrum.de/presse/20100723-safe-harbor.htm

[UNISERV] http://www.data-quality-on-demand.com/de/index.php

[VMF01] VM Force (http://vmforce.com)

[WIKI1] http://de.wikipedia.org/wiki/Cloud_Computing

[WIKI2] http://de.wikipedia.org/wiki/Cloud_Computing#Arten_von_Clouds

[WIKI3] http://de.wikipedia.org/wiki/Grid-Computing

Index

ITIL® 3 im Griff

Beims

IT-Service Management in der Praxis mit ITIL® 3

Zielfindung, Methoden, Realisierung

2., aktualisierte und erweiterte Auflage

349 Seiten

ISBN 978-3-446-42138-7

Die IT hat sich zunehmend zu einem zentralen Erfolgsfaktor für funktionierende Geschäftsprozesse entwickelt. Das stellt IT-Organisationen vor die Herausforderung, bei unverändertem oder gar kleinerem Budget immer neuen Anforderungen gerecht werden zu müssen. Als IT-Verantwortlicher können Sie diese Herausforderung meistern, wenn Sie auf ein strukturiertes IT-Service Management setzen und damit die vorhandenen Fähigkeiten und Ressourcen zielgerichtet steuern und entwickeln. Dieses Buch zeigt, wie Sie IT-Service Management mit ITIL® in der Praxis planen und realisieren. Sie erfahren, wie Sie die Best Practices von ITIL® Ihren Zielen entsprechend mit ISO 20000, IT-Kennzahlen, Balanced Scorecard, CobIT und PRINCE2®:2009 richtig kombinieren und einsetzen. Ein ausführliches Fallbeispiel veranschaulicht, wie Sie das alles in die Praxis umsetzen und auf diese Weise kontinuierlich die Effizienz, die Qualität und die Wirtschaftlichkeit Ihrer IT-Organisation verbessern.

Mehr Informationen zu diesem Buch und zu unserem Programm unter **www.hanser.de/computer**

GUT AUFGELEGT

ICH BLEIBE OFFEN LIEGEN ;-) DANK SPEZIAL-
FORMAT UND PATENTIERTER BINDUNG

Kösel FD 351 · Patent-No. 0748702